LA VALEUR DES VIES

Éthique de la crise sanitaire

PAR

Didier Fassi[illegible]

Les mesures prises pour enray[illegible] de coronavirus reposent sur la reconnaissance de la vie comme valeur suprême. Pourtant l'arrêt de l'économie fera des victimes. Quelle différence entre les vies qu'on suppose gagnées et celles qui seront perdues ?

Lorsqu'on dit que la pandémie de coronavirus a produit une crise sans précédent, on ne veut pas dire que la maladie elle-même est la pire qu'on ait jamais connue, car la rougeole est beaucoup plus contagieuse, le sida s'est avéré bien plus grave et certaines grippes ont elles aussi donné lieu à une expansion planétaire. On veut dire que la réponse à la pandémie, c'est-à-dire le confinement généralisé de la population dans un grand nombre de pays, est sans précédent. Il faudrait certes en différencier les modalités, entre l'autoritarisme de la Chine, l'indécision de la Grande-Bretagne, l'inconsistance des États-Unis, la radicalité de l'Italie, l'accommodement de la Suède, l'appel au civisme de l'Allemagne et le paternalisme doublé de répression policière de la France. Il n'en reste pas moins que, dans une grande partie du monde, et selon des dispositions diverses, la décision a été prise de limiter drastiquement les possibilités de se déplacer au prix d'une interruption d'une partie substantielle de l'activité économique et sociale.

Cette décision a eu deux types de conséquences, encore une fois avec d'importantes variations selon les contextes nationaux. Prenons l'exemple de la France. D'une part, des libertés publiques et des droits fondamentaux ont été suspendus dans le cadre d'un état d'urgence dit « sanitaire » : liberté de circulation, de réunion, de manifestation, et même d'expression ; droit au travail, à l'éducation, à la vie privée, à la protection de l'asile, à une fin de vie et une mort dignes. D'autre part, la récession annoncée va s'accompagner d'effets économiques et sociaux délétères : accroissement de la dette publique, mais surtout augmentation du chômage, faillite d'entreprises, paupérisation des classes populaires, aggravation de l'insolvabilité des ménages et des insuffisances alimentaires.

À ces choix draconiens aux conséquences prévisibles à court terme mais incertaines à long terme, une seule justification : la réduction de la mortalité due au coronavirus. Pour le formuler autrement, le sacrifice, au moins provisoire, des libertés publiques et des droits fondamentaux ainsi que de la santé économique de la nation et de la protection sociale des citoyens est considéré comme le prix à payer pour sauver des vies. On sait d'ailleurs comment se répartissent ces décès en fonction de l'âge, quatre décès sur cinq concernant les personnes âgées de plus de 65 ans et trois sur cinq de plus de 75 ans, et, dans certains cas, en fonction de critères socioéconomiques ou ethnoraciaux, les catégories les plus modestes payant le tribut le plus élevé en termes d'incidence et de létalité. On ne dispose en revanche d'aucune évaluation fiable de ce qu'aurait été le nombre de morts en l'absence d'intervention, et donc ce qu'est le nombre de vies sauvées par le confinement. Diverses projections, reposant sur des hypothèses différentes, produisent des données très variables.

Ainsi, s'agissant des États-Unis, les écarts entre les modèles pour des projections réalisées à seulement trois semaines en avril et mai vont du simple au quadruple. Les CDC, Centers for Disease Control and Prevention, mentionnent en effet neuf modèles mathématiques distincts de prévision de mortalité établis par l'Université Columbia, le Massachusetts Institute of Technology, l'Université du Massachusetts à Amherst, l'Université de Northeastern, l'Université du Texas à Austin, le Laboratoire national de Los Alamos, l'Imperial College de Londres, l'Université de Genève et Youyang Gu, certains testant deux ou trois hypothèses. S'y ajoute un dixième proposé par l'Institute for Health Metrics and Evaluation de la Fondation Bill et Melinda Gates qu'utilise préférentiellement la Maison-Blanche car, bien que ses projections à 24 heures se trouvent en dehors de l'intervalle de confiance à 95 %, en d'autres termes contredites par les faits dès le lendemain de leur parution, dans 70 % des cas, elles sont plus optimistes et donc invitent à un plus rapide déconfinement : alors qu'au début avril ce modèle prédisait un total de 60 000 morts d'ici au mois d'août, ce chiffre était déjà atteint fin avril. À l'inverse, le gouvernement français s'est appuyé sur les inquiétantes prévisions du modèle de l'Imperial College de Londres, ce qui l'a conduit à des mesures sévères de confinement : à la mi-mars, ces statisticiens annonçaient 300 000 à 500 000 décès en l'absence de prévention. En somme, malgré les données que publieront les instituts de statistique et dont les responsables politiques se serviront pour justifier ou vanter leurs actions, on ne saura jamais, même très approximativement, combien de vies auront été réellement sauvées par les mesures prises par les pouvoirs publics.

Sauver des vies

Une chose est cependant certaine. L'empressement des gouvernements à déclarer que leur priorité est de sauver des vies aura été d'autant plus grand que, d'une part, ils n'étaient pas préparés à un tel événement pourtant annoncé depuis des années par les experts, et, d'autre part, ils n'ont pas su réagir de manière précoce et adaptée lors de la survenue des premiers cas. De même, le dispositif de confinement et le déploiement d'une police sanitaire auront été d'autant plus contraignants que les mesures de prévention tant individuelles, par la protection des personnes exposées dans les domaines de la santé et des activités économiques indispensables, que collectives, par le dépistage et l'isolement des malades, n'ont pas été mises en œuvre. La comparaison des politiques et des résultats de l'Allemagne et de la France est à cet égard édifiante. Avec cinq fois plus de lits de réanimation, permettant de répondre efficacement aux détresses respiratoires, et le recours large aux tests trois mois plus tôt, favorisant le contrôle de l'expansion de l'épidémie, les Allemands avaient début mai quatre fois moins de décès que les Français, et même cinq fois moins lorsqu'on rapporte les chiffres aux populations respectives, et ce, malgré un confinement bien moins sévère. Autrement dit, d'une manière plus générale, si l'on devait compter le nombre de vies sauvées grâce au confinement, il faudrait aussi compter le nombre de vies perdues à cause de l'impéritie des gouvernements.

Une fois faite cette double mise en garde sur la fiabilité des projections utilisées et sur le caractère inadapté des réponses, il n'en reste pas moins que, même si l'on ne sait pas précisément ce que sont les bénéfices du confinement et même si l'on ne doit pas sous-estimer les effets néfastes des négligences préalables des décideurs, les politiques tardivement mises en œuvre dans la plupart des pays l'ont été avec l'argument qu'il fallait sauver des vies « quoi qu'il en coûte », pour reprendre la formule du président français, traduction du fameux *whatever it takes* de l'ancien président de la Banque centrale européenne, le coût auquel il est fait référence étant non seulement économique, mais aussi social, civique et politique. Il faut donc prendre au sérieux la justification de ce quadruple sacrifice par les gouvernements de la plupart des pays de la planète : sauver des vies. Et, puisque la métaphore de la guerre a été employée par plusieurs chefs d'État – là encore, il est intéressant de mettre en parallèle la répétition de la référence martiale par le président français et le refus du président allemand d'y recourir –, le contraste ne peut être plus saisissant entre les contextes de véritable guerre, dans lesquels on sacrifie des vies pour défendre des biens supérieurs, et le contexte de l'actuelle pandémie, dans lequel on porte atteinte à ces biens supérieurs pour sauver des vies. On pourrait ajouter, pour souligner un peu plus le contraste entre les deux, que les vies dont il s'agit sont celles surtout d'hommes jeunes dans le premier cas et principalement de personnes âgées dans le second.

Il faudrait aussi compter le nombre de vies perdues à cause de l'impéritie des gouvernements

La réponse à l'épidémie de coronavirus repose donc sur l'affirmation de la valeur de la vie, et même sur la reconnaissance de la vie comme valeur suprême, puisqu'on lui sacrifie, au moins transitoirement, d'autres valeurs conquises de haute lutte, tels certaines libertés et certains droits, et des valeurs d'une autre nature, à savoir économique et sociale. La vie que les gouvernements reconnaissent à travers leurs décisions de confiner en est toutefois une forme élémentaire : c'est la vie physique, le simple fait de vivre, selon l'expression de Walter Benjamin. Elle correspond aux phénomènes naturels qui se déroulent dans l'intervalle compris entre la naissance et la mort et que les êtres humains ont en commun avec les animaux et même les plantes. Or, il en existe une autre forme, plus riche, plus dense, spécifique des êtres humains, que Hannah Arendt caractérise par le fait d'être constituée d'événements qu'il est possible de raconter. En somme, la vie est à la fois un fait biologique et une expérience biographique.

La vie comme fait biologique

Les politiques de confinement ne visent à épargner que la vie comme fait biologique menacé par la maladie. À l'inverse, elles mettent à l'épreuve la vie comme expérience biographique dans toutes ses dimensions, l'obligeant à se réinventer, contrainte et amputée. Cette réduction de la vie à sa part biologique n'est pas nouvelle. Au cours d'enquêtes précédentes, j'en avais décelé de nombreux signes, par exemple, en France, dans le recul substantiel des taux d'attribution du statut de réfugié par les institutions de l'asile qui était concomitant de la progression spectaculaire du nombre d'obtentions de titre de séjour au nom de la raison humanitaire pour les étrangers souffrant de pathologies graves : la légitimité de la vie menacée par des persécutions politiques, religieuses ou ethniques apparaissait moindre que celle de la vie menacée par la maladie. Il m'avait semblé, à la lumière de ces études de cas conduites dans plusieurs pays, qu'en complément du biopouvoir, pouvoir sur la vie, dont Michel Foucault avait fait un trait fondateur de la modernité, on pouvait considérer la biolégitimité, légitimité de la vie biologique, comme un trait fondateur du monde contemporain.

Sous cette hypothèse, les réactions suscitées par la pandémie représentent l'expression la plus achevée de la biolégitimité. Soudainement, la protection de la vie physique est devenue une priorité planétaire, même si tous les pays n'en ont pas tiré les mêmes conséquences. Ou plutôt faudrait-il parler de la vie physique en tant qu'elle est menacée par un phénomène biologique. Cette distinction est cruciale. Pour le comprendre, il suffit d'observer que tout en imposant un confinement extrêmement strict, la Chine n'en a pas moins continué à faire mourir ses opposants dans des camps, de même que l'Arabie saoudite et l'Iran n'ont pas interrompu les exécutions des leurs, tout en prenant des mesures strictes de prévention, tandis qu'aux États-Unis la mobilisation des gouverneurs contre le coronavirus n'a pas donné un coup d'arrêt aux mises à mort de condamnés. À la différence des autres expressions de la vie, il est vrai, la vie biologique a pour elle d'être politiquement et moralement neutre.

La biolégitimité, légitimité de la vie biologique, trait fondateur du monde contemporain

La critique de la priorité accordée à la vie biologique s'est faite principalement sur deux fronts, l'un économique, l'autre politique. Sur le premier front, on affirme qu'il ne faut pas sacrifier la vie économique à la vie des personnes. Figure emblématique de cette position, Dan Patrick, lieutenant-gouverneur du Texas, c'est-à-dire deuxième personnage de cet État, s'est illustré en proclamant que, si on lui demandait : « Êtes-vous d'accord pour prendre un risque pour votre survie en échange de la préservation, pour vos enfants et petits-enfants, de l'Amérique telle que toute l'Amérique l'aime ? », il accepterait immédiatement de façon à sauver l'économie, et il ajoutait que tel était le choix que toute personne âgée devrait faire. Cet argument, mêlant nationalisme manifeste et apparent altruisme, lui était d'autant plus facile à tenir qu'il est lui-même bien moins exposé au coronavirus et à ses complications que les travailleurs pauvres qui assurent les fonctions économiques de base. Il trouve un écho dans les cercles républicains jusqu'au plus haut niveau puisque le président des États-Unis, après s'être montré réticent quant à la mise en place du confinement, n'a cessé de plaider depuis son application pour un retour à la normale, sans aller tout de même jusqu'à énoncer publiquement le coût en vies humaines que cette option pouvait représenter dans un segment de l'électorat qui lui était favorable. Sur le second front, on dénonce les atteintes aux libertés publiques et aux droits fondamentaux, et plus généralement aux formes ordinaires de l'existence qui font à la fois la vie en société et la vie d'une société. C'est Giorgio Agamben qui a offert la version la plus radicale de cette contestation, d'abord en accusant maladroitement le gouvernement italien d'avoir inventé l'épidémie comme prétexte pour imposer un état d'exception, puis en soulignant l'intéressant paradoxe que « comme face au terrorisme on affirmait qu'il fallait supprimer la liberté pour la défendre, de même on nous dit qu'il faut suspendre la vie pour la protéger », car « notre société ne croit plus à rien d'autre qu'à la vie nue ». Mais à la différence de la vie nue de l'*homo sacer*, à laquelle il a consacré son ouvrage le plus connu, il ne s'agit plus d'une vie physique qu'on peut sacrifier mais d'une vie biologique à laquelle on doit tout sacrifier. On voit combien les deux critiques diffèrent. Pour le politicien texan, vivre, c'est participer à la richesse de la nation. Pour le philosophe romain, vivre, c'est participer à la vitalité de la cité. Deux manières de donner sens à la vie en s'opposant à celle que défend le confinement.

L'inégale valeur des vies

Ce n'est toutefois pas sur ces terrains que je veux poursuivre la critique de la biolégitimité. Plutôt que postuler ce qu'est une vie bonne, vie économique au service de la nation et de ses élites pour le politicien, vie qualifiée comme fondation de la cité et de ses institutions pour le philosophe, je souhaite explorer la manière dont cette politique de la vie biologique est effectivement mise en œuvre. Il s'agit donc de passer du normatif au descriptif, ce qui permet une autre forme de critique. Plus précisément, je ne me pose pas la question de la justesse de la biolégitimité, mais la question de sa justice. Comment se distribue socialement la priorité accordée à la vie, et comment de nouvelles disparités sont produites : telles sont les deux dimensions de cette question que j'analyserai. On peut les reformuler ainsi : Quelles sont les vies moins dignes d'être épargnées ? Quelles sont les morts qu'on ne compte pas ?

Le confinement et, plus largement, la biolégitimité dont il se réclame reposent sur un double principe : la valeur supérieure de la vie et les valeurs égales des vies. Or la revendication du premier principe ne suffit pas à garantir l'effectivité du second et, symétriquement, le non-respect du second principe met en échec le premier. L'inégale valeur des vies se manifeste sous de multiples aspects, avec des variations selon les contextes nationaux.

Quelles sont les vies moins dignes d'être épargnées ? Quelles sont les morts qu'on ne compte pas ?

D'abord, c'est le maintien en activité des métiers dits de deuxième ligne : transporteurs, livreurs, caissiers, éboueurs, personnels de ménage, pour la plupart sans protection, et notamment sans masques, souvent avec des salaires modestes et des horaires contraignants, parfois sans titre de séjour en règle et jamais avec la possibilité de faire valoir leur droit de retrait. Ce moderne prolétariat habite souvent des quartiers populaires, notamment des cités de logement social, où la densité des appartements rend le quotidien éprouvant, où l'accès aux soins s'avère plus difficile, et où le harcèlement des forces de l'ordre s'ajoute aux autres complications de l'existence.

Ensuite, c'est l'enfermement de populations dans des lieux surpeuplés : détenus, en particulier dans les maisons d'arrêt, et plus généralement dans les prisons où s'entassent les prévenus en attente de leur procès et les condamnés à des courtes peines ; étrangers en situation irrégulière, et dans certains pays, demandeurs d'asile même, qu'on maintient en centre de rétention dans l'attente de leur expulsion ou parfois pour des durées indéfinies ; migrants et réfugiés qu'on rend invisibles en les parquant dans des camps aux frontières, sur des îles ou des no man's lands. Dans ces diverses situations, la coercition soumet les individus à des risques de contamination, que les insuffisantes libérations de prisonniers et d'étrangers ne corrigent que partiellement et que les médiocres ressources de santé rendent particulièrement préoccupants. Enfin, c'est l'indifférence assumée à l'égard des jeunes hommes et des jeunes femmes qu'on laisse mourir en mer ou dont on empêche le sauvetage. On pourrait étendre cette indifférence à bien d'autres situations de détresse, ailleurs dans le monde, que la présence du coronavirus a fait disparaître de la géographie de l'attention et, *a fortiori*, de la compassion. Toutes ces vies qu'on expose, activement ou passivement, à des dangers vitaux – par les conditions de travail ou d'existence, par enfermement forcé ou par insensibilité – n'ont assurément pas la même valeur que ces vies qu'on déclare vouloir sauver au prix de formidables sacrifices. L'évidence empirique de l'inégalité des valeurs des vies mine ainsi l'argument éthique de la valeur supérieure de la vie.

Mais cet argument éthique ne tient que parce qu'on néglige de prendre en considération les morts résultant du confinement lui-même. De même qu'on évite de comptabiliser les vies perdues à cause des retards à la mise en œuvre de mesures de prévention, on oublie également de comptabiliser celles provoquées par les conséquences de la politique menée, et notamment de la récession, du chômage, des faillites d'entreprises, et des mesures d'ajustement qui s'ensuivront pour rétablir les équilibres budgétaires.

L'évidence empirique de l'inégalité des vies mine l'argument éthique de la valeur de la vie

Une telle approche est rarement utilisée parce qu'il est presque aussi difficile de mesurer la mortalité en excès liée à une crise économique que de mesurer la diminution de mortalité consécutive à une intervention comme le confinement. Elle diffère toutefois radicalement des analyses coût-bénéfice qui cherchent à attribuer une valeur monétaire aux années de vie en bonne santé selon la méthode DALY, pour *Disability Adjusted Life Years*, en demandant aux personnes combien elles seraient prêtes à dépenser pour vivre une année supplémentaire, et ensuite à comparer le gain, ainsi calculé, que le confinement est censé produire, et le coût correspondant, qu'on peut estimer en perte de produit intérieur brut. Ce type d'analyse repose sur tellement d'hypothèses invérifiables et d'artifices invraisemblables qu'elle ne fournit qu'une illusion de démarche scientifique à laquelle bien des gouvernants succombent pourtant. Plutôt donc qu'un calcul économique, on peut proposer une évaluation critique de nature éthique. Car la véritable question est relativement simple dans sa formulation mais non moins délicate pour ce qui est de la réponse : quelle est la différence entre les vies qu'on suppose gagnées et les vies qu'on présume perdues du fait de la réponse à la crise ? S'il n'est pas plus aisé de répondre à cette question qu'il n'est raisonnable de s'appuyer sur l'analyse économique pour évaluer l'impact des mesures prises, la poser est crucial à deux titres : du point de vue des morts rendues invisibles et du point de vue des formes de vie devenues impensées.

Vies sacrifiées

Premièrement, la prise en compte des vies qui seront perdues, au sens littéral de personnes décédées, en raison de l'intervention est indispensable, et pourtant rarement effectuée. Les données dont on dispose sont, il est vrai, éparses, parfois confuses, et même contradictoires. Certaines sont pourtant robustes. La plus importante étude conduite aux États-Unis montre qu'au cours des soixante dernières années l'espérance de vie a augmenté régulièrement jusqu'en 2009, puis qu'à la suite de la crise dite des *subprimes* elle a d'abord stagné pendant quatre ans avant de commencer à décliner en 2014. L'excès de mortalité est, pour la seule catégorie d'âge comprise entre 25 et 64 ans, de 33 300 décès en huit ans, ce phénomène ayant touché plus durement les milieux modestes. Principalement dues aux overdoses, aux suicides et aux effets de l'alcoolisation, ces « morts par désespoir », ainsi que les nomment Anne Case et Angus Deaton, signent les conséquences sociales d'une récession elle-même causée par un capitalisme dérégulé. Une autre grande enquête menée au Brésil établit de même qu'après la crise économique qui a frappé le pays entre 2014 et 2016 et a entraîné une hausse du chômage de 63 % la mortalité a augmenté de 8 % en cinq ans, correspondant à 31 400 décès supplémentaires. Les populations noires et métisses ont été les plus affectées. Enfin, une méta-analyse portant sur 85 recherches réalisées dans les pays occidentaux sur les effets de ce qu'on appelle la grande récession de 2007-2008 souligne que, dans les pays disposant d'une meilleure protection sociale, le choc sur la santé mesuré à travers plusieurs indicateurs a été moindre. Il ne fait donc guère de doutes que les conséquences économiques du confinement se traduiront par un important excès de mortalité qui touchera principalement des sujets d'âge jeune et moyen et qui sera d'autant plus marqué que l'État social est indigent. À cet égard, dans les pays du Sud, comme en Inde, qu'analysent Veena Das et Isabelle Guérin, et surtout en Afrique, les effets d'un confinement pourraient s'avérer très délétères en raison de la suppression complète des ressources pour les ménages les plus modestes, dans la mesure où ils vivent de l'économie informelle que la suspension de la liberté de circuler rend impossible. Ils se feraient sentir avec une particulière intensité chez les nourrissons et les enfants.

La vie est aussi une expérience biographique

Deuxièmement, si l'on accepte de considérer que la vie est autre chose que le fait de ne pas être mort, autrement dit qu'elle n'est pas seulement un fait biologique, mais qu'elle est aussi une expérience biographique, alors il faut prendre en compte les conséquences sur cette dernière de politiques restrictives sur la vie en société. Ces conséquences sont multiples et considérables. La perte de l'emploi ou la faillite d'une entreprise, surtout si elles se prolongent par une période de chômage longue, s'accompagnent non seulement d'un appauvrissement qui limite les possibilités de se réaliser personnellement et avec ses proches, mais également d'une dévalorisation aux yeux des autres et à ses propres yeux. Ces « blessures morales », comme les appelle Axel Honneth, perturbent le rapport à autrui et à soi, générant une pathologie de la reconnaissance. Elles favorisent les addictions, notamment alcooliques, les troubles psychiques et les violences conjugales. Mais, au-delà des individus et des rapports interindividuels, c'est l'ensemble de la vie sociale qui se trouve affecté par la cessation des activités collectives, qu'elles soient éducatives, culturelles, religieuses ou sportives, et c'est aussi la vie politique qui est altérée par la banalisation de l'état d'urgence et par l'hypertrophie de l'exécutif au détriment du pouvoir parlementaire aussi bien que par les interdictions de se réunir, de manifester et même simplement d'exprimer une opinion dissidente. De tous ces bouleversements de la vie dans la cité, il est difficile de savoir ce qui demeurera, une fois la crise passée. Mais, acclimaté à ces privations et ces transformations, le monde d'après risque d'en garder les traces.

Sauver des vies menacées par l'infection à coronavirus en restreignant les activités humaines est ainsi une affaire éthiquement plus complexe qu'on ne le croit et qu'on ne le dit. Dès qu'on y regarde de plus près, le leitmotiv qui semble faire consensus – sauvez des vies, restez chez vous – se révèle problématique. Les sacrifices sont immenses, et ils ne sont pas seulement économiques, comme on l'entend souvent. Car il n'est pas question de sauver toutes les vies, certaines ayant moins de valeur que les autres. Il s'agit de plus d'en sauver à court terme, mais sans s'interroger sur celles qu'on sacrifie à long terme. Il s'agit enfin d'épargner des vies biologiques, mais sans se demander quelles sont les autres formes de vie qu'on éclipse.

Mon propos n'est certes pas de contester la nécessité de certaines contraintes pour protéger la santé de la population, surtout lorsque les pouvoirs publics ont négligé les mesures préventives qui auraient pu limiter l'extension de l'épidémie. Il est de bousculer les certitudes des gouvernants et des experts. Il est de contester ce qui semble tellement aller de soi qu'il suffirait de l'expliquer au peuple pour qu'il finisse par le comprendre en punissant celles et ceux qui s'y refusent. Il est d'inviter au partage citoyen d'une critique éthique ●

DF

LE FOYER PEUT-IL ÊTRE UN REFUGE ?

PAR

Eva Illouz

La crise du coronavirus, qui nous a reclus dans nos intérieurs, met à l'épreuve la mythologie du foyer. Le vrai monde est peut-être celui du dehors, de la sphère publique et des apparences.

On classe plus volontiers la pandémie de coronavirus dans les catastrophes naturelles que parmi les horreurs créées par l'Homme – diagnostic d'ailleurs problématique puisque la pandémie résulte de retombées zoonotiques liées à des interventions humaines de plus en plus profondes dans des écozones et que sa sévérité est due au fait que le régime totalitaire chinois a gaspillé de précieuses semaines en dissimulant l'existence du virus. Cependant, cette crise s'inscrit à un tel point dans la gestion politique et la représentation médiatique qu'il est aujourd'hui impossible de la considérer simplement comme un cataclysme naturel et inévitable. Elle a mis au jour les coutures dont sont faites nos sociétés ; en les défaisant, elle les a rendues visibles et a créé un sentiment de stupeur. La stupeur est une sensation rare. Elle nous envahit lorsque nous n'avons ni habitudes ni catégories établies pour affronter une situation nouvelle qui bouleverse toutes nos pratiques.

Un ouvrage traite d'un événement historique qui suscita le sentiment de stupeur : *Eichmann à Jérusalem*, de Hannah Arendt. Pour rendre compte de la nouveauté radicale de l'événement, la philosophe adopta une méthode d'analyse que l'on peut qualifier d'antihistorique, au sens où elle refusait les analogies avec le passé qui ne peuvent éclairer ni le présent ni le futur : car, en période de crise, « l'esprit erre dans les ténèbres », comme disait Tocqueville. Épidémies et même pandémies ont toujours accompagné l'humanité. Pourtant, le Covid-19 sera une période à marquer d'une pierre blanche, non en raison de l'ampleur du nombre de morts qu'il a causé (au moment d'écrire ces lignes, son bilan est bien plus faible que celui de nombreuses autres maladies), mais à cause des manières dont cette maladie a réorganisé nos sociétés aux points de vue social, économique, politique et symbolique.

Dans le monde entier, des milliards de personnes ont cessé de se déplacer, de travailler et de voir du monde, et ce, de leur plein gré et sans guère de protestations. Elles ont été confinées à leur domicile – quand elles en avaient un – sans pouvoir faire usage des rues, des magasins et des transports en commun qui constituaient la routine de leurs vies. En soi, il n'est pas si surprenant que la population accepte de renoncer à sa liberté pour protéger sa santé. Après tout, comme Thomas Hobbes et d'autres l'ont déclaré, nous serons toujours prêts à sacrifier une grande part de nos libertés pour défendre notre sécurité. La peur de mourir est si puissante que l'on accepte l'autorité d'un État qui peut nous sauver, même si cela suppose des mesures de surveillance qui suspendent nos droits fondamentaux et un confinement qui frise l'assignation à résidence. La délégitimation du Parlement ou de la Cour suprême, telle que l'ont pratiquée Netanyahou ou Orban, est le pain quotidien des dirigeants autoritaires antidémocratiques.

La peur qui accompagne cette résidence surveillée est, elle aussi, sans réel précédent. En temps de guerre, la peur de mourir est là ; mais alors, nous l'affrontons avec d'autres, nous connaissons l'ennemi et nous pouvons nous inspirer d'un vaste répertoire culturel de l'héroïsme pour nous battre contre l'ennemi – ou pour fuir. Or, dans le contexte du coronavirus, nous sommes réduits à vivre en tout petits cercles, parfois totalement isolés du monde, aucune action collective ne peut être entreprise et nous ne disposons guère de répertoires symboliques où puiser. La bombe fatale n'est pas celle que l'ennemi envoie, mais celle que *nous* portons en nous-mêmes, sans le savoir, et qui peut faire du mal à autrui. (Ce virus est singulier comparé à Ebola ou au premier SRAS, car 25 % de ses porteurs sont asymptomatiques, ce qui signifie que tout le monde représente *a priori* une menace, y compris soi-même, pour les autres.) Ainsi ce n'est pas seulement l'invisibilité du danger, mais aussi la difficulté que nous avons à le reconnaître qui ont tant restreint notre liberté, même au sein du domicile. Il nous a contraints à faire l'expérience de l'immobilité. Le monde a arrêté de bouger et une partie du sentiment de la stupeur qui régnait pendant les premières semaines de mars et d'avril en Europe était due au fait que le monde avait semblé s'arrêter. C'est donc surtout le foyer qui s'est chargé de nous fournir les ressources symboliques pour surmonter la crise.

La douceur du foyer… ou son amertume

Le foyer, connu pour sa chaleur, est devenu le principal centre de gestion d'une crise sans précédent dans l'histoire.

Le foyer tel que nous l'entendons consiste en un espace privé où homme et femme, adultes et enfants, interagissent d'égal à égal et qui est le centre des échanges émotionnels entre parents et enfants, entre époux et partenaires ; ainsi conçue, cette notion est donc relativement récente. Les châteaux médiévaux étaient moins un lieu de vie que de bivouac, puisqu'une foule de gens se rassemblaient dans les grandes salles pour manger, dormir et se divertir. On n'y trouvait ni intimité ni, évidemment, sanitaires. Certains estiment que le foyer est né aux Pays-Bas au XVIIe siècle, où la vie de famille se déroulait dans des espaces plus privés et dans un cadre se voulant confortable (cette image de la vie domestique nous est parvenue par les tableaux de Vermeer ou de Franz Hals). Plus tard, au XVIIIe, mais surtout au XIXe siècle, le domicile est devenu le lieu privilégié des femmes, dévolu à l'expression des sentiments ; il s'est converti en ce que l'historien John Demos appelle « une serre d'émotions », un endroit très chaud, conçu pour l'expression et l'échange des sentiments, qui permettait ainsi aux enfants et aux époux de s'épanouir. La séparation du public et du privé n'avait rien de nouveau. Dans l'Antiquité, la sphère privée, féminine, était fondamentalement distincte de la sphère publique, masculine, et lui était subordonnée. Mais les XIXe et XXe siècles ont apporté une nouveauté en conférant au foyer une signification morale. Les femmes étaient chargées du domicile, espace qui n'était plus seulement opposé au travail, au marché, à l'égoïsme, à la compétitivité et à l'intérêt masculins : il était désormais placé au-dessus d'eux et jouissait d'une supériorité morale. Le foyer devenait intime, féminin, un refuge hors de la sphère publique, un lieu d'authenticité, moralement supérieur à la fausseté du monde extérieur.

C'est pour cela que le foyer est aujourd'hui le lieu de réalisation des idéaux de confort et d'intimité du consommateur. Les magazines de décoration témoignent de l'importance capitale du domicile dans les projets de vie. D'ailleurs, l'idée de confort domestique telle que nous la comprenons aujourd'hui a été consubstantielle à la création de la société de consommation. *Style at Home*, *Decor*, *House and Garden*, ou encore *Ideat*, *AD* ou *Lux-Résidence* ne sont que quelques exemples des manières dont le foyer est devenu, pour les classes moyennes, supérieures et populaires, le lieu d'expression de l'identité, du statut social et des liens familiaux. Les pratiques destinées à embellir la maison en font la dépositaire de l'individualité, des sentiments et de l'intimité.

Pour les Grecs, le foyer était le lieu où s'accomplissait la tâche physique de nourrir le corps et de perpétuer l'espèce

Hannah Arendt a combattu la vision moderne du foyer comme le lieu de formation positive de l'identité, tel un havre de paix dans un monde cruel. S'appuyant sur Aristote, elle envisageait au contraire les affaires privées comme le lieu de ce qui était nécessaire à la survie, et non pas celui de la liberté. Pour les Grecs, le foyer était le lieu où s'accomplissait la tâche physique de nourrir le corps et de perpétuer l'espèce. Il était donc l'endroit dévolu aux femmes, aux enfants et aux esclaves. Arendt souscrit à cette vue et considère la sphère privée comme dépourvue de liberté ; ce n'est pas un endroit où l'on peut délibérer, faire usage de sa raison et être libre. Dans l'Antiquité, seuls les citoyens de la *polis* pouvaient exercer leur liberté : ils possédaient des terres, prenaient part aux affaires publiques et étaient libérés des bas travaux de la maisonnée[1] qui étaient tous dévolus au non-citoyen. Arendt n'était pas féministe et n'envisageait la question du pouvoir que comme appartenant à la sphère publique ; néanmoins, sa vision du foyer n'était pas si éloignée de celle des militantes qui dénonceraient plus tard le domicile comme un lieu d'oppression, de domination et de pouvoir dans le sens où elle s'opposait à la mythologie du foyer.

La mise à l'épreuve

Le confinement planétaire dû au coronavirus est finalement une gigantesque mise à l'épreuve, sans équivalent dans l'histoire, de la théorie d'Arendt et des féministes sur le foyer. Pour celles et ceux d'entre nous qui ne sont pas dotés du tempérament d'Emily Dickinson (grande poétesse américaine qui a vécu les quinze dernières années de sa vie recluse chez elle), que signifie le foyer une fois qu'il est devenu notre unique espace de vie ? Si nous avions été les cobayes d'une

1. Michael McKeon, *The Secret History of Domesticity. Public, Private, and the Division of Knowledge*, Baltimore, Johns Hopkins University Press, 2007.

expérience menée par une scientifique folle, celle-ci aurait découvert que la sphère publique de la sociabilité, du loisir, de la rue, des cafés, est fondamentale à notre identité, d'une manière que nous ignorions, tant la mythologie du foyer est puissante.

À la fin de la quarantaine dans la région du Hubei, en Chine, un très grand nombre de gens se sont tournés vers les autorités pour demander le divorce

Tout d'abord, au risque d'énoncer une évidence, de nombreux domiciles sont – surpopulation urbaine et spéculation immobilière aidant – trop petits et trop mal équipés pour offrir à chaque membre de la famille la possibilité d'agir et de vivre comme les êtres éminemment individualistes que la société contemporaine a faits de nous (les salles de bains sont partagées, les chambres à coucher très proches les unes des autres, les murs perméables aux bruits). Peu de logements disposent de fenêtres, de balcons ou de terrasses suffisamment grands pour maintenir un contact avec la rue, créant *de facto* des structures totalement isolées du monde extérieur. L'éventail des significations associées au foyer doux, chaleureux et accueillant n'est pas réservé à ceux qui vivent dans des grands ensembles, des bidonvilles, des préfabriqués et des habitations à loyer modéré. D'autre part, les familles et les foyers se reposent sur l'immense travail des écoles, qui participent à la mission de socialisation et de reproduction. Beaucoup de foyers, même confortables, ne peuvent se substituer véritablement aux établissements scolaires : des parents du monde entier ont exprimé leur détresse et leur épuisement face aux interactions continues et quotidiennes qu'ils devaient avoir avec leurs enfants pour assurer la continuité du suivi scolaire. L'école est une structure si puissante dans son soutien au foyer qu'il est impossible d'envisager sérieusement une reprise économique sans rouvrir les établissements primaires et maternels. Enfin, le foyer est implicitement structuré par la possibilité pour les hommes et les femmes de mener des vies distinctes, de suivre des parcours différents dans leur journée. Ajoutez à cela le fait que les hommes qui perdent leur travail perdent aussi une part importante de l'estime qu'ils ont d'eux-mêmes et peuvent se montrer violents, envers eux-mêmes comme envers les femmes de la maisonnée. Le chiffre record des violences faites aux femmes pendant l'épidémie est un rappel, s'il en fallait un, que pour beaucoup le foyer n'est vivable que s'il existe un monde extérieur où les deux sexes peuvent mener des vies séparées dont ils tirent une reconnaissance. À la fin de la quarantaine dans la région du Hubei, en Chine, un très grand nombre de gens se sont tournés vers les autorités pour demander le divorce : ils ont découvert que le foyer n'était pas le lieu privilégié de la vie de couple. Pour eux (et pour bien d'autres), le foyer n'avait rien de doux ou chaud.

Hédonisme et apparences

L'architecture de la plupart des maisons contemporaines est sous-tendue par le principe que les habitants passent le plus clair de leur temps hors du foyer, affairés au travail ou à leurs loisirs. Dans un sondage mené fin mars 2020 par Vertigo Research, les Français ont répondu à la question suivante : « Lorsque la période de confinement liée au coronavirus prendra fin, quelles sont, parmi les propositions suivantes et par ordre de préférence, les activités/loisirs que vous aurez envie de faire ? »

Pour Arendt, le souci des apparences n'a donc rien de pathologique, car les apparences sont au contraire les conditions de la sociabilité

En première position, on trouve « manger au restaurant, boire un verre dans un café ». La deuxième réponse la plus fréquente est « aller au cinéma » (alors même que nous n'avons jamais autant regardé la télévision). La troisième, « pratiquer une activité sportive librement »[2].

Une autre étude du quotidien *France-Soir* affirme que ce qui manque le plus aux Français est la possibilité de développer des relations sociales. Ainsi, 35 % des Français déclarent avoir pour priorité de voir leurs amis à la sortie du confinement[3].

Une lecture superficielle de ces résultats suggérerait que nous sommes devenus dépendants de l'hédonisme offert par la sphère publique. Mais, là encore, Arendt aurait une autre interprétation. Le foyer s'oppose au monde social, monde qu'elle qualifie de monde des apparences. Comme l'explicite la philosophe Barbara Carnevali, le règne des apparences est essentiel à la vie sociale elle-même : il est à la fois un monde esthétique (notre façon d'apparaître aux autres et à nous-mêmes à travers notre habillement, notre coupe de cheveux, notre maquillage et notre silhouette) et un monde d'interactions, où nous n'avons jamais accès à l'intériorité « profonde » d'autrui, mais uniquement à son existence extérieure. Le monde de la sociabilité est tout sauf profond : il est fait de diverses formes de civilité, d'étiquette, de politesse, de conversations superficielles, de rites creux mais nécessaires, de comportements codifiés, de plaisanteries, de séduction, d'observations sur l'attitude et l'apparence physique d'autrui. S'appuyant sur la conception heideggérienne de l'*ecstasis*, Arendt suggère que les êtres humains existent « hors d'eux-mêmes » et que ce n'est qu'à travers cette extériorité qu'ils interagissent vraiment avec un monde, à la fois par les objets, le façonnement de soi et les sens[4].

Pour Arendt (telle que la comprend Carnevali), le souci des apparences n'a donc rien de pathologique, car les apparences sont au contraire les conditions de la sociabilité. Prenons l'exemple de cette femme australienne qui s'était mise sur son trente et un, arborant robe de soirée, bijoux et maquillage, pour sortir ses poubelles. Elle s'est prise en photo et l'image est devenue virale, dépassant les frontières de son pays. Elle créa aussi tout un mouvement, relayé par l'Internet, de gens qui se mettaient sur leur trente et un pour sortir leurs poubelles. Cette femme a su exprimer, sur le mode de la dérision, ce que beaucoup de gens regrettaient : le monde des apparences.

En Australie, des tâches ménagères rébarbatives deviennent des sorties distrayantes à l'heure du confinement.

2. https://www.cosmopolitan.fr/devinez-quelle-activite-manque-le-plus-aux-francais-en-confinement,2035650.asp.

3. http://www.francesoir.fr/lifestyle-bien-etre/la-sortie-du-confinement-quelle-est-la-premiere-chose-que-vous-ferez-etude.

4. Barbara Carnevali, *Social Appearances. A Philosophy of Display and Prestige*, New York, Columbia University Press, à paraître.

Il suffit de parcourir le groupe Facebook *Bin Isolation Outing* [NdT : « Sortie-poubelles confinée »] pour s'en convaincre. D'abord simple blague entre amis, la page comptait en mai plus d'un demi-million de membres et est remplie de photos et de vidéos d'Australiens (et, de plus en plus, d'habitants du monde entier) sortant leurs poubelles dans de drôles d'accoutrements[5].

Nous existons pour les autres

Comme l'écrivait Arendt : « être en vie signifie être mû par un besoin de se montrer qui correspond en chacun à son pouvoir de paraître. Les objets vivants se présentent comme des acteurs sur une scène qu'on leur a préparée » (dans *La Vie de l'esprit*, citée *in* Carnevali[6]). La différence fondamentale entre le monde des objets et le monde des êtres humains est donc à l'inverse de ce que l'on imagine habituellement : les objets ne peuvent être que ce qu'ils paraissent, tandis que nous pouvons transformer et moduler notre apparence en permanence : en cela consiste l'essence de notre vie sociale. Nous existons pour les autres. Si la sphère des loisirs est devenue si capitale pour notre identité, c'est parce que c'est précisément le lieu où nous pouvons jouer avec les apparences.

La sphère publique est aussi le monde du travail et de la production. C'est de fait le monde qui domine les sociétés contemporaines. Le monde du travail a été décrit à juste titre par beaucoup comme un lieu d'aliénation des personnes et d'exploitation de la force de travail. Pourtant, il structure et construit l'identité d'une multitude de façons invisibles : il donne une structure temporelle à la journée et à la semaine ; c'est un lieu de sociabilité avec collègues et inconnus ; c'est un endroit où nous présentons au monde nos apparences, c'est-à-dire nous tels que nous aimerions être perçus ; pour beaucoup des membres des classes moyennes et créatives, c'est aussi là que nous exerçons nos compétences et nos talents. En d'autres termes, le monde du travail est devenu, pour les hommes comme pour les femmes, le principal lieu de production de valeur symbolique. En ce sens, le féminisme a gagné : il a vidé le foyer et les soins du ménage de leur valeur symbolique (et économique) et a, de fait, transposé cette dernière au monde extérieur.

Le foyer ne peut remédier à l'absence d'un monde public parce que la production et la consommation sont devenues les principaux moyens, pour nos contemporains, de créer de la valeur, d'avoir des relations sociales et même intimes (le déplorer n'y change rien). Le travail est le lieu où nous exerçons nos talents et d'où nous tirons un but. Les loisirs sont l'espace où nous ressentons le plaisir, où nous jouons et où nous pouvons voir les autres et être vus par eux. Ainsi, le confinement n'a pas seulement signifié la perte du monde public, mais celle du monde lui-même. S'il montre quelque chose, c'est à quel point Rousseau avait tort : une intimité intense et un état de transparence parfaite avec autrui sont, à long terme, intolérables.

Le foyer ne peut assumer sa véritable fonction que lorsqu'il fait partie du « monde »

L'expérience du confinement n'est pas seulement celle de la perte de liberté, mais celle de la perte du monde même. Pour Arendt, la modernité au sens large est caractérisée par la *perte du monde* : c'est-à-dire la restriction ou l'élimination de la sphère publique de l'action et du discours, pour privilégier ou ne prendre en compte que le monde privé de l'introspection et la poursuite des intérêts

5. https://edition.cnn.com/2020/04/12/world/bin-isolation-outing-facebook-trnd/index.html.

6. Barbara Carnevali, *op. cit.*

économiques privés. La modernité est l'ère de la société de masse, celle de la victoire de l'*animal laborans* sur l'*homo faber*. Nous avons fait l'expérience d'un sentiment de « chez-soi » extrêmement resserré ; si certains l'ont trouvé supportable, c'est *seulement* parce qu'ils pouvaient travailler ou regarder des films ou interagir avec leurs amis grâce à la technologie, c'est-à-dire amener au sein du foyer le monde public du travail et des loisirs. Dans mon entourage, beaucoup se targuent d'avoir adoré passer du temps à la maison, ou du moins prétendent que leur routine s'est maintenue, les transports en commun en moins : ils n'ont pas eu conscience que la douceur de leur foyer n'était rendue possible que par la technologie, qui fournit des structures publiques de plus en plus importantes au sein des foyers, ou par une activité semblable à celles du monde public du travail et des loisirs. Le foyer ne peut assumer sa véritable fonction que lorsqu'il fait partie du « monde ». Dans la crise du coronavirus, c'est le monde que nous avons perdu, à la fois en tant qu'espace où vivre en sûreté et en tant qu'espace où cohabiter avec d'autres.

Si nous avons appris quelque chose, c'est que le foyer ne peut pas remplacer le monde ●

EI

TRADUIT DE L'ANGLAIS PAR
Charlotte Matoussowsky

LES CENT COMMANDEMENTS

PAR

Manuel Vilas

1. On sait à présent que la vie, c'est déjeuner avec un ami en terrasse, aller dans les librairies, profiter du soleil, voir un film au cinéma, se perdre dans une rue inconnue, prendre un train. Alors, quand la vie reprendra, on lui demandera moins de choses. Et ça aura du sens.

2. Quand ce sera fini, je crois qu'on ne se fera plus jamais la bise de manière protocolaire. Tous les baisers seront puissants, forts, magnifiques, sexy et sauvages.

3. C'est le printemps. Nous pouvons ouvrir les fenêtres pour le sentir. Il est là, étranger à nos maux, le printemps obstiné. Ouvre la fenêtre, tends la main et touche-le.

4. Les jours sont à présent tous pareils. Je ne peux pas distinguer la journée d'hier de celle d'aujourd'hui. Je ne peux pas distinguer le vendredi du lundi. La vie, c'était peut-être ça : avoir des jours différents, chacun avec un nom.

5. Livre, télévision, viande congelée, poêle, cloître, musique, lave-linge, conserve de lentilles, couvent, balai à franges, conserve de poivrons, huile, cuisine, conserve de thon.

6. Sur les chaînes nationales, ils pourraient en profiter pour programmer de bons films au lieu de toutes ces interviews puériles, idiotes et ridicules. Ils pourraient commencer par Buñuel, Fellini, Godard ou Fritz Lang. Mais à coup sûr ils ne le feront pas.

7. Je contemple la cuisine, le réfrigérateur, les étagères, le couloir. Je contemple la lumière du soleil qui éclaire soudain ma vieille cafetière. Tout est gorgé d'humilité.

8. Grâce aux vidéos de confinement, je vois beaucoup d'appartements, de maisons et de tables de travail. Pour connaître quelqu'un, rien de tel que de voir où il vit. Tous les intérieurs que je découvre sur ces vidéos me semblent bien mieux que le mien : plus propres, plus spacieux, plus ensoleillés, plus purs, plus humains. L'envie est un moteur de vie.

9. Avec le confinement surgissent les inégalités. Des appartements ensoleillés s'opposent à ceux dont les fenêtres donnent sur des cours sombres. Des appartements de deux cents mètres carrés s'opposent à des caves de vingt mètres carrés. Des appartements avec des cuisines gigantesques s'opposent à des chambres de bonne où la cuisine occupe tout l'espace. Sans parler des maisons avec piscine et jardin privé.

10. Nostalgie des montagnes. Des mers. Et même des impasses.

11. Maintenant que j'ai tout le temps d'écrire, je ne fais qu'attendre. Attendre le retour de la vie.

12. J'ai l'impression que je ne me plaindrai plus jamais de faire la queue dans un aéroport. Je crois que je supporterai ces files d'attente avec joie.

13. Mini-dictionnaire de trois mots :

JOIE : *La vie avant le confinement. La vie après le confinement. Il existe aussi une joie tourmentée : celle éprouvée pendant le confinement.*

LITTÉRATURE : *Un fantôme intelligent, volage, sensible, aimable et éduqué qui t'aide à supporter le confinement.*

ROMAN : *Un des visages les plus célèbres qui se sert du fantôme de la littérature pour apparaître sous tes yeux pendant le confinement.*

14. Et pourtant on ne lira toujours pas le *Quichotte*. Cervantès continuera de nous attendre pour un autre temps. Le journal télévisé et la télé-poubelle l'emporteront sur Cervantès, comme toujours.

15. Ce sentiment bizarre qui oscille entre Noël et la fin du monde.

16. On ne peut pas écrire au milieu de cette horreur. J'essaie tous les jours et j'en suis incapable, parce que, pour écrire, il faut la vie dans sa totalité.

17. Personne ne peut tomber amoureux de quelqu'un en étant confiné. Autre victime : l'amour. Une terrible victime, car sans amoureux la vie est absurde.

18. « Vulnérabilité » ou « vulnérable » sont des euphémismes politiques. On parle de « personnes vulnérables » au lieu de dire « les pauvres ». Je n'aime pas les euphémismes, car ils sont toujours réactionnaires et cachent la vérité. Le terme précis est « dans le besoin » et non « vulnérable ». « Dans le besoin » ou, mieux, « nécessiteux ». Je n'aime pas non plus qu'on emploie le mot « décédé ». Le mot juste est « mort ». Si je meurs, s'il vous plaît, ne dites pas que je suis « décédé », ce serait une insulte à la grandeur de ma mort.

19. Hier je n'avais pas le moral et j'ai entamé la relecture de la deuxième partie du *Quichotte*. Je continue. Je vais beaucoup mieux. C'est un antidépresseur. Je l'atteste.

20. Autre lexique du confiné : silence, franciscain, cellule, tunique, monogamie ou célibat (choisis si tu peux), oignon et espadrille.

21. Continuer d'être humain, l'âme bercée d'espoir, le cœur empli de désirs frénétiques au milieu de ce cauchemar, voilà ce que je demande aux dieux.

22. Que penserait don Quichotte du coronavirus ? Il l'affronterait avec toutes les nobles armes des chevaliers errants. Et il finirait par terre, mais fièrement.

23. Avant, le mot « confinement » était peu fréquent, peu usité. Il arrivait même qu'on le confonde avec « confiserie » ou « confiture ». Maintenant c'est le grand mot. Attention au dictionnaire, car tous les mots attendent leur heure de gloire.

24. En nous il y a des plages, des mers, des palmiers ; il y a des montagnes, des villages, des maisons ; il y a en nous des êtres humains, de la vie. Cherche-la.

25. Et l'envie resurgit : toutes les attentes, l'optimisme, la patience et l'espoir que le virus disparaîtra très vite que je vois sur les réseaux sociaux et à la télévision me semblent aussi irréels qu'enviables. Quelle souffrance !

26. Avec des blettes, une tomate, quelques carottes, un peu de poulet grillé, ton corps est servi en abondance. Il n'a pas besoin de plus. C'est beau.

27. Attention : mon réfrigérateur est vide. Il reste encore des résistants : deux tristes mandarines, un peu de lait, une boîte de thon, une banane et une tomate. Je m'achemine d'un pas solennel vers la voie du mysticisme.

28. Ouvrir la porte du réfrigérateur sitôt levé, regarder à l'intérieur comme on regarde des mers, des villes, des cathédrales, des forêts, des multitudes d'hommes et de femmes faisant l'amour.

29. Le mauvais goût est lui aussi un virus et il mute lui aussi.

30. J'ai entendu dire qu'il existe encore des villes où les gens se promènent, avec des librairies et des bars ouverts, mais il s'agit sans doute d'élucubrations de personnes qui n'ont plus toute leur tête – c'est sûrement ça.

31. Noms de chevaux selon Cervantès : Pégase, Bucéphale, Brillador, Bayard, Frontin, Bootès, Péritoa, Orélia. Tant de chevaux sans le moindre chemin en vue.

32. Dis-moi ton PIB et je te dirai quel genre de pays tu es.

33. Tu auras beau voir et revoir *Out of Africa*, tu ne seras jamais Robert Redford, alors regarde plutôt une comédie satirique de Luis García Berlanga, c'est plus dans ton style.

34. Voici ce que conseille Cervantès : « Dîne peu et soupe moins encore : la santé du corps tout entier se manipule dans le laboratoire de l'estomac. »

35. Il convient de rappeler que les États-Unis comptent 328 millions d'habitants, la France 67 millions, l'Italie 60 millions et l'Espagne 47 millions. Compte donc les milliers de morts du virus proportionnellement aux millions de vivants. C'est une certitude mathématique, pas politique.

36. Quand il s'est réveillé, le virus était encore là.

37. « Murder Most Foul », la dernière chanson de Bob Dylan, est l'événement culturel le plus important que j'aie vécu pendant ce confinement. Je crois qu'elle parle de la pandémie sans la nommer. C'est un poème extraordinaire. On a bien fait de lui donner le Nobel, c'est sûr.

38. Miguel de Cervantès a passé cinq ans dans une prison d'Alger et il l'a fait sans Internet, sans livres, sans café ni croissants.

39. Le coronavirus ne tue pas seulement des gens. Il tue aussi des sentiments : la joie.

40. Deux beaux films qui m'ont apporté un peu de joie au fil de ces journées (aucun n'est sur Netflix, je crois que Netflix est surévalué): *La strada* de Federico Fellini et *Journal intime* de Nanni Moretti. On peut obtenir les deux gratuitement sur le site Bibliotecas de Madrid.

41. J'avais oublié la cruauté de Cervantès à l'égard de Sancho Panza dans la deuxième partie du *Quichotte*.

42. À propos de l'ancien président du gouvernement Mariano Rajoy, tout ce qu'a dit la presse écrite et télévisée est vrai : il n'a pas respecté sa quarantaine et est allé faire du sport dans une salle madrilène, le confinement lui fait une belle jambe et il se contrefout de l'égalité de tous devant la loi, etc. Mais que dire de l'étrangeté de son acte ? D'où cela lui est-il venu ? Il y a là quelque chose de bizarre. On dirait un acte d'avant-garde. Une sorte d'anarchie finale. Rajoy donne l'impression d'être taré. Il ressemble à un personnage de Cervantès, mais j'ignore lequel.

43. Chaque matin, quand je me lève, je me dis : « Saigon, merde, je suis encore à Saigon », une phrase d'*Apocalypse Now*, de Coppola. Je la prononce et ça va mieux. Le pouvoir des histoires.

44. Les livres, c'est très bien, mais je vous rappelle qu'ils ne sont qu'une imitation de la vie, or la vie s'est évaporée.

45. Le terrible Sancho Panza : « Quand on a du pain, les maux se sentent moins. »

46. Le pire qui puisse arriver à un film, une sculpture, un tableau ou un livre, c'est qu'on oublie de l'avoir vu ou lu. L'oubli, c'est l'épreuve du feu dans l'art et dans la vie.

47. L'écrivain chilien Luis Sepúlveda est mort. En Italie, nous avions le même éditeur. Luis était là-bas un des écrivains les plus lus et les plus admirés. Ses livres figuraient parmi les meilleures ventes. Il avait des centaines de milliers de lecteurs dans ce pays. Toutes mes pensées à sa famille.

48. Un ami pharmacien me dit qu'il n'y a plus de fil dentaire, que toutes les pharmacies ont été dévalisées. Des milliers d'Espagnols se font les dents.

49. Je viens de manger une nectarine dure comme la pierre et triste comme une pandémie. Je ne l'ai pas mise à la poubelle par respect pour la faim. Je ne sais pas qui a eu le malheur d'inventer cette horreur de fruit.

50. Télétravail : du travail, pas de télé. Variante : du boulot, fric zéro.

51. Confinement : joie congelée.

52. Les humains sont bien plus de choses, infiniment plus de choses, que simplement de gauche ou de droite.

53. Le journaliste Mariano José de Larra est un des plus grands talents de la littérature espagnole du XIXe siècle. On parle peu de lui et ça m'est douloureux. Quel article brillant, transcendantal, beau et sombre aurait-il consacré à l'Espagne du coronavirus ?

54. Nous n'irons jamais plus loin que « Je t'accompagne dans cette dure épreuve », « Mes plus sincères condoléances » ou, plus cool, « Courage, nous sommes de tout cœur avec toi ». On ne peut pas aller au-delà des mots.

55. Le mot « économie » est trop élevé, trop universitaire, et il va devenir un euphémisme. Il faut songer à le remplacer par un autre afin de mieux nous comprendre. Et cet autre mot est « survie ».

56. Maintenant je vais regarder un film, puis je regarderai la nuit pour voir s'il y a des étoiles, ensuite je lirai quelques pages des *Vagues*, de Virginia Woolf, après quoi je me mettrai au lit et ne dormirai pas, je me tournerai et me retournerai dans le lit et le sommeil ne viendra pas.

57. Santé et liberté sont sur le point de contracter mariage dans nos esprits angoissés.

58. Mesures pour soulager la population : les chiens pourront entrer dans les banques, les enfants dans les pharmacies et les parents dans les parcs, un par un.

59. Frédéric Chopin illumine n'importe quel confinement.

60. POURQUOI J'ÉCRIS ? Parce que je ne sais pas faire la cuisine, que je ne sais pas réparer le moteur d'une voiture, que je ne sais pas comment édifier une cloison, que je ne sais pas conduire un camion, que je ne sais pas couper les cheveux, que je ne sais pas labourer un champ ni cultiver la terre, que je ne sais pas traire une vache. Voilà pourquoi j'écris.

61. Aujourd'hui, nous sommes le 24 avril et c'est la Journée du livre. Maintenant c'est tous les jours la Journée du livre.

62. Nous serions très reconnaissants à la classe politique de bien vouloir baisser ses salaires et augmenter ceux des soignants. L'hypocrisie politique est elle aussi un virus, un virus moral : elle ne tue pas des corps, mais l'espoir.

63. Mais pourquoi toujours choisir la solution la plus minable ? Au lieu d'installer des cloisons dans les restaurants, mettez s'il vous plaît de jolis PARAVENTS agréables. Plus d'imagination et de beauté contre le virus ! L'imagination, c'est gratuit.

64. À propos du prix des livres : en 1556, un roman de chevalerie coûtait une centaine de maravédis ; un demi-kilo de viande de bœuf coûtait huit maravédis. Maintenant les livres sont bien moins chers. Il faut donc profiter de cette incroyable promotion, de cette baisse de prix.

65. En ce moment le ciel de Madrid s'assombrit. Il y a quelques minutes à peine brillait un soleil de plomb qui a tout à coup disparu. Je prends note de tous ces prodiges. Les prodiges du confiné tranquille, mais dans l'attente.

66. Je consulte mon agenda et découvre qu'aujourd'hui j'aurais dû être à Mexico. Comme mon agenda est irréel ! On dirait celui d'un homme ayant vécu au XIXe siècle.

67. En ce moment il est très précisément trois heures et demie du matin. Et maintenant, si tu as du cran, va te coucher.

68. Le jour où on pourra aller à la plage, je sauterai dans l'eau et rirai tout mon soûl. Comme un dieu.

69. Maintenant les gens préfèrent mourir du cancer que du Covid-19. Le cancer est moins humiliant et moins solitaire.

70. Deux mois sans me faire couper les cheveux : je ressemble à Jésus-Christ, le Christ de Léonard de Vinci.

71. J'ai vu à la télévision la vidéo d'un couple faisant l'amour sur le balcon de leur appartement. Réalisée par un de leurs voisins d'en face. C'est le fruit du désespoir. Scandale public ou désespoir public ?

72. Hier, j'ai vu *L'Invraisemblable Vérité*, de Fritz Lang, avec Dana Andrews et Joan Fontaine. On peut le voir gratuitement sur le site de Bibliomadrid. C'est un excellent film, très étrange, avec quelque chose d'irréel, d'aussi irréel que la pandémie. La coiffure irréelle de Dana Andrews me fascine.

73. Quoi qu'il arrive, il faut toujours sortir mince d'un confinement. En sortir gros est un immense échec.

74. Quel affreux terme que le mot « désescalade », choisi par le gouvernement espagnol pour le retour dans les rues et à la vie normale ! Les termes sont gratuits et importants. Ils auraient pu appeler cela le « retour », la « résurrection » ou encore la « liberté ». C'eût été plus beau, plus noble aussi. « Désescalade » : quelle horreur ! Pauvre Federico García Lorca, pauvre Antonio Machado, pauvre poésie espagnole.

75. Et si, en sortant, on avait oublié qu'un colonel commande plus qu'un sergent, un directeur général plus qu'un employé de bureau, un député plus qu'un concierge, un roi plus qu'un mendiant ? Parce que tout était irréel – c'est ça. Le coronavirus peut aussi pulvériser les hiérarchies. Je veux dire par là qu'on peut tout oublier. Le virus, c'est également l'oubli. Je pensais à Adam et Ève, à ce qu'on redevienne Adam et Ève après le confinement.

76. Le Covid-19 me parle la nuit. Il me dit : « Le fou, c'était Miguel de Cervantès, pas le pauvre don Quichotte. »

77. Sancho Panza me parle la nuit. Il me dit : « Les 47 millions d'Espagnols sont tous mes fils, ils ne sont ni ceux de mon maître, ce fou de don Quichotte, ni ceux du fou infiniment plus dangereux que mon maître fou qu'on appelle Miguel de Cervantès. »

78. Ce que j'ai appris pendant le confinement : je sais différencier la saveur d'une banane des îles Canaries de celle d'une banane de Colombie. En revanche, je ne saurais pas dire laquelle j'aime le plus. Et ce doute est aussi grand que celui de Hamlet.

79. Les personnalités télévisuelles du Covid-19 sont Donald Trump et, loin derrière, Angela Merkel. Les autres font des efforts mais ils n'y parviennent pas. Macron arrive tout juste à la cheville de Merkel. Il y a aussi le président chinois, mais personne ne se rappelle son nom.

80. En Espagne, les plages paradisiaques se moquent des hommes et des femmes enfermés chez eux.

81. Les hôpitaux espagnols sont des hôtels cinq étoiles pour le Covid-19.

82. L'échec violent de la civilisation occidentale, voilà ce qu'est le Covid-19. Grâce à Dieu, Elvis Presley n'est pas mort du coronavirus. Ça aurait détruit sa légende.

83. En pleine crise sanitaire, une information étrange et extravagante circule dans le monde entier : aujourd'hui, 30 avril, c'est le soixante-quinzième anniversaire de la mort de Hitler. Les soixante-quinze ans de la mort de Hitler et les soixante-quinze jours du Covid-19 foutent ma journée en l'air.

84. Pour que quelqu'un soit nommé ministre dans un gouvernement espagnol, il me semblerait désormais normal qu'on exige de lui la maîtrise parfaite de l'allemand. Le ou la ministre en question pourrait ainsi téléphoner à son homologue allemand et l'implorer, lui demander en le suppliant à genoux : « Expliquez-moi point par point et avec la patience pédagogique d'un maître d'école devant un élève bête à manger du foin ce que je dois faire, comment je dois m'y prendre, quand, où et pourquoi. »

85. À présent on peut à nouveau se promener, mais pas dans les forêts ni dans les parcs, pas dans les montagnes, pas dans la vie.

86. Rappelez-vous qu'il y a des endroits où ça ne vaut pas la peine de se promener : dans une zone industrielle, sur un pont en ferraille au-dessus de l'autoroute, dans les avenues de banlieue aux tristes réverbères ou les allées du Carrefour. Attention à la laideur urbaine espagnole, elle peut elle aussi tuer. La laideur de la vie tue plus que le virus. La laideur tue l'esprit des hommes.

87. Je ne suis pas responsable de la laideur du monde.

88. Même Donald Trump aurait envie de devenir un instant Angela Merkel, provisoirement, mais seulement pour sa gestion du virus, car, pour le reste, il s'imagine qu'être Angela Merkel est très ennuyeux.

89. Nous pleurerons peut-être de bonheur quand nous aurons l'occasion de remonter à bord d'un avion. Comme si nous étions des enfants pauvres.

90. Les écrivains qui n'écrivent pas une ligne sur le virus parce qu'il ne les bouleverse pas, ne les inspire pas, ne les émeut pas, n'arrêtent pas de dire que ceux qui écrivent sur le virus vont se planter. L'envie est toujours forte dans le métier. C'est bon signe, cela signifie que tout continue comme avant. Aucun virus ne tue l'envie.

91. J'ai rêvé que Miguel de Cervantès me disait : « Vilas, renonce à la littérature et fais un potager avec des tomates, des laitues et des poivrons. » « Et des blettes ? » lui demandais-je. « Non, pas des blettes, me répondait-il. C'est un légume très exigeant qui requiert beaucoup de savoir-faire. Shakespeare et moi sommes les seuls à pouvoir les cultiver. »

92. J'ai appelé l'hôpital de jour pour obtenir un rendez-vous et c'était comme téléphoner en enfer. Il n'y avait personne. Il n'y a plus personne en enfer.

93. Les machines à presser les oranges sur les buffets des hôtels quatre ou cinq étoiles de la côte méditerranéenne espagnole sont mortes de rire.

94. Le pétrole retrouve son identité médiévale : un liquide puant qui ne sert à rien.

95. Les vêtements de luxe ne savent plus qu'ils sont des vêtements de luxe.

96. C'est incroyable : nous sommes de nouveau entre les mains de Jésus-Christ, de Yahvé et de la Bible, qui sont plus efficaces contre le Covid-19 que Freud, Marx et *Le Manifeste du parti communiste*.

97. Le soleil, l'eau, la terre et le vent sont tes seuls rois.

98. Aime-toi, puis aime les autres moitié moins que toi-même et tu leur donneras un royaume d'amour grandiose. En plus, ils ne remarqueront pas que tu ne leur portes que la moitié de l'amour que tu te réserves.

99. La démocratie ne garantit pas la mort de la tyrannie. Parce que la tyrannie, c'est toi, et aucune démocratie ne peut te tuer sans que ta mort devienne un crime politique.

100. Ta santé est plus importante que l'univers, la civilisation et l'argent ●

MV

Traduit de l'espagnol par **Isabelle Gugnon**

DÉVERROUILLER LES FUTURS ET LES IMAGINAIRES

ENTRETIEN CROISÉ

Patrick Boucheron
Thomas Piketty

Patrick Boucheron et Thomas Piketty dialoguent ici, pour la première fois, autour des ressources de l'histoire, de leur conception de l'engagement et des perspectives que dessine cette période de crise.

Vous pratiquez tous deux, même si c'est avec des méthodologies différentes, une histoire qui se reflète et se projette dans le présent. L'histoire est-elle un outil pertinent pour penser ce qui nous arrive aujourd'hui ?

Thomas Piketty On ne dispose pas de beaucoup d'autres outils que l'histoire pour s'orienter dans le présent. Ce ne sont pas les chercheurs qui le disent, mais les acteurs sociaux et historiques eux-mêmes, qui se réfèrent en permanence à des figures ou des événements du passé, quitte d'ailleurs à instrumentaliser ce passé.

Prenons un exemple. Quand Patrick Boucheron écrit *La Trace et l'Aura*, consacré aux vies posthumes d'un évêque du IVe siècle, Ambroise de Milan, il montre comment un épisode très lointain peut être réinterprété dans des contextes très différents et à des époques radicalement autres, dans le cadre de luttes idéologiques, sociales, politiques. La mémoire d'Ambroise est convoquée au VIIIe siècle, au XIIIe siècle, par différents acteurs, jusqu'aux discours enflammés de la Ligue du Nord en ce début de XXIe siècle.

Ce que nous, chercheurs, pouvons faire, c'est décrypter ces réinterprétations, non pour chercher à dire la vérité, mais pour permettre de comprendre les acteurs, en assumant une certaine empathie avec eux, même lorsque Ambroise fait preuve de sectarisme dans sa vision de la religion chrétienne et de l'identité culturelle et ethno-religieuse. Car si Ambroise dénonce la théologie des hérétiques ariens pour mieux s'en prendre aux migrants, ces « loups Goths » qui devraient se contenter de célébrer leur culte dans leurs chariots et de retourner en Scythie, au lieu de prétendre envahir des basiliques milanaises, c'est aussi parce qu'il vit en une période de troubles et d'intenses recompositions, au sein d'un vaste espace politique euro-méditerranéen à la recherche d'un récit unificateur.

Mettre en correspondance des événements historiques *a priori* très éloignés les uns des autres permet de saisir comment, en l'occurrence, à l'époque d'Ambroise comme aujourd'hui, se donne à voir un désir de frontière, une volonté de se donner une identité commune en traçant pour cela des lignes d'exclusion.

Cette façon qu'a Patrick Boucheron de pratiquer l'histoire est différente de la mienne par ses méthodes et ses sources, mais elle illustre, me semble-t-il, une manière commune de développer une forme d'actualité de l'histoire. C'est indispensable face à la crise épidémique que nous vivons, qui fait appel à notre humanité commune (le besoin d'un vaccin commun, d'une santé pour tous, de relancer la construction de l'État social), mais qui risque également d'exacerber les replis identitaires et l'appel à la frontière.

Patrick Boucheron On éprouve sans doute aujourd'hui un besoin d'histoire, même s'il peut être un peu émoussé par la dimension futuriste de ce que nous vivons en ce moment, mais ce besoin d'histoire ne se situe pas nécessairement là où on l'attend. L'idée la plus immédiate a été de comparer ce qui nous arrive à d'autres épidémies : la grande peste médiévale, le choléra au XIXe siècle, la grippe espagnole de 1918-1919, la grippe de Hong Kong en 1968… On s'est soumis à cet exercice qui, au fond, n'apporte pas grand-chose – je veux dire, pas beaucoup de gains d'intelligibilité au regard de l'événement en cours. Cela signifie que l'usage le plus immédiat de l'histoire, celui qu'on pense pouvoir pratiquer sans trop de difficultés, n'est pas nécessairement le meilleur. Il est parfois plus judicieux d'emprunter des chemins de traverse.

Quand on est ébranlé dans sa condition historique comme on l'est actuellement, il est important de se relier, de se relire et de s'entre-lire, pour comprendre pourquoi et comment on s'empare de tel ou tel sujet. Pourquoi, par exemple, moi qui me prétends historien des pouvoirs dans l'Europe de la fin du Moyen Âge, ai-je éprouvé le besoin de partir si loin en arrière, et de consacrer une longue enquête à cet évêque du IVe siècle, Ambroise de Milan (v. 340-397), ou du moins à l'histoire de ses vies posthumes ? Ce que dit Thomas Piketty de sa lecture de mon livre me permet de me souvenir que, durant ma leçon inaugurale au Collège de France, lorsqu'il s'agissait déjà de décaler les périodisations historiques convenues pour intégrer dans ma chronologie les effets politiques et sociaux de la réforme grégorienne (qui réorganise le monde autour de la coupure plus nette entre clercs et laïcs), j'affirmais ma volonté d'affronter les idéologies de la séparation et leurs conséquences sinistres. Elles s'exprimaient alors – c'était en 2015 – dans l'épreuve du terrorisme et, plus profondément, dans ce que la philosophe américaine Wendy Brown appelle notre « désir de murs » – nous y sommes confrontés aujourd'hui, de manière inattendue et poisseuse.

C'est en partant de là que je suis remonté aux origines chrétiennes de la séparation. Et Ambroise est le grand séparateur : il est celui qui distingue le domaine de Dieu de celui de César, les Barbares des Romains, les chrétiens des juifs, les orthodoxes des hérétiques. On peut s'y intéresser aujourd'hui sous le regard de ce qu'on vit, parce que nous sommes dans l'angoisse d'un tournant anthropologique qui serait le triomphe absolu de la frontière, de la séparation, de la distanciation, en un mot de la peur de l'autre.

C'est une fois accompli ce détour que l'on doit, selon moi, restaurer l'efficacité de l'histoire comparée. Par exemple : les spécialistes de l'histoire des migrations évoquent en ce moment l'épidémie de choléra de 1884-1885 qui entraîne la fermeture de la frontière entre la France et l'Italie – il est aisé de faire le lien avec les vagues de xénophobie anti-italiennes, et notamment le massacre d'Aigues-Mortes de 1893, durant lequel plusieurs travailleurs italiens embauchés par la Compagnie des Salins du Midi furent tués par des ouvriers français. Voici en quoi l'approche de l'histoire de Thomas Piketty me paraît essentielle, car il s'agit d'une histoire des possibles, qui constitue sans doute la grande espérance pour maintenant – comme aventure de savoir, mais aussi comme mobilisation pour l'action. *Capital et Idéologie* montre qu'à tout moment tant de bifurcations existent qu'on ne peut pas dire qu'il n'y aurait que des impasses. Cet ouvrage contient des ressources d'optimisme incroyables. Il déploie l'éventail des possibles et montre que, si l'histoire ne délivre pas de leçons, elle ouvre grand le livre des expériences.

Pourtant, ce livre s'intitule *Capital et Idéologie*, et remet donc en circulation un mot robuste – idéologie – que l'historiographie a longtemps contourné, parce qu'il est prompt à verrouiller nos espérances, qu'il s'agisse de l'idéologie de l'inégalité, de l'idéologie de la propriété ou de l'idéologie de la séparation. En affrontant ce mot sur un si large rayon de courbure – en très longue durée et à l'échelle mondiale –, Thomas Piketty montre qu'il est possible d'affronter ces idéologies, mais qu'il faudra pour cela les prendre au sérieux et forger d'autres idéologies, tout aussi bien armées que celles qu'elles désirent ébranler ou émousser.

L'histoire a-t-elle des leçons à nous donner ?

TP Les précédents historiques peuvent bien sûr avoir des choses à nous enseigner. Je faisais partie de ceux qui ignoraient que si la grippe espagnole de 1918 avait été ainsi baptisée, ce n'était pas en raison de sa provenance, mais en raison du fait que l'Espagne avait moins dissimulé que les autres pays les effets de l'épidémie et avait été la première à produire des données sur le sujet. Des travaux récents ont également montré que cette épidémie du passé a mis en jeu d'immenses inégalités sociales sur les taux de mortalité d'un même virus, qui n'est pas sans écho pour le présent. En Afrique du Sud, en Inde, en Indonésie, aujourd'hui c'est près de 5 % de la population qui meurt de la maladie, contre 0,5 à 1 % en Europe ou aux États-Unis, ce qui est déjà énorme.

Une crise comme celle que nous vivons aujourd'hui peut accélérer un mouvement qu'on repère sur le long terme, puisque les deux derniers siècles ont été marqués par une réduction des inégalités et un accès élargi à la santé et à la culture, en dépit des régressions récentes

Le premier usage de l'histoire est donc d'aller chercher ce que peuvent nous dire les précédents les plus évidents. Mais il est vrai que je cherche aussi et surtout à m'inscrire dans une tendance, marquée notamment par l'ouvrage de Quentin Deluermoz et Pierre Singaravélou *Pour une histoire des possibles. Analyses contrefactuelles et futurs non advenus* (Seuil, 2016), qui s'intéresse à l'histoire comme réservoir de possibles et de moments de bifurcations. L'histoire nous informe sur ce qui est advenu, mais aussi sur tout un ensemble de points de bifurcations et de futurs qui ne sont pas advenus.

La crise sanitaire actuelle, comme d'autres crises sociales, financières ou politiques du passé, dessine une multiplicité de trajectoires, avec des logiques de court ou long terme, des rapports de force à la fois matériels et intellectuels.

Il ne s'agit toutefois pas de dire simplement : « tout peut arriver ». J'essaie de défendre l'idée d'un apprentissage de la justice dans l'histoire, d'un certain progrès, d'une évolution où on apprend, par le biais des institutions, à vivre ensemble dans des communautés humaines de plus en plus vastes, à réguler et à redéfinir les relations de propriété dans le sens de l'égalité, même s'il peut y avoir des retours en arrière. Une crise comme celle que nous vivons aujourd'hui peut ainsi accélérer un mouvement qu'on repère sur le long terme, puisque les deux derniers siècles ont été marqués par une réduction des inégalités et un accès élargi à la santé et à la culture, en dépit des régressions récentes.

Mais pour cela, il faut prendre au sérieux l'ensemble des idéologies qui agissent, y compris celles qui nous déplaisent, car on ne pourra pas les affronter et les transformer sans se saisir de la part d'humanité et de rationalité des discours par exemple identitaires, et en se contentant de délimitations manichéennes entre les bonnes idéologies et les mauvaises. Construire la justice et la confiance au sein de vastes communautés, en s'appuyant sur des institutions sociales et politiques spécifiques et des systèmes légaux et fiscaux communs et innovants, est une tâche immense et un très long processus. On ne peut espérer faire des progrès dans cette direction que si l'on en mesure bien toute la complexité.

PB On ne peut pas effectivement lire *Capital et Idéologie* comme un livre qui montrerait que tout est toujours possible, à tout moment et pour tous. De même que je suggère, dans *La Trace et l'Aura*, que tout n'est pas toujours possible avec le passé, même si on peut y puiser des ressources discursives pour se donner une contenance, une légitimité ou un motif d'action. C'est moins un livre sur les usages du passé que sur ce qui peut les borner, les contraindre ou les discipliner.

Nos capacités d'agir, tout comme le simple fait de se former une idée de ce qui nous agit, sont très inégalement réparties. Mais ces capacités d'agir sont plus importantes qu'on peut le croire et l'idéologie fonctionne comme un verrou installé là pour nous empêcher de bien les distinguer et de s'en emparer. Voici pourquoi l'on ne peut se contenter de faire l'inventaire des permanences ou des archaïsmes. Rien n'est d'ailleurs plus désespérément répétitif que l'histoire des préjugés, comme le notait Tzvetan Todorov. L'histoire du racisme, du rejet de l'autre, de la frontière, est une histoire qui ne cesse de se dérouler, comme un fleuve qu'on pense ne pas pouvoir endiguer, parce qu'on est pris dans les rets des idéologies.

Dès que j'entends que l'histoire est l'art de se souvenir de ce dont on a été capable, pour le dire comme Hannah Arendt, dès que j'entends que l'histoire est un réservoir d'expériences utiles à mobiliser, je me dis qu'on a besoin de cela, sans doute davantage encore aujourd'hui

Si donc je m'arc-boute contre l'idée qu'il y ait des leçons de l'histoire, c'est parce qu'au fond je ne souhaite pas que les historiens fassent la leçon au présent. Mais je suis en réalité à la fois contre, et tout contre, cette idée. Parce que dès que j'entends que l'histoire est l'art de se souvenir de ce dont on a été capable, pour le dire comme Hannah Arendt, dès que j'entends que l'histoire est un réservoir d'expériences utiles à mobiliser, je me dis qu'on a besoin de cela, sans doute davantage encore aujourd'hui. Ne serait-ce que pour ne pas demeurer naïf face à des usages plus directement violents et instrumentalisés de l'histoire.

Le métier d'historien consiste bien sûr à expliciter ce qui demeure informulé, comme lorsque Emmanuel Macron tisse une métaphore implicite entre les soignants et les Poilus en disant que les premiers ont des « droits sur nous », ce qui constitue une reprise de la formule de Clemenceau vis-à-vis des combattants de la Première Guerre mondiale. En faisant cela, l'historien s'intéresse à une idéologie qui est accessible sans avoir besoin d'aller creuser très profond en dessous des faits.

On cherche souvent dans le passé un réservoir de solutions à nos problèmes – c'est ce que l'on appelle l'histoire exemplaire. Oui, le passé est un réservoir de solutions, mais détachées des problèmes qui les ont fait naître et dont elles sont désormais orphelines

Dans notre travail, Thomas Piketty et moi-même, bien que ce soit avec des méthodologies différentes, cherchons à remonter plus loin dans le soubassement des sociétés – ce que j'appelle, avec d'autres, l'archéologie de la modernité. Dans son dernier livre, il définit l'idéologie comme, je cite, « une tentative plus ou moins cohérente d'apporter des réponses à un ensemble de questions extrêmement vastes portant sur l'organisation souhaitable ou idéale de la société ». Si l'histoire est l'art des problématisations, c'est qu'elle mène de l'archéologie d'une solution à la reconstitution du problème. On cherche souvent dans le passé un réservoir de solutions à nos problèmes – c'est ce que l'on appelle l'histoire exemplaire. Oui, le passé est un réservoir de solutions, mais détachées des problèmes qui les ont fait naître et dont elles sont désormais orphelines.

Prenons un exemple, parmi tant d'autres : en analysant les régimes hypercensitaires mis en place en Suède de 1865 à 1911, avec des lois électorales qui peuvent nous paraître aberrantes et irrationnelles puisque l'on calcule le poids électoral de chaque citoyen en fonction de sa fortune estimée, Thomas Piketty part de ce qui nous reste, à savoir une archive législative, pour aller chercher le problème auquel répondait – mal de notre point de vue – cette prétendue solution. Car sa force consiste à prendre au sérieux l'idéologie de l'inégalité. Ce que nous avons tous deux en commun dans notre pratique d'historien est donc d'avoir avec elle un rapport de problématisation puisqu'on pose au fond la question : c'était quoi le problème ?

Comment accède-t-on aux soubassements qui agissent les sociétés ?

PB Si j'ai eu envie, avec d'autres, de lancer le grand chantier collectif qui allait aboutir à la publication de *L'Histoire du monde au xve siècle*, paru en 2009 (Fayard), c'est après avoir lu *Par-delà nature et culture*, de Philippe Descola en 2005 (Gallimard), un livre qui faisait le tour du monde, à un moment où la discipline historique était en train de se confiner dans la *microstoria*, même si cette échelle réduite de la micro-histoire n'interdit pas, bien sûr, une pensée globale. Je me souviens de ce choc, qui est d'une certaine manière un choc en extériorité, puisque l'ontologie structurale de Descola est d'une certaine manière une provocation adressée aux historiens. Ce qui fait aujourd'hui penser la pensée, c'est dans une grande mesure l'ethnologie, dont nous avons plus que jamais besoin pour penser ce qui nous arrive actuellement. L'année intellectuelle qui vient de s'écouler aura été marquée par de grands livres d'ethnologie, tels *Croire aux fauves* (Verticales) de Nastassja Martin, *Voyager dans l'invisible* (La Découverte) de Charles Stépanoff ou *Les Sentinelles des pandémies. Chasseurs de virus et obser-*

vateurs d'oiseaux aux frontières de la Chine (Zones sensibles) de Frédéric Keck, qui ont en commun de s'inscrire dans le sillage de l'enseignement de Philippe Descola.

Si je parle d'anthropologie et d'ethnologie, c'est parce que ces disciplines et le travail de Thomas Piketty ont en commun de vouloir comprendre l'idéologie profonde des sociétés, la part archaïque de nos mondes, là où l'idéologie agit mais se dit à peine. Dans les chapitres passionnants qu'il consacre à la société indienne, on saisit pourquoi la distanciation sociale et le confinement n'ont pas le même sens dans une société de castes et dans une société dont les structures sont construites autrement – même si, dans le cas indien comme dans le cas européen, c'est bien l'impact de la société coloniale qu'il s'agit de considérer.

Capital et Idéologie pose ainsi un défi aux historiens car il accomplit le programme de la première génération des *Annales* qui n'en avait pas les moyens techniques, en se donnant une capacité d'agrégation des données inédite.

Il constitue de ce fait une forme d'aboutissement de l'espérance historiographique de notre siècle. Mais il faudrait aller plus loin et dire que cet ouvrage est le fruit de l'espérance philosophique du XXe siècle fondée sur les sciences sociales, si l'on suit ce qu'écrit Bruno Karsenti dans *D'une philosophie à l'autre. Les sciences sociales et la politique des Modernes* (Gallimard, 2013). Face à l'événement, il est nécessaire de s'enfoncer plus loin dans le passé et le soubassement des sociétés. C'est le sens de l'article fondateur d'Ernest Labrousse en 1949 intitulé : « 1848, 1830, 1789. Comment naissent les révolutions ». L'histoire des prix et des salaires y dessinait les conditions de possibilités de l'agir politique ; mais l'important réside aussi dans l'inversion de l'ordre du temps suggérée par le titre. Si on veut comprendre comment se produisent les révolutions politiques et sociales, on a besoin d'une histoire régressive, qui aille au passé comme on va à la mine, en allant déterrer sous terre les structures profondes qui nous agissent encore.

Notre chance est de pouvoir nous concentrer sur l'écriture d'une histoire politique et culturelle, nourrie de données économiques et sociales, mais consciente que les statistiques ne peuvent constituer le seul matériau de l'histoire

TP Il est vrai qu'à un premier niveau, j'ai voulu poursuivre le travail d'histoire économique et sociale des *Annales* et, à un second niveau, me nourrir d'un renouvellement de l'histoire globale et de l'histoire culturelle et des représentations. L'histoire économique et sociale, qu'on a parfois désignée sous le terme d'histoire sérielle, était devenue trop ennuyeuse pour survivre. Mes premiers travaux sur l'histoire des revenus en France au XXe siècle s'inscrivent d'une certaine façon dans la continuité du livre d'Ernest Labrousse, *Esquisse du mouvement des prix et des revenus au XVIIIe siècle*, qui est un beau livre permettant de comprendre comment les salaires ont progressé moins vite que les prix, et beaucoup moins que la rente foncière et la population, dans les décennies précédant 1789. Ce soubassement socio-économique ouvre certes tout un ensemble de trajectoires politico-idéologiques possibles, mais ne peut pas entièrement être négligé.

Le problème est que beaucoup de ces livres publiés entre les années 1930 et les années 1970 ressemblent à des annuaires statistiques, à de grandes annexes méthodologiques, comme si les chercheurs qui ont dû collecter à la main leurs données avaient tellement souffert durant cette collecte qu'ils ont aussi voulu faire souffrir leurs lecteurs. La partie technique finit par tout emporter.

Par rapport à cette génération, notre chance est de pouvoir numériser les données, travailler en équipe à un niveau international, mettre en ligne les données techniques et méthodologiques, afin de nous concentrer sur l'écriture d'une histoire politique et culturelle, nourrie de données économiques et sociales, mais consciente que les statistiques ne peuvent constituer le seul matériau de l'histoire, et que les systèmes de représentations et les processus de construction des catégories doivent être placés au cœur de l'analyse.

Cela permet notamment de saisir à quel point les « faits », tels qu'ils sont reflétés par les données chiffrées, économiques ou sociales, sont eux-mêmes construits par des appareils d'observation où transparaissent les idéologies profondes. Quand les Britanniques, en Inde, instaurent un recensement de toute la population fondé sur le rattachement à des castes, ils ne font pas cela pour faire œuvre de sciences sociales et faciliter le travail des chercheurs d'aujourd'hui. Ils le font pour mieux contrôler le pays, et donner du sens à sa structure sociale très inégalitaire, à partir de leurs propres fantasmes et représentations, eux-mêmes construits sur les bribes de savoir historique à leur disposition.

De fait, ces normes et ces catégories produites par les administrateurs britanniques ne sont pas des descriptions de la société indienne telle qu'elle existe alors. Ils se fondent en effet sur des divisions forgées par des élites religieuses ou militaires dans des textes écrits des siècles plus tôt, parfois deux millénaires avant !

Quand ils commencent le recensement d'une population qui se chiffre déjà à près de 300 millions dans les années 1870, les Britanniques partent de là, de ces grandes divisions en castes, en voulant donner une homogénéité centralisée à une société qu'on aurait pu davantage décrire sociologiquement à travers sa multitude de groupes linguistiques ou professionnels, par exemple. Ils rangent ainsi toute la population indienne dans des boîtes rigidifiées qui distribuent des droits et des devoirs en fonction des assignations de castes. Et ces boîtes, ces catégories, vont finir par transformer la réalité sociale elle-même.

Quand l'Inde devient indépendante en 1947, elle doit faire face à cet héritage inégalitaire rigidifié par l'administration coloniale. Elle s'en empare avec les moyens de l'État de droit, grâce à un système de quotas ou de « réservations » pour permettre aux groupes historiquement les plus défavorisés, qu'il s'agisse des Dalits (au niveau fédéral) ou des femmes (dans certains États), d'accéder aux fonctions électives, aux emplois publics, à l'université. Les gouvernements indiens le font avec un certain succès, puisque les écarts entre les hautes et les basses castes en Inde ont davantage diminué que ceux entre les Blancs et les Noirs aux États-Unis, où il faut rappeler qu'il n'y a jamais eu de législation pour imposer un accès réservé aux minorités, ni au niveau fédéral ni à celui des États, même si certaines institutions ont pu l'expérimenter au niveau local.

Mais les gouvernements indiens et les élites politiques du pays le font aussi avec une certaine hypocrisie, car cela leur permet de contourner les questions de réforme agraire, de redistribution foncière, de financement d'un système public de santé et d'éducation permettant une égalité réelle. Les élites indiennes se permettent ainsi de conserver un système social férocement inégalitaire, fondé sur la distanciation sociale parfois extrême, comme on en a vu la manifestation brutale et récente lorsque les ruraux travaillant en ville ont été renvoyés dans les campagnes au mépris de toute considération sanitaire.

L'antimarxisme d'Ambedkar, le porte-parole des basses castes, a également conforté ce modèle, puisqu'il jugeait nécessaire de centrer la redéfinition de la société indienne indépendante sur les droits des basses castes, en reprochant aux marxistes de se focaliser uniquement sur les questions de classes et de propriété, une grille de lecture incapable, pour lui, de saisir ce qu'était la société indienne en 1947. En omettant au passage de considérer qu'il aurait fallu faire les deux à la fois, comme l'illustrent d'ailleurs certains exemples régionaux (Kerala, Bengale-Occidental).

L'exemple indien est emblématique du va-et-vient permanent qui existe entre le dispositif de connaissance mis en place par les pouvoirs et la façon dont ce dispositif peut aussi être utilisé pour déjouer les dominations. Il est aussi emblématique de l'intérêt qu'on peut avoir à regarder d'ici des mondes qui peuvent nous paraître lointains, mais s'avèrent, en réalité, très proches. Lorsqu'on regarde la façon dont la focalisation sur la minorité musulmane a, en quelques décennies, profondément transformé les coordonnées de l'affrontement électoral et politique en France, on n'est pas si éloigné de ce qui se passe en Inde, même si les contextes sont très différents et les expressions de la défiance envers les musulmans incomparables.

PB *Capital et Idéologie* se situe en effet à l'horizon de l'histoire connectée et de la *World history*, mais aussi à l'horizon de l'histoire comparée. Il cherche, là encore, à accomplir un programme ancien, celui porté par Marc Bloch, qui n'était pas seulement un théoricien, mais aussi un praticien de cette histoire comparée. C'est cette veine que retrouve Thomas Piketty, notamment lorsqu'il évoque la manière dont la tripartition entre les domaines guerrier, religieux et économique, décrite pour le monde indo-européen par Georges Dumézil, structure, sur le temps long et avec une dimension planétaire, les régimes inégalitaires des sociétés d'ordre avant les mutations capitalistes des sociétés esclavagistes et coloniales.

Mais ce qui me frappe, c'est à quel point, si on cherche à faire notre métier sous le regard de l'événement en cours, on se rend compte que toutes nos données, tous nos chiffres, tout notre travail dans les archives, n'est que peu de chose s'il n'est pas entraîné par une puissance narrative.

L'expression la plus forte de ce qui nous arrive aujourd'hui est sans doute pour moi le texte d'Arundhati Roy sur les vagues de travailleurs indiens chassés des villes au début de l'épidémie. C'est un texte hugolien, au sens où sa puissance littéraire porte en même temps une vision politique, une expertise sociale et un appel à l'engagement, ne serait-ce que dans le fait qu'exprimer un événement avec une telle force, c'est déjà s'engager.

La Peste noire qui frappe l'Europe à partir de 1347 n'a pas bouleversé l'ordre des croyances et des pouvoirs, ni la forme des institutions, alors même qu'elle emporte entre un tiers et la moitié de la population européenne

Si on vise donc à faire l'histoire nécessairement discontinue et hétérogène de nos capacités d'agir en cherchant à rendre compte d'une histoire des possibles, il faut le faire avec l'allant narratif que possédait par exemple l'historien Lucien Febvre. Il avait compris cette nécessité en lisant *Le Déclin de l'Occident*, publié en 1918 par Oswald Spengler. C'était un immense succès de librairie européen auquel il fallait se donner les moyens de pouvoir faire pièce, notamment en prenant de vitesse les scrupules érudits de l'historicisme allemand. Dans un texte publié en 1936, l'année de la mort de ce conservateur mélancolique qu'est Spengler, Febvre décrit très bien la joie mauvaise qu'on peut éprouver en écoutant les prophètes de malheur : « Car, enfin, participer à l'essor d'une civilisation qui monte, bien. Vivre les jours d'un déclin, mieux. Et, placé devant le trépas, l'accepter virilement : “Soit, qu'il vienne !” – belle attitude romantique ; on se sait gré à soi-même de l'adopter. »

Mais si on revient au programme de Labrousse sans délaisser l'importance de la narration, on doit aussi s'intéresser aux structures réelles de la recherche. Ernest Labrousse incarne en effet un moment de l'histoire du pouvoir académique qui est celui du triomphe de la recherche mandarinale, l'enrôlement des petites mains et le partage très inégal du travail intellectuel, où les étudiants étaient d'abord là pour se mettre au service d'un grand homme.

TP J'espère que nous sommes en effet en train de parvenir à des formes collectives de collaboration, à l'instar de la base de données sur les inégalités mondiales que nous avons contribué à mettre en œuvre avec mes amis et collègues (en particulier Facundo Alvaredo, Lucas Chancel, Emmanuel Saez, Gabriel Zucman) et des centaines de chercheurs de par le monde. Ces projets collectifs de recherche sont compatibles avec des textes personnels ou des narrations fortes, voire peuvent en constituer les conditions de possibilité. Comme Patrick, j'ai également été marqué par ce texte d'Arundhati Roy qui exprime avec force la matière des formes politiques et idéologiques qui structurent la société indienne, mais aussi d'autres sociétés du sud. N'oublions pas que les élections indiennes de 2019 auraient pu tourner tout à fait différemment si les attentats du Cachemire n'avaient pas ravivé les clivages religieux. Avec un autre résultat électoral, un système de revenu de base au niveau fédéral serait peut-être en place aujourd'hui.

Cela me fait penser au travail important de Frederick Cooper sur la décolonisation de l'Afrique francophone. Il montre comment on imagine alors des formes fédérales susceptibles de contrer à la fois les forces des puissances économiques en place (multinationales, États du Sud) et les logiques de repli identitaire local. Chez Léopold Sédar Senghor et même chez Félix Houphouët-Boigny au début, on trouve des propos montrant qu'ils ne veulent pas reproduire la forme de petits États-nations calqués sur des modèles européens qui viennent de s'autodétruire, parce qu'ils sont conscients qu'ils ne pourront pas, alors, faire le poids face aux puissances des multinationales. Il montre que si la France n'avait pas entravé cette idée d'une forme fédérale adaptée à l'Afrique de l'Ouest en la noyant dans un fédéralisme franco-africain sous domination française, une tout autre trajectoire aurait pu être possible pour cette région du monde.

Sans doute force-t-il quelque peu l'histoire des possibles en faisant cela, mais cela me semble pertinent pour penser ce qu'on peut faire aujourd'hui. Avec la fin du franc CFA, une monnaie dont l'histoire remonte à un accord avec la Banque du Sénégal pour permettre d'indemniser les propriétaires d'esclaves après l'abolition de 1848, on peut imaginer changer non seulement un nom mais aussi inscrire une monnaie commune dans un autre mode de développement que celui que l'Afrique a connu jusque-là, en se concentrant sur le développement des infrastructures, sanitaires notamment. Il est envisageable qu'on redéfinisse un modèle qui serait centré sur la préservation d'un minimum de niveau de vie et d'accès à des services d'éducation et de soin.

Pour déverrouiller les futurs et les imaginaires, les écrivains et les écrivaines peuvent être d'une aide précieuse. On a évoqué Arundhati Roy, mais on pourrait aussi parler du dernier roman de Léonora Miano, *Rouge impératrice* (Grasset, 2019), qui imagine une fédération africaine souveraine ayant repris au cours du XXIe siècle le contrôle de sa trajectoire politico-économique avec des formes de démondialisation vis-à-vis des autres continents, et qui se demande quoi faire de ses immigrés venus d'Europe et arc-boutés sur leurs identités, en choisissant finalement de leur tendre la main.

À quelles conditions peut-on espérer ébranler des idéologies qui se situent à l'intersection de structures matérielles et mentales profondes ?

PB Tout travail historique complique l'ordre du temps et permet de saisir qu'il y a des moments de latence inattendus, des répliques, des rémanences, et que les changements n'arrivent pas, comme à la parade, à l'heure dite ou espérée.

On peut espérer que la crise actuelle renforce le système de santé publique et permette à l'État social de s'affermir et de s'affirmer, en délégitimant au contraire tous ceux qui expliquaient que l'argent ne tombe pas du ciel

Si on évoque la Peste noire qui frappe l'Europe à partir de 1347, cela paraît évident, puisque tout ce qu'on prête à la peste comme conséquences sociales ou politiques, et même sanitaires, est en réalité antérieur ou postérieur à l'épidémie, dont il faut bien constater qu'elle n'a pas bouleversé l'ordre des croyances et des pouvoirs, ni la forme des institutions, alors même qu'elle emporte entre un tiers et la moitié de la population européenne. Les premières mesures de contrôle sanitaire de type confinement sont ainsi mises en place en Italie juste avant la Peste noire – par exemple à Pistoia dans les années 1330. Quant aux représentations de danses macabres, et d'une manière générale toute représentation iconographique de la catastrophe, elles sont très postérieures à celle-ci.

Il y a une forme de naïveté à croire qu'un événement, parce qu'il arrive maintenant et, pour celui que nous vivons, dans le monde entier et de manière simultanée, va affecter en même temps et de façon similaire les sociétés, les corps, les esprits…

La psychanalyse nous rappelle que si un traumatisme peut imposer son tempo, le post-trauma connaît des rythmes et détours complexes, qui ne sont pas strictement individuels puisqu'ils peuvent s'inscrire dans des cadres sociaux qu'on peut décrire, mais qu'on ne doit pas homogénéiser.

La première chose à faire sur ce qui nous intéresse et inquiète actuellement, dans ce moment où l'épidémie a comme principe de tout occuper et de tout saccager, c'est donc d'alerter sur le fait qu'il n'est pas du tout évident que l'événement que nous vivons va faire naître un monde différent, ou même avoir un effet univoque et immédiat. Tout porte à croire que ce sera plutôt le contraire, ce qui ne nous exonère ni de la responsabilité de le comprendre ni de celle d'agir. Les chercheurs ne peuvent être simplement là pour dire tout le temps : « c'est plus compliqué que ça ». Ils ont leur part à prendre dans la nécessité de trouver le chemin, même s'ils ont aussi pour fonction de dire que le chemin sera plus tortueux qu'on ne le croit.

TP La recherche, notamment historique, peut beaucoup, mais elle ne peut pas tout. Ce sont avant tout les mobilisations collectives, les organisations politiques, les mouvements sociaux, les collectifs de citoyens, qui peuvent changer les choses. On peut espérer que la crise actuelle renforce le système de santé publique et permette à l'État social de s'affermir et de s'affirmer, en délégitimant au contraire tous ceux qui expliquaient que l'argent ne tombe pas du ciel pour justifier une austérité destructrice.

Mais on peut aussi craindre un renforcement de l'idéologie de la frontière, de l'État-nation refermé sur lui-même. On voit ainsi aujourd'hui apparaître des discours faisant le lien entre le fait que l'Italie, l'Espagne et la France sont les pays les plus touchés d'Europe, alors qu'ils sont aussi les pays les plus traversés de flux, notamment touristiques.

Notre avenir, qui demeure très ouvert, dépendra des lectures qui seront faites de l'événement, non seulement par les chercheurs, mais aussi par les organisations politiques, les groupes sociaux. Pour revenir à l'exemple de l'Inde, ce sont des organisations collectives, en l'occurrence le parti du Congrès et surtout la nouvelle alliance SP-BSP entre les partis socialistes et les partis de basses castes, qui ont porté l'idée d'un revenu de base lors des élections de 2019, et qui auraient pu imposer une petite révolution progressiste dans le système économique et social indien, si les nationalistes hindous du BJP n'étaient finalement parvenus à faire prévaloir leur propre lecture du devenir de l'Inde, grâce à leur très forte capacité de mobilisation (plus de 100 millions de membres pour ce parti qui se revendique premier parti du monde, quasiment à égalité avec le Parti communiste chinois). Le changement historique est ainsi d'abord porté par des mobilisations et des organisations collectives, et non pas simplement par les événements en eux-mêmes, ou par les chercheurs qui les interprètent.

Mais est-ce que l'érudition, la comparaison fine des situations dans le temps et dans l'espace, l'ampleur d'une histoire soucieuse des complexités et des latences n'en finissent pas par entraver une approche de l'histoire comme outil politique plus frontal et un engagement plus direct des chercheurs ? Autrement dit, comment envisagez-vous vos modes d'intervention dans l'espace public et politique ?

TP Je tente de proposer un usage inhabituel de l'érudition et de la recherche historique en proposant, à la fin d'un livre de mille pages fondé sur des analyses des sociétés trifonctionnelles, coloniales et propriétaristes du passé, un plan pour un socialisme participatif pour le XXIe siècle remplaçant le capitalisme, une réorganisation de la mondialisation actuelle par un social-fédéralisme, et la soumission des flux financiers à des assemblées transnationales souveraines en matière de justice fiscale !

J'essaie donc de prendre ma part, pour ce qui est de se jeter dans la mêlée avec enthousiasme et sans modération, en ne me contentant pas d'ouvrages scientifiques, en prenant position et en prenant des risques, en écrivant des chroniques, et en mettant en place des outils de collecte sur les inégalités mondiales pouvant servir à les combattre. J'essaie de pratiquer ces différents genres d'interventions car ils sont tous nécessaires. On a aussi besoin d'engagements incarnés de chercheurs en sciences sociales, d'historiens, qui analysent les dimensions techniques et parfois pénibles des problèmes pour en faire une matière politique appropriable par les citoyens.

PB Toute la difficulté réside, c'est une banalité de le dire, dans l'articulation entre le travail savant et l'intervention publique. Je fais partie d'une génération qui a beaucoup douté de toutes les formes d'intervention intellectuelle, y compris de l'engagement sartrien, de manière injuste comme je m'en rends compte aujourd'hui. J'avais une attirance pour la revendication de l'intellectuel spécifique tel que défini par Michel Foucault et voici pourquoi je n'ai lu Sartre qu'au filtre de sa critique foucaldienne – c'est-à-dire que je ne l'ai pas lu. J'ai eu tort. Je pense par exemple que sa définition du « salaud » par la mauvaise foi de « celui qui, pour justifier son existence, feint d'ignorer la liberté et la contingence qui le caractérisent essentiellement en tant qu'homme » est terriblement efficace pour repérer les effets de posture et les abus de pouvoir de certains intellectuels de tribunes ou de plateaux télévisés. Mais c'est ainsi : on pourrait identifier une génération intellectuelle par ses refus de lecture, ou par la date de son entrée dans l'œuvre d'un auteur vivant.

Par exemple, je suis entré dans celle de Pierre Bourdieu par son livre sur *La Noblesse d'État* en 1989, puis l'ai remontée jusqu'à *La Distinction*. Mais ceux, plus jeunes, qui l'ont connu par son engagement de 1995 s'en font une autre idée, plus sommaire que celle que Bourdieu a lui-même défendue dans ses *Méditations pascaliennes* (1997). On doit accepter d'abdiquer une partie de la complexité quand on intervient dans le débat public, mais je ne vois pas trop ce qu'on gagne à se caricaturer de manière trop sommaire. Je n'ai pas les mêmes modes d'intervention que Thomas Piketty dans l'espace public, mais j'ai beaucoup d'estime et de gratitude pour sa manière de faire, et je revendique aussi l'effet d'entraînement qu'il espère avoir en pensant que sa vision peut être reprise par les politiques. Mais il avoue lui-même être souvent déçu par cet effet de reprise, et je me dis que si lui-même, compte tenu de sa notoriété, de l'importance de ses travaux et de la technicité de son expertise, n'y parvient pas aussi bien qu'il le souhaiterait, la distance est décidément bien longue entre le savant et le politique.

TP Je ne suis pas tout à fait d'accord. Pour savoir comment organiser une nouvelle assemblée transnationale organisant des investissements pour un avenir différent, on est tous égaux. D'ailleurs je suis reconnaissant à Patrick Boucheron de s'être engagé dans notre Manifeste pour la démocratisation de l'Europe ! Il me semble que même si on n'a pas de solution parfaite, il faut prendre position publiquement et se jeter dans la mêlée. Si on est insatisfait de la situation sociale et politique, il faut l'expliciter et imaginer des débouchés vers d'autres modes d'organisation et de répartition, même quand ils ne sont pas définitivement élaborés ni pleinement satisfaisants.

Si je m'engage publiquement lors des confrontations électorales, même si ce n'est pas toujours simple, c'est parce que je trouve trop facile de renvoyer dos à dos tous les discours politiques disponibles, parce qu'ils ont tous des parts insatisfaisantes, quand ils ne sont pas à combattre dans leur ensemble.

Je ne crois pas, pour autant, que les chercheurs puissent ou doivent être les conseillers des princes ou de ceux qui aspirent à le devenir. Ce qui compte, c'est de changer les termes du débat, c'est la conquête de l'opinion, le débat public, l'attention que différents cercles de citoyens, que l'on espère de plus en plus larges, peuvent porter aux problèmes que l'on soulève ou que l'on met en forme.

Les politiques sont eux-mêmes otages de ce qu'ils pensent être l'opinion dominante. Les princes qui prétendent nous gouverner ne peuvent mettre dans leurs discours que ce qui leur paraît consensuel. Leur degré de liberté est en réalité toujours limité, et c'est sur cela que l'on peut peser en se positionnant publiquement par différents canaux.

Ce qui compte, c'est de changer les termes du débat, c'est la conquête de l'opinion, l'attention que différents cercles de citoyens, que l'on espère de plus en plus larges, peuvent porter aux problèmes que l'on soulève ou que l'on met en forme

PB Nous sommes nombreux à chercher, avec nos caractères et nos styles d'expression, la manière la plus efficace d'intervenir dans le débat public et s'il en existait une que l'un de nous aurait trouvée, et qui serait efficace à coup sûr, nul doute que nous l'aurions tous adoptée. Je rejoins Thomas Piketty sur l'idée que notre rôle n'est pas de conseiller les princes, mais d'organiser, notamment sur le plan intellectuel, le fait que les politiques agissent parce qu'il serait trop coûteux pour eux de ne pas le faire. Ce qui est certain c'est qu'on ne peut se laisser enfermer dans le rôle de chroniqueur de la complexité ou de cartographe des conditions de possibilités du changement social. Quand il se passe quelque chose, cela se passe d'ailleurs souvent contre l'avis de ceux qui ont passé leur temps à souffler sur les braises et à tenter de comprendre ce qui est possible. Quand un événement survient, il commence souvent par démentir la prétendue expertise de ceux qui l'attendaient ou qui l'espéraient.

Je demeure frappé par la manière dont la révolution du féminisme politique qui était en cours au moment où l'épidémie commençait a été largement mise entre parenthèses. Sur les inégalités, sur l'écologie, les liens ont été tissés entre l'événement en cours et les structures sociales et mentales

Mais est-ce qu'il ne faut pas, effectivement, y aller plus frontalement ? Parler plus fort ? Est-ce qu'on doit abandonner certains scrupules ? Dans un moment où ce sont des Modi, des Trump ou des Bolsonaro qui prennent le pouvoir, il est illusoire de penser que l'on combat à armes égales paré de notre rhétorique. Quand les échéances électorales se structurent sur de tels niveaux de désinformation et de rumeurs, on pourra toujours simplifier notre discours à outrance, on sera encore très loin du compte – la course à la schématisation est un combat perdu d'avance, le travail des idées sera de plus en plus minoritaire. Faut-il pour autant aller au combat en épousant les formes dominantes ? Est-ce que l'avenir de la recherche consiste à courir derrière les falsifications, dans une forme de *fact checking* aussi permanent qu'impuissant ? Je n'en suis pas certain.

Ce qui est sûr, c'est que nous sommes tenus d'inventer des formes, et qu'on peut s'accorder sur le fait qu'elles doivent être collectives et qu'elles doivent veiller à ce qu'aucune voix ne soit laissée de côté. Je demeure frappé par la manière dont la révolution du féminisme politique qui était en cours au moment où l'épidémie commençait a été largement mise entre parenthèses. Sur les inégalités, sur l'écologie, les liens ont été tissés entre l'événement en cours et les structures sociales et mentales. Sur la place des femmes, alors même que ce sont les métiers les plus féminins qui sont en première ligne, alors même que la question de la réouverture des écoles et des crèches pose celle de l'exposition de professions exercées en grande majorité par des femmes, mais aussi la question de la féminisation globale du monde du travail, par rapport notamment à l'Italie ou l'Allemagne, le silence est assourdissant.

Peut-être parce que dominent des représentations guerrières, peut-être aussi parce qu'on a manqué de voix pour porter ces sujets. Paul B. Preciado a raison de s'en alarmer : la révolution du genre est sur pause alors qu'il n'y a aucune raison que ce soit le cas. Cette remasculinisation brutale de l'expertise dit quelque chose de la structuration de l'espace public et de la distribution de la parole en son sein.

Pensez-vous que les institutions et les processus classiques des démocraties libérales sont en mesure de véritablement transformer le réel ? Comment regardez-vous les échecs électoraux de candidats comme Jeremy Corbyn ou Bernie Sanders qui étaient, pourrait-on dire, raisonnablement révolutionnaires ?

TP La violence est un élément central du changement historique, qui ne se nourrit pas simplement des procédures apaisées de la démocratie électorale. Dès mes premiers livres, en particulier celui de 2001 consacré à l'histoire des revenus en France au XXe siècle, j'ai fait le constat que ce sont les guerres, les révolutions et les grandes crises qui sont à la racine des transformations d'ampleur dans la répartition des richesses et du pouvoir économique et politique. Mais l'événement, la crise, n'est rien sans la transformation idéologique et politique qui l'accompagne et lui donne sens, sans l'analyse des contradictions qui ont contribué à conduire à la crise et qui ouvrent alors tout un ensemble de trajectoires possibles.

Je ne crois pas qu'une procédure électorale apaisée dans des institutions inchangées soit en mesure de mener à des changements radicaux, mais je pense que l'histoire va inventer ses voies, et que la violence et la subversion vont en faire partie, sous des formes qu'il est difficile de prévoir. Le processus électoral est loin d'être le seul moteur du changement historique.

Cela dit, Sanders et Corbyn étaient des candidats qui auraient pu conduire à un changement réel, mais ils avaient chacun leurs limites, même s'ils portaient des choses intéressantes. Je pense que les élections britanniques de 2017 n'ont pas été loin de tourner autrement : celles de décembre dernier étaient déjà trop polarisées sur le Brexit.

Je ne crois pas qu'une procédure électorale apaisée dans des institutions inchangées soit en mesure de mener à des changements radicaux, mais je pense que l'histoire va inventer ses voies, et que la violence et la subversion vont en faire partie, mais sous des formes qu'il est difficile de prévoir

N'oublions pas que le parti travailliste avait réalisé un score historique en 2017, que Tony Blair n'avait jamais atteint, en faisant des propositions innovantes tournant le dos au blairisme, en particulier sur les services publics, la gratuité universitaire et une nouvelle répartition du pouvoir dans les entreprises. Mais la vision internationale et transnationale de Corbyn était trop peu développée, sur l'Europe bien sûr, mais également autour de la question israélo-palestinienne et des enjeux religieux, identitaires et postcoloniaux, sur lesquels il a été durement attaqué, en partie en raison de la rancœur de l'establishment blairiste et conservateur (trop heureux de trouver un angle d'attaque sur la question de l'antisémitisme), mais aussi compte tenu de ses propres maladresses et insuffisances.

Quant à Sanders, il a, avec Elizabeth Warren, rassemblé près de la moitié des voix démocrates lors des primaires de 2020 sur un programme ambitieux de redistribution : forte hausse du salaire minimum, santé universelle, création d'un impôt progressif important sur la fortune au niveau fédéral (un siècle après la création de l'impôt fédéral sur le revenu en 1913 et de l'impôt fédéral sur les successions en 1916). Je me souviens avoir eu, en 2014, un débat avec Warren à Boston, où cette idée d'un impôt fédéral sur la fortune lui paraissait prématurée. Quatre ans plus tard, elle rivalisait avec Sanders pour savoir qui serait le plus radical sur le sujet. L'un et l'autre avaient leurs limites, mais on ne peut nier qu'il existe des évolutions rapides et frappantes.

Il est certes assez désespérant de se diriger vers un affrontement entre Donald Trump et Joe Biden, l'un des sénateurs démocrates à avoir voté en 1986 la réforme fiscale de Ronald Reagan, pivot de la contre-révolution inégalitaire. Mais ce n'est pas la fin de l'histoire. La transformation des discours de certains démocrates est impressionnante, et le très fort soutien apporté par la tranche d'âge 18-49 ans à Sanders et Warren est frappant.

Il reste que l'on évolue toujours dans un monde postcommuniste et postcolonial, marqué par l'idée qu'il n'existe pas d'alternative au capitalisme, et un développement du nativisme et du racisme qui se nourrissent aussi de l'abandon de l'idée qu'on peut transformer radicalement notre modèle économique. Les structures idéologiques lourdes ne sont donc pas favorables, et rendent difficile, mais pas impossible, d'imaginer que les crises financières ou sanitaires débouchent sur de réelles inflexions.

Dès lors que l'on parle d'engagement intellectuel, il ne faut pas oublier de rappeler que c'est d'abord un engagement humain et institutionnel dans des formes de recherche, et que le choix de ces formes est lui-même hautement politique

PB Je pourrais difficilement mieux dire. Le capitalisme libéral n'a plus d'adversaire et on est sur une pente qui est structurellement défavorable. Thomas Piketty écrivait en introduction du *Capital au XXIe siècle* : « je fais partie de cette génération qui est devenue adulte en écoutant à la radio l'effondrement des dictatures communistes, et qui n'a jamais ressenti la moindre tendresse ou nostalgie pour le soviétisme ». Je suis plus âgé mais c'est aussi mon cas. Pourquoi alors se décourager maintenant ? Qu'est-ce qui, davantage aujourd'hui qu'hier, devrait nous amener à baisser les bras ? Je pense qu'on appelle démocratie le régime politique qui a la déception comme horizon. Donc, oui, on portera encore nos espoirs dans des programmes, des structures politiques qui vont peut-être nous décevoir.

Mais si on s'interroge sur les déceptions et les espoirs, force est aussi de constater que l'événement en cours parle plus fort que les discours les plus véhéments de la pensée critique radicale, des grands philosophes du désastre que sont Badiou, Zizek ou Agamben. Je ne m'en réjouis pas, bien au contraire, mais je suis bien obligé de constater que celles et ceux qui parlent toutes les semaines de catastrophe, de désastre et d'effondrement irréversible sont tout aussi atones que les sociaux-libéraux qu'ils vouent aux gémonies. C'est que tous ceux qui se faisaient de l'effondrement une conception héroïque (et virile, pour reprendre la critique de Spengler par Lucien Febvre) en sont pour leurs frais : le monde ne se détruit pas sous nos yeux, il s'abîme, ce qui est peut-être plus désespérant, car nous sommes même privés du grand élan de la reconstruction – il devient décidément houellebecquien, c'est-à-dire morne et mesquin, à la fois effrayant et ennuyeux.

Quels sont vos objets de réflexion et de travail à l'heure qu'il est ? Dans quelle mesure sont-ils affectés par l'événement en cours ?

PB J'envie Thomas Piketty de pouvoir poursuivre son programme comme il le fait – je l'envie sincèrement, n'y voyez aucune ironie. J'ai pour ma part bien plus de difficulté à me projeter dans un horizon de recherche et d'écriture. Du point de vue de la recherche, tout dépend là encore des conditions concrètes de son exercice. Thomas Piketty a travaillé à mettre en partage des grandes masses de données – et cela a une importance politique, car dès lors que l'on parle d'engagement intellectuel, il ne faut pas oublier de rappeler que c'est d'abord un engagement humain et institutionnel dans des formes de recherche, et que le choix de ces formes est lui-même hautement politique.

Pour ma part, je peux compter sur d'importantes ressources numériques et sur ma propre bibliothèque personnelle, mais dans mon domaine de recherche, cela reste limité. Cela peut paraître anecdotique, mais il me semble intéressant de le rappeler. Un historien n'est pas un lettré qui peut faire le tour du monde depuis sa chambre – il doit, me semble-t-il, pour travailler à demeurer historien, sortir de chez lui, au sens propre comme au sens figuré. Nous ne pouvons pas en même temps demander à la puissance publique qu'elle finance des voyages, des colloques, des réunions, et prétendre pouvoir nous en passer lorsque l'on en est privé, même si c'est, comme aujourd'hui, pour de bonnes raisons. Je peux (et je dois) réfléchir sur ma recherche, je ne peux plus la conduire, et je ne dois pas faire semblant de la poursuivre comme si de rien n'était.

Par ailleurs, il n'y a pas d'urgence, aujourd'hui, à produire de nouveaux savoirs historiques ou de nouveaux discours sur l'histoire. Il pourrait même y avoir de l'indécence à prétendre le faire. Reste que la responsabilité intellectuelle doit aussi pouvoir s'exercer. Dois-je continuer à mener la recherche, collective et individuelle, sur la Peste noire telle que je l'avais prévue ? Sans doute, mais pas comme je l'avais pensé – elle sortira inévitablement différente de la confrontation avec l'événement en cours. Il faut un peu de temps pour en prendre la pleine mesure, et ne pas se précipiter. Pour le moment, il me semble plus raisonnable de dégager le terrain afin de se rendre disponible – aux sollicitations amicales, aux envies personnelles, aux nécessités politiques, aux bonnes et aux mauvaises surprises.

TP Les chercheurs en sciences sociales ont beaucoup de chance, en général bien sûr, mais aussi pendant cette période particulière. Nous sommes habitués au confinement et nous avons parfois du mal à nous confiner autant que nous le souhaiterions ! Je devais passer la période du 20 mars au 10 mai aux États-Unis, au Mexique et au Canada, à donner des conférences et participer à des débats autour de *Capital et Idéologie*. Je regrette ces échanges perdus, mais je dois avouer que cela m'a permis de me plonger dans des recherches nouvelles. Je prépare deux nouveaux ouvrages, l'un sur l'évolution des structures socio-économiques des électorats dans une trentaine de démocraties au cours des dernières décennies, et l'autre centré sur les transformations des inégalités socio-spatiales et du conflit électoral et partisan en France depuis les débuts du suffrage universel. Cela dit, les ressources numériques disponibles dont je dispose, qu'il s'agisse des bibliothèques électroniques ou des données que j'ai pu numériser et rassembler avant le confinement, commencent sérieusement à s'épuiser.

Surtout, j'ai hâte de renouer avec les rencontres, les discussions, les débats. Sans ces échanges, je ne parviens pas à prendre pleinement la mesure de qui s'est passé. Il est encore trop tôt pour en évaluer toutes les conséquences, mais je crains que la crise épidémique ne renforce certaines tendances au durcissement identitaire et nationaliste. L'enjeu central, celui d'élargir la frontière de la communauté à laquelle les uns et les autres s'identifient et de repenser la possibilité d'un internationalisme égalitaire et d'un autre modèle économique, plus équitable et plus soutenable, n'en sera que renforcé. J'essaierai d'y contribuer de mon mieux ●

PB & TP

PROPOS RECUEILLIS PAR
Joseph Confavreux

FICTION DE LA « CONTINUITÉ PÉDAGOGIQUE »

PAR

Guillaume Calafat

Voulons-nous pour la rentrée prochaine des cours magistraux à distance ? Si l'on souhaite défendre l'université, le moment exceptionnel que nous vivons est l'occasion d'une bifurcation historique. Il est temps d'inventer de nouvelles formes d'échange pédagogique.

Le film date de 2013 et a un peu circulé en ces temps de confinement[1]. Il ne parle pourtant ni de virus, ni de chloroquine, ni même de pangolin. *As It Used To Be* est un court-métrage d'anticipation, qui s'ouvre sur le décor brutaliste du Kingsway Campus Auckland Park de l'université sud-africaine de Johannesbourg. Le béton s'est assombri avec les ans : nous sommes en 2037. Un homme marche, absolument seul, dans les jardins du campus ; il monte les escaliers et arrive dans une salle de classe, vide elle aussi : l'effet d'une guerre ? du réchauffement climatique ? d'un virus ? de tout cela réuni ? Seule l'attend une caméra, dont l'œil inquisiteur évoque HAL 9000 dans *2001*, mais en moins loquace.

L'homme est professeur. Plusieurs signes ne trompent pas : il a une sacoche, des livres qu'il empile sur la table avec méthode ; il porte une veste et une chemise, qu'il n'a étrangement pas hésité à assortir avec un short. Une fois ses livres bien rangés sur son bureau, il s'assied (on ne voit plus son short), se recoiffe. La caméra annonce que son cours

1. *« As It Used To Be »*, Clément Gonzalez (Collectif 109) : https://vimeo.com/57814889

en direct commence dans trente secondes. C'est un cours d'histoire, sur les arts et la culture au XXIe siècle. L'homme est rodé, son débit assuré. Il ne lit pas ses notes et regarde fixement l'objectif. Il fait référence à des ouvrages qui apparaissent au bas de l'écran.

Un homme marche, absolument seul, dans les jardins du campus ; il monte les escaliers et arrive dans une salle de classe, vide elle aussi : l'effet d'une guerre ? du réchauffement climatique ? d'un virus ? de tout cela réuni ?

À peine l'introduction commencée, cependant, une étudiante entre dans la classe. Le professeur s'interrompt : « Vous êtes perdue ? Vous cherchez quelqu'un peut-être ? » Mais l'étudiante répond simplement qu'elle vient suivre le cours. Le professeur est surpris, voire agacé ; il perd le fil de son discours. Il ne comprend pas ce que fait l'étudiante dans l'amphithéâtre alors que le cours est disponible en ligne. Elle explique que son ordinateur a planté. Quand elle lui demande de répéter un nom d'auteur, le professeur, perturbé, doit se lever – on voit alors à nouveau son short ; il saisit une craie (oui, une craie... de celles qui crissent et salissent les vêtements). Ce simple geste le fait sourire. Il se déride enfin ; il est debout. Il n'a plus trop envie de se rasseoir. En fait, son cours commence vraiment. L'étudiante pose des questions, cherche à comprendre, demande des précisions, conteste. Et, alors que le professeur lisait, au début du cours, une leçon parfaitement apprise, on le voit faire des digressions, rire, se passionner. On se dit qu'on aimerait bien suivre son cours. Quand la sonnerie retentit, il est surpris, un peu triste. L'étudiante s'en va. Ils se lancent un « au revoir » maladroit.

Une autre journée. Le même campus désert. Le professeur marche à nouveau dans les couloirs vides aux murs décrépis. Le chemin est le même, mais sa démarche bien moins réglée. Il jette des regards à droite et à gauche. Il a mis un pantalon, on ne sait jamais... Alors qu'il s'apprête à démarrer son cours face à la même caméra insensible, une pointe de déception dans la voix, ce sont plusieurs étudiants qui demandent à entrer dans l'amphithéâtre. Son corps s'anime, un sourire se dessine sur ses lèvres. Il se lève et ses gestes sont amples et enthousiastes : un nouveau cours commence.

Ce que manque l'enseignement à distance

Face à la caméra, avant que l'étudiante ne vienne brusquement interrompre sa routine, le professeur s'apprêtait à livrer ce qu'on appelle un « MOOC », acronyme pour « *massive open online courses* ». Il y a presque dix ans, à l'époque où le film était tourné, ces cours en ligne connaissaient un véritable essor. Encouragés par les ministres de l'Éducation, les universités, et les développeurs de plates-formes un peu partout dans le monde, ils étaient alors décrits comme un outil pédagogique susceptible de toucher un nombre illimité d'étudiants. Certains MOOC s'ouvraient pour offrir des formations, voire des séminaires de recherche prestigieux, à distance. On vantait leur caractère accessible, démocratique, ouvert ; de manière moins avouable, on se réjouissait des économies qu'ils promettaient ; et, de manière moins avouable encore, on se rassurait de voir des amphithéâtres sans étudiants. Très vite, cependant, les limites de ces cours en ligne ont affleuré : leurs détracteurs ont souligné leurs faibles effets – pour ne pas dire qualités – pédagogiques ; ils dénonçaient également la concurrence des établissements universitaires qui ouvraient surtout des MOOC à des fins de marketing académique ; enfin, beaucoup pointaient du doigt la fiction naïve d'un accès universel aux équipements informatiques et numériques.

En ces temps de pandémie, le film a pris une nouvelle épaisseur. Le décor, tout d'abord, projette les craintes légitimes que l'on peut nourrir quant à une université vidée de ses étudiants et de tous les agents qui la font vivre. La crainte charrie son lot de questions : quelle sera la place assignée aux universités et, plus spécifiquement aux étudiants, dans les mois qui viennent, et selon quels critères sociaux, économiques et politiques ? Comment vont être définis les droits (de mobilité, de sociabilité, de travail) des étudiants qui se trouvent à un âge fondamental et charnière de leur vie intellectuelle, culturelle, sociale, professionnelle, affective ? Comment faire publiquement entendre dans notre société le caractère « essentiel » des études supérieures dans des conditions sanitaires souvent difficilement compatibles avec les infrastructures actuelles des universités ? En d'autres termes, comment créer les conditions acceptables d'une « reprise » de l'enseignement supérieur, afin d'éviter que ne se creusent irrémédiablement les inégalités entre étudiants ?

Un cours se construit non seulement de savoirs et de recherches, mais aussi des questions et des doigts levés, des désaccords, des haussements de sourcil, des bruissements, des soupirs, des regards étonnés, des rires, de l'ennui que les étudiants peuvent manifester de manière plus ou moins expressive

En regardant le film à la lumière de la crise actuelle, on se demande si notre rentrée de septembre ou d'octobre 2020 (si elle a lieu) ressemblera à cette scène de 2037, où le professeur vient seul, à distance, fixer une caméra. Cette distance, le monde enseignant a dû brutalement s'y confronter avec le confinement. Il y a répondu et y répond – sans unanimité – avec des outils variés, du simple courriel aux vidéoconférences sophistiquées, des pièces jointes aux cours enregistrés. Nous n'y étions pas préparés, mais (certaines de) nos institutions ont essayé de mettre à notre disposition des outils – souvent insoupçonnés et parfois tout à fait remarquables – pour tenter de maintenir un lien avec les étudiants. Évidemment, la pertinence de ces outils dépendait cruellement des configurations de confinement des enseignants, du niveau d'études, des profils socio-économiques et des conditions de vie des étudiants, comme de l'effectif de chaque classe…

Face à cet éventail de situations possibles, aucun enseignant n'a réellement cru – me semble-t-il – à la « continuité pédagogique ». Et pour celles et ceux qui ont tenté de « continuer » quelque chose (mais quoi exactement ?), personne n'a réellement pensé que cela pouvait signifier la réplique exacte de nos manières de faire. Nous improvisons, expérimentons, tâtonnons, avec plus ou moins de bonheur, pour essayer de trouver le format le plus adapté aux situations collectives auxquelles nous sommes exposés. Or, ce que dit bien ce court-métrage, c'est que la distance bouleverse la définition, l'institution même de ce qu'est un cours. Notre professeur en short symbolise ce que peut être un cours dispensé « à distance » : une leçon magistrale, très verticale, lointaine et unidirectionnelle. Le corps de cet enseignant coupé en deux, short en bas et veste en haut, dit très bien aussi le caractère factice, artificiel, incomplet du rituel.

Ce qui manque à ce professeur, et ce qui nous manque en temps de confinement, c'est précisément la somme des repères qui rythment un cours, la myriade de micro-réactions, d'accidents et de surprises nécessaires à l'apprentissage. Un cours se construit non seulement de savoirs et de recherches, mais aussi des questions et des doigts levés, des désaccords, des haussements de sourcil, des bruissements, des soupirs, des regards étonnés, des rires, de l'ennui que les étudiants peuvent manifester de manière plus ou moins expressive. Un cours suit un canevas, certes, mais il est aussi le produit de l'immédiateté, de digressions, de repentirs, d'exagérations, de fausses pistes, de précisions et de nuances inattendues. Le confinement démontre bien que les cours, comme les séminaires, ne durent pas que le temps de leur durée « légale » : leur intérêt réside aussi dans leurs débordements, dans les discussions qui l'entourent. Lorsqu'on clique sur la petite croix rouge pour quitter une vidéoconférence, on sent bien qu'il nous manque quelque chose : l'envie de commenter, d'en dire plus, de préciser des idées, se fait cruellement sentir.

Nous pourrions imaginer de nouveaux exercices moins dépendants du « temps limité », renoncer aux partiels industriels, et offrir aux étudiants une palette d'exercices plus complets, plus intéressants pour eux et pour nous. Cela permettrait d'éviter que les universités ne se jettent dans les bras de prestataires privés

Outre la fracture numérique qu'il met en lumière, l'enseignement à distance montre surtout ce qu'il n'est pas en mesure de faire et de « continuer » : nouer une véritable relation pédagogique, des espaces de dialogue et de discussion mettant l'apprentissage et les progrès des étudiants au cœur du travail des professeurs. Nous sommes toutes et tous en mesure de réciter, comme le professeur en short, des cours magistraux. Je m'y suis résigné dans l'urgence, afin de donner à lire, à écouter, à voir dans la mesure du possible. J'ai appris à utiliser des logiciels très bien conçus, qui permettent l'enregistrement de petites « capsules » vidéo auxquelles on peut adjoindre des contenus de différents types. Cela demande généralement du temps d'écriture, de préparation, de montage, mais aussi des heures d'enregistrement parfois difficiles à combiner avec la vie familiale. Le résultat est extrêmement frustrant, dans la mesure où ces formes de cours, bien souvent froides et impersonnelles, ignorent les réactions et empêchent les interactions.

Il est très difficile de mesurer comment ces enregistrements sont reçus, ce qu'ils valent, ce que les étudiants en tirent et en retiennent. L'un des logiciels me permet d'accéder à des statistiques et de mesurer le « temps d'attention » des vidéos postées sur les espaces numériques de travail : j'ai réalisé que, passé les premières minutes, beaucoup d'auditeurs disparaissaient – sans parler de ceux qui s'en allaient au bout de quelques secondes à peine. Indépendamment de la remise en question cruelle que provoque ce genre de constat, il dit aussi les limites de ces opérations verticales de « continuité pédagogique », une fiction rassurante pour les ministères, qui peut se révéler assez déprimante pour l'enseignant, comme pour l'étudiant sans doute. Or, cette attention aléatoire ou fluctuante témoigne sans doute de quelque chose sur l'utilité des « cours magistraux » en général.

Parler, guider, débattre, critiquer et comprendre

La rentrée de septembre n'aura sans doute pas lieu dans les conditions « habituelles ». Il semble raisonnable d'acter que les cours en amphithéâtre et les classes de travaux dirigés bondées n'auront pas la possibilité d'être ouverts. Or, il me semble que cette situation nous invite à penser, d'ores et déjà, de nouveaux formats pédagogiques à l'Université.

Les cours magistraux peuvent très bien être dispensés à distance, mais ils devraient constituer une part très faible de notre investissement pédagogique. Après tout, il est tout à fait possible de leur substituer des cours rédigés, des textes, des présentations enregistrées. Dispenser en direct un cours magistral me paraît contraire au bon sens – sans parler des contraintes techniques dès qu'une vidéoconférence dépasse les vingt participants. En revanche, il faudrait allouer le plus de moyens possibles pour prendre en charge des groupes restreints, d'une dizaine d'étudiants maximum, mobiliser et engager tous les enseignants-chercheurs à cet effet. L'effort pédagogique serait alors placé sur la discussion, la méthode, la compréhension d'exercices moins fondés sur la seule mémorisation que sur la réflexion et l'imagination. Nous pourrions imaginer de nouveaux exercices moins dépendants du « temps limité », renoncer aux partiels industriels, et offrir aux étudiants une palette d'exercices plus complets, plus intéressants pour eux et pour nous. Cela permettrait d'éviter que les universités ne se jettent de manière stupide dans les bras de prestataires privés qui proposent des outils de contrôle inquiétants, en plus d'être très onéreux, pour organiser la télésurveillance des examens[2].

Si les conditions sanitaires l'autorisent, ces groupes restreints auront peut-être la possibilité de se réunir dans les locaux des universités. Cela supposerait un nombre de cours réduit, mais en contrepartie un suivi beaucoup plus attentif et individualisé, avec des travaux plus ambitieux. En cas de nouveau confinement, il serait possible de rassembler à distance une quinzaine d'étudiants par vidéoconférence, et de les inviter à intervenir, réagir, participer, travailler grâce aux outils efficaces que nous avons appris à manipuler ces dernières semaines. Cela supposerait, aussi, d'identifier en amont les ressources informatiques et les accès à Internet de chaque étudiant. Beaucoup d'institutions ont déjà fait des sondages et disposent de chiffres à ce sujet. L'une des tâches de l'Université pourrait être, précisément, de garantir aux étudiants des conditions d'accès favorables au suivi des cours « à distance ». Cela pourrait passer par la mise en place et l'ouverture de salles dédiées, dans les universités et les institutions académiques, où les étudiants auraient la permission de se rendre. C'est ici que la question des outils de travail rencontre celle des droits « essentiels » des étudiants, pour lesquels le « télétravail », en fonction des situations de résidence, s'avère impossible. Nous mesurerons l'importance exacte donnée à l'enseignement supérieur dans notre société à l'aune des autorisations et des droits de travail et de déplacement attribués au monde étudiant.

Il pourrait s'agir de penser et créer les conditions de possibilité d'une Université davantage tournée vers l'échange intellectuel, le dialogue scientifique, le croisement des disciplines

Si l'on souhaite défendre l'Université, dans l'acception la plus complète et ambitieuse du mot, le moment exceptionnel que nous vivons est l'occasion d'une bifurcation historique pour remettre en question des choix pédagogiques délétères (cours massifs et unilatéraux, prise de note mécanique, exercices répétitifs, anonymat des relations) fondés sur des traditions, des hiérarchies, des statuts et des contraintes administratives anachroniques. Il pourrait s'agir, au contraire, de penser et créer les conditions de possibilité d'une Université davantage tournée vers l'échange intellectuel, le dialogue scientifique, le croisement des disciplines,

2. Mathieu Périsse, « Dans les universités, la tentation de la télésurveillance des examens ? », Mediapart, 1er mai 2020.

des enseignements plus inventifs. Que nos heures d'enseignement et nos ressources soient moins consacrées à professer devant des amphithéâtres ou des classes remplies à ras bord. Nous n'aurons sans doute pas le choix demain, soit dans trois ou quatre mois : il faudra défendre d'autres unités d'enseignement et d'autres modalités d'évaluation, en petits groupes, pour que des cours et des séminaires, au sens plein du terme, puissent se tenir (dans une même pièce ou pas). Comme le promeut la pédagogie dite « inversée », ces cours nécessiteront plus de préparation, de lectures, d'apprentissages en amont ; et pour cela, les ressources numériques jouent, et continueront de jouer un rôle fondamental, tout comme les livres et les bibliothèques. Le cours aura pour principale fonction de parler, d'orienter, de débattre, de critiquer et de comprendre.

Préparer la rentrée de septembre ne doit pas nous amener à proposer des solutions au rabais en attendant un passif « retour à la normale ». Il ne s'agit pas non plus que d'une question de gel hydroalcoolique et de masques à l'entrée des universités (même s'il en faut évidemment !). Tentons plutôt d'imaginer l'Université d'un futur souhaitable, et désirable ●

GC

LE PREMIER INTERNATIONALISME EUROPÉEN FUT SANITAIRE

PAR

Sylvia CHIFFOLEAU

L'Europe du XIXe siècle a connu une actualité dramatique des épidémies; celles-ci l'ont poussée à échafauder les premières expériences de politique internationale.

Successivement en 1834, 1839 puis 1845, Philippe de Ségur-Dupeyron est envoyé en mission par le gouvernement français pour enquêter sur les conditions sanitaires des pays du pourtour de la Méditerranée, et évaluer les menaces que la peste, toujours présente en Orient, fait peser sur l'Europe. Grand commis de l'État, alors secrétaire du Conseil supérieur de santé, Ségur-Dupeyron est également l'un des fondateurs de la *Revue des Deux Mondes* et un fin connaisseur et analyste du commerce international et de son histoire. Les trois rapports qu'il remet au ministère de l'Agriculture et du Commerce au retour de ses missions dessinent les contours encore flous d'un projet de construction d'une politique de santé publique internationale qui serait compatible avec les transformations économiques du temps.

Il y dresse d'abord une géographie du risque que les conquêtes coloniales commencent à modifier. La Turquie et l'Égypte demeurent à risque élevé, mais l'Algérie désormais française, ainsi que la Grèce rentrée récemment dans le giron de l'Europe, devraient être selon lui traitées comme des nations « civilisées » et leurs provenances maritimes admises en libre pratique. D'autre part, il en appelle pour la première fois à une réunion « de députés de tous les pays qui bordent la Méditerranée » afin d'harmoniser les règles quarantenaires en usage dans les pays européens. Il faudra toutefois attendre 1851 pour que cette réunion ait lieu.

Les épidémies sont depuis toujours perçues comme un risque partagé. On sait intuitivement qu'elles voyagent avec les hommes et les navires puisque ce sont souvent les ports qui sont contaminés en premier. Aussi, au XVe siècle, après le traumatisme de la Grande Peste, Raguse (actuelle Dubrovnik) puis Venise, qui sont alors les cités européennes les plus actives dans le commerce avec l'Orient, mettent en place des quarantaines maritimes. Celles-ci constituent une innovation en ce qu'il s'agit d'isoler non plus seulement les malades avérés, comme c'était le cas de longue date pour les lépreux, mais des personnes apparemment saines, suspectées néanmoins de pouvoir véhiculer la maladie puisque provenant de lieux où sévit la peste. Un système totalement empirique en l'absence de connaissances sur les mécanismes de la contagion, mais d'une certaine efficacité ; c'est par défaut de quarantaine, sur la base d'une patente frauduleuse, que le *Grand Saint-Antoine*, un bateau marseillais en provenance de Syrie, provoque en 1720 la dernière incursion meurtrière de la peste en Europe.

Depuis le XVIe siècle, toutes les nations européennes ont en effet suivi l'exemple des cités de l'Adriatique. Les littoraux européens sont hérissés de lazarets, vastes bâtiments en maçonnerie qui immobilisent à leur arrivée, depuis les provenances suspectes d'Orient, non seulement les hommes, mais également les marchandises. Ils sont gérés par de puissantes administrations sanitaires, municipales ou nationales, qui chacune impose ses propres dispositions et règles, notamment concernant la durée de la quarantaine. Celle-ci peut même être poussée jusqu'à l'arbitraire et utilisée comme arme politique dans les fâcheries entre États. Quand elle vise ainsi l'humiliation des nations concurrentes, la mesure est considérée comme un abus inadmissible, proche des procédés de guerre. Au XVIIIe siècle, alors que les flux commerciaux s'intensifient, les quarantaines sont de plus en plus critiquées. De Rousseau à Casanova, bien des voyageurs célèbres ont raillé leurs méthodes lourdes et contraignantes et leur cérémonial jugé d'un autre âge.

Harmoniser les mesures de quarantaine

La période qui s'ouvre en 1815 avec la fin des guerres napoléoniennes et la relance concomitante du commerce mondial accélère la remise en cause du système ancestral des quarantaines. Les intérêts commerciaux liés à la navigation internationale sont à la manœuvre. Au Royaume-Uni surtout, pays devenu la première puissance maritime mondiale grâce à la navigation à vapeur. Celle-ci permet de diminuer les temps de trajet, mais l'obligation de la quarantaine annihile à l'arrivée le gain de temps ainsi réalisé. La raison économique donne l'impulsion décisive à une remise en question du système des quarantaines.

On ne saurait toutefois les supprimer purement et simplement dans la mesure où la menace épidémique perdure et même s'intensifie. Si la peste a disparu d'Europe depuis son ultime incursion provençale en 1720, elle vient par vagues régulières désoler les territoires de l'Empire ottoman voisin. Il existe désormais, en ce qui concerne la peste du moins, un régime épidémique différent entre les deux rives de la Méditerranée. Mais de nouvelles maladies font irruption au début du XIXe siècle, précisément au moment, et aussi en raison, de l'intensification des flux commerciaux. Elles se jouent de la frontière « civilisationnelle » que l'Europe pense avoir bâtie grâce au progrès et qui la protégerait des fléaux d'antan. La fièvre jaune, venue d'Amérique, ravage la Catalogne en 1821. En 1832, le choléra, sorti d'Inde, son berceau d'origine, fond sur une Europe sidérée qui voit s'écrouler nombre de ses convictions. La maladie revient ensuite à plusieurs reprises au cours du siècle, avec toutefois une violence décroissante. Mais, à l'extrême fin du siècle, la troisième pandémie de peste vient rappeler la permanence de la menace épidémique. Le XIXe siècle, celui de la modernité triomphante en Europe, connaît une actualité dramatique des épidémies.

C'est pour tenter de dépasser l'aporie entre nécessaire sécurité sanitaire et volonté de libérer les flux commerciaux que les pays européens décident de mettre en commun leurs réflexions. En ce mitan du XIXe siècle, l'ambiance est aux expériences internationales ; la première Exposition universelle a lieu à Londres en 1851. La conférence sanitaire internationale qui se tient la même année à Paris[1], répondant au vœu de Ségur-Dupeyron, constitue quant à elle une innovation majeure en ce qu'elle est la première structure de négociation diplomatique dans un contexte non conflictuel. Ce n'est sans doute pas un hasard qu'elle ait été suscitée par la question des épidémies. Il s'agit d'évidence d'un problème commun, que la simple rationalité invite à régler de concert, ce que le contexte relativement apaisé de cette époque rend désormais possible. Ce premier internationalisme est toutefois restrictif, il se limite aux principaux pays d'Europe ayant des intérêts en Méditerranée, à la Russie et à l'Empire ottoman. Le nombre limité des participants ne permet pourtant pas d'aboutir à un accord formel.

Il faudra attendre 1892 pour que la septième conférence sanitaire internationale aboutisse enfin à une convention contraignante pour les pays l'ayant ratifiée. Les six conférences antérieures, qui ont eu lieu depuis 1851, ne doivent toutefois pas être considérées comme de simples échecs. Elles ont constitué des lieux majeurs pour l'apprentissage des modalités de la négociation et du jeu diplomatique. Au cours du temps, elles ont perdu de leur caractère improvisé, elles se sont professionnalisées, on y a peaufiné les règles de fonctionnement de ce type de rencontre, elles ont produit des règlements écrits et des protocoles de discussion, contribué à faire entrer la ratification comme outil du droit diplomatique en construction. Mais elles ont achoppé sur tout ce qui pouvait relever du partage de compétences entre États et se sont épuisées en de vaines et virulentes querelles scientifiques.

Les milieux médicaux et diplomatiques européens sont en effet divisés entre contagionnistes et anti-contagionnistes. Les premiers s'inscrivent dans la longue tradition d'une intuition de la transmission des épidémies d'individu à individu, qui implique, en l'absence de moyens thérapeutiques, la mise en place de barrières physiques, telles les quarantaines, pour en stopper la circulation. Les seconds modernisent la théorie non moins ancienne des miasmes, et avancent que les maladies se développent dans un environnement malsain, par défaut d'hygiène. Le clivage recoupe schématiquement une division géographique, les pays du sud de l'Europe, particulièrement exposés aux risques potentiels venus d'Orient, se rangeant sous la bannière des contagionnistes, les pays du nord, notamment la Grande-Bretagne, défendant des positions anti-contagionnistes, lesquelles, en invitant à agir sur le milieu, disqualifient le système des quarantaines. Les conférences sont la caisse de résonance de ces débats, qu'on ne parvient pas à trancher, ce qui paralyse le processus décisionnel. Les travaux de Louis Pasteur et ceux de Robert Koch, qui isole en 1883 le bacille du choléra, apportent finalement la réponse au mystère de l'origine des maladies : elles sont dues à des agents pathogènes. On peut donc désormais envisager de les combattre avec les armes de la bactériologie, notamment la désinfection et la vaccination. L'innovation est toutefois un peu longue à cheminer, et ce n'est qu'en 1892 que la première convention sanitaire internationale a pu aboutir en s'appuyant sur ces acquis scientifiques.

En dépit de l'absence d'accord formel durant près d'un demi-siècle, et de la permanence des querelles scientifiques, les conférences ont pourtant entraîné de réels effets dans l'espace concret de la santé publique. L'une des motivations à l'origine de ces rencontres était d'harmoniser les mesures quarantenaires dans les différents pays d'Europe, et de les assouplir dans un mouvement d'ensemble.

1. De 1851 à 1938, quatorze conférences sanitaires internationales ont eu lieu, dans différentes capitales européennes, ainsi qu'à Istanbul en 1865 et Washington en 1881. Elles duraient plusieurs mois au départ, puis ont été plus brèves par la suite. Les délégations nationales étaient formées de médecins et de diplomates.

Les conférences n'ont pas su dans un premier temps produire de lois contraignantes pour tous, mais les législations nationales ont néanmoins été influencées par leurs débats, et notamment par la tendance dominante à abaisser les barrières quarantenaires pour faciliter les flux commerciaux. Les États les ont modifiées en conséquence pour faire de plus en plus place à l'*English system*, l'inspection sanitaire et le suivi individuel des voyageurs, qui va s'imposer définitivement après l'avènement de la bactériologie. Mais lorsque l'Europe est mise à l'épreuve de l'épidémie, jusqu'à la fin du siècle, le retour immédiat de peurs ancestrales entraîne un réflexe quarantenaire, certes temporaire.

Bloquer les épidémies en Orient

L'assouplissement général des mesures de police sanitaire en Europe a aussi été rendu possible par l'externalisation de la barrière quarantenaire dans l'espace ottoman. Dès 1851, l'Empire ottoman avait été invité à participer à la première conférence sanitaire internationale. Les sultans modernisateurs avaient d'ores et déjà établi un système de quarantaines maritimes et terrestres, empruntant la formule empirique que l'Europe utilisait depuis le Moyen Âge. Ébauchée par les missions de Ségur-Dupeyron, l'idée de s'appuyer sur le dispositif établi sur la rive orientale de la Méditerranée, de façon à alléger les contraintes sanitaires en Europe même, s'impose dans le cadre des conférences. Pour les délégués européens, il convient de bloquer les épidémies là où elles se trouvent, c'est-à-dire en Orient. Ils invitent donc très fermement l'Empire ottoman à renforcer son système quarantenaire, ainsi que les mesures d'hygiène dans les ports de départ. Le sérieux de son action sanitaire est en outre contrôlé par les consuls et les médecins européens en poste dans les principaux ports du Levant, dont certains participent à deux Conseils de santé « mixtes » fondés à Alexandrie et Istanbul. La souveraineté de l'Empire ottoman et de l'Égypte se trouve donc sensiblement tronquée dans le domaine sanitaire.

Ce principe d'externalisation est renforcé à partir de 1865. Cette année-là, le choléra se répand dans le monde à partir du pèlerinage à La Mecque. Sa diffusion est d'autant plus rapide que la navigation à vapeur est désormais largement répandue et rendue plus performante grâce à l'invention de l'hélice à pales. Les pèlerins de La Mecque sont dès lors identifiés comme un « groupe à risque » et deviennent une préoccupation majeure des conférences sanitaires. Là encore, en dépit de l'absence d'accord formel et contraignant, mais sur la base de simples « recommandations », l'énergie internationale, motivée par la visée de protéger l'Europe du risque épidémique, aboutit à la mise en place d'un dispositif quarantenaire spécifique pour les pèlerins. De gigantesques lazarets, gérés par les Conseils de santé « mixtes » d'Istanbul et d'Alexandrie, sont établis sur la mer Rouge. Au cours de leur voyage sacré, les pèlerins y sont maintenus en quarantaine et soumis à un régime sanitaire bien plus sévère que celui des « voyageurs ordinaires ». Le dispositif atteint sa pleine maturité au tournant du siècle, au moment où les quarantaines disparaissent presque partout ailleurs.

L'action sanitaire internationale concrète ne se porte donc pas en Europe même, mais dans l'Empire ottoman et en Égypte, soumis par ailleurs à la concurrence coloniale, notamment entre la France et la Grande-Bretagne. Au XIXe siècle, le facteur colonial vient parasiter le système international, dont l'émergence est déjà entravée par la défense des souverainetés nationales de pays européens dont certains sont encore en cours de construction. Le paradoxe de ce premier internationalisme est en effet qu'il est concomitant des nationalismes, ce qui contribue à détourner son attention vers les territoires extra-européens. Mais elle ne s'y porte pas partout avec la même acuité.

En ce qui concerne l'Inde, berceau du choléra, les Britanniques refusent toute ingérence dans leur gestion sanitaire de la colonie en général, et des gigantesques pèlerinages qui s'y déroulent en particulier

En ce qui concerne l'Inde, berceau du choléra, les Britanniques refusent toute ingérence dans leur gestion sanitaire de la colonie en général, et des gigantesques pèlerinages qui s'y déroulent en particulier. Par ailleurs, en vertu des principes anti-contagionnistes qu'ils défendent, ils nient toute possibilité d'une circulation du choléra depuis l'Inde. L'occupation britannique de l'Égypte, en 1882, étend le champ d'application du libéralisme sanitaire à la zone du canal de Suez. Or la France, qui conteste cette mainmise coloniale sur l'Égypte, souhaite au contraire faire de l'isthme de Suez un solide glacis contre le passage des épidémies, ce qui implique des mesures quarantenaires sévères que les Britanniques refusent. La première convention sanitaire internationale de 1892 est un compromis visant à régler cette question, avec l'aide désormais de la bactériologie qui vient au secours du libéralisme britannique : tous les bateaux, même contaminés, pourront franchir le canal après inspection sanitaire et dès lors qu'ils n'auront aucun contact avec les rives. Là encore, il est remarquable que le premier accord sanitaire international se fasse non pas sur des mesures à prendre en Europe, mais dans un espace tiers, l'Égypte, et grâce à un contexte d'apaisement relatif des querelles coloniales.

Une fois ce premier accord réalisé autour du règlement d'un point spécifique, les conférences sanitaires internationales qui se réunissent ensuite vont progresser dans l'élaboration d'une législation sanitaire internationale, en principe désormais contraignante puisqu'elle est inscrite dans des conventions. Celle qui clôt la conférence de 1903 fait la synthèse des travaux antérieurs. Elle entérine un régime sanitaire international de protection contre les épidémies à trois vitesses : l'Europe bénéficie en gros du régime libéral de l'*English system*, le passage du canal de Suez est contrôlé mais non soumis à quarantaine, au contraire des pèlerins de La Mecque qui continuent d'être assujettis à quarantaine en vertu de leur régime sanitaire spécifique. Celui-ci est toutefois allégé au cours du XXe siècle, mais il ne sera définitivement aboli qu'à la fin des années 1950.

Comment fonder une politique de santé partagée

La nouveauté, au début du XXe siècle, est l'institutionnalisation d'un système international qui reposait jusqu'alors sur la réunion épisodique des conférences sanitaires. Selon un vœu émis dès 1874, mais qui achoppait toujours sur la défense crispée des souverainetés nationales et sur l'impossibilité à trouver un accord de partage financier, une structure pérenne est enfin fondée en 1907, l'Office international d'hygiène publique (OIHP), dont le siège est à Paris. Au sortir de la Première Guerre mondiale et des ravages épidémiques qui l'ont accompagnée, une seconde structure est créée dans le cadre de la Société des Nations (SDN), l'Organisation d'hygiène. Les acquis antérieurs des conférences, et notamment la législation, sont transférés à ces organismes désormais en charge des questions de santé internationale. Le périmètre de leur action s'est alors élargi. D'abord, avec une ouverture vers les Amériques et dans un contexte d'amorce des décolonisations, ils comptent des pays membres bien plus nombreux que le noyau européen des origines du processus. Ensuite, leurs compétences s'étendent à d'autres maladies que la peste et le choléra, ce qui permet de rompre avec l'obsession de l'Orient proche ; là aussi le dispositif devient plus réellement international. Enfin, les méthodes de défense contre les épidémies évoluent. Il est moins question désormais de leur opposer des barrières que de chercher à améliorer les conditions sanitaires à l'intérieur même de chaque pays par des réformes d'hygiène et de santé publiques. Un dispositif international désormais placé sous la houlette des experts, et qui s'est montré actif durant l'entre-deux-guerres, avant de se fracasser sur la Seconde Guerre mondiale. Il est rebâti à sa sortie dans le cadre de l'ONU. L'Organisation mondiale de la santé (OMS), officiellement fondée en 1948, récupère tout l'héritage issu d'un long siècle de gestation du système international de santé.

Ce sont les épidémies, ou du moins la volonté de l'Europe de s'en protéger, qui sont à l'origine de la première expérience de politique coordonnée au plan international. En dépit de ses réalisations effectives, ce premier internationalisme sanitaire a longtemps échoué à se muer en droit international. Apparue plus tardivement, la volonté de gérer internationalement des dossiers techniques, tels que le télégraphe ou la poste, a au contraire abouti rapidement à une législation et à l'établissement d'organisations internationales. Fonder une politique partagée de santé publique s'est révélé bien moins aisé. D'abord parce que celle-ci s'exerce sur des humains, et notamment des humains en mouvement, qu'elle cherche à contrôler. Elle convoque par ailleurs les notions de frontières, de souveraineté, révèle les tensions entre niveaux national et supranational, s'articule difficilement à la logique économique.

Ce début de XXIe siècle, marqué par l'arrivée d'une nouvelle vague prévisible d'épidémies, présente un contexte général radicalement différent de celui du XIXe siècle. Mais les rouages de la politique internationale se grippent lorsqu'ils se frottent aux mêmes questions, y compris dans un espace communautaire européen pourtant exercé de longue date à la diplomatie sanitaire. En situation de crise, la coopération demeure pourtant indispensable. Elle devrait être encouragée, plutôt que sanctionnée financièrement, et aussi chercher elle-même à se réinventer sans cesse, à toutes les échelles de l'action publique ●

SC

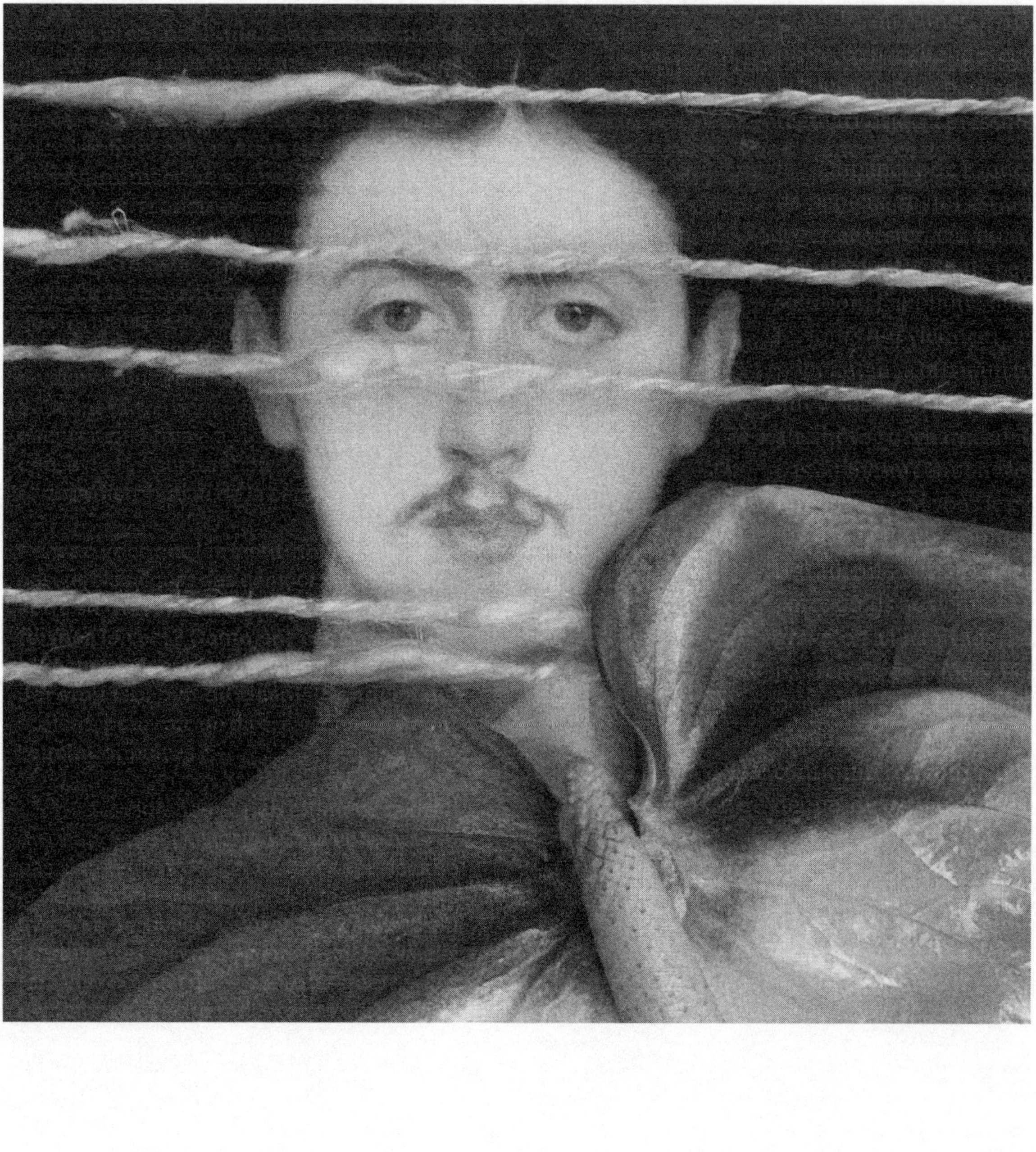

Marcel Proust à l'abri d'un papillon (20 mars 2020)
Courtesy Galerie Françoise Paviot, Paris

Virginia Woolf confinée dans un carré de menthe (19 mars 2020)
Courtesy Galerie Françoise Paviot, Paris

AU MILIEU DES SIENS

PAR
Marie Cosnay

Je ne m'attendais pas à la rupture, pas à celle-là en tout cas. Coupée donc, comme tout le monde, en plein vol, pensée coupée car tout est si difficile à comprendre, maladie contagieuse qui fait plutôt moins de morts que d'autres maladies moins contagieuses, bouleversement écologique ou déforestation ou non-respect des espèces, derrière les discours se pressait une sorte de lecture chrétienne, faute et rédemption, à laquelle il était difficile de résister – je préférais regarder ailleurs, soupçonnant que les déluges ou fléaux bibliques n'accompagneraient pas avec efficacité le moment, sa spécificité. La question politique de la surcharge des hôpitaux, centrale, avec le contre-exemple de l'Allemagne : des places plus nombreuses en réanimation et des morts moins nombreuses ; alors tout ça, se disait-on, l'arrêt ou la coupure mondiaux, c'est parce qu'un système hospitalier (mondial, avec la petite différence de l'Allemagne) n'est pas adapté, cinquante respirateurs manquent et tout est dépeuplé, des masques manquent et mon travail (non nécessaire à la survie du corps, certes) devient inutile, plus que cela, même, inutile et inintéressant – il ne m'intéresse plus moi-même ?

Le plus simple, le moins technique, est impossible à produire, sauf artisanalement, masques de papier, de tissu. Nous sommes prêts à toutes sortes d'attaques, bactériologiques, atomiques, pas à celle d'un virus dont la spécificité n'est pas de faire mourir en masse mais d'être très contagieux, transmis par postillons, à un ou deux ou quatre mètres, selon les jours et les récits. Adaptés à tout sauf au postillon, à tout sauf à ce qu'il y a de plus léger, de plus ténu, qui de toi vient vers moi ou le contraire. On voit bien comment la pensée pourrait s'emparer de la contradiction (le minuscule invisible contre le très grand de la perte, le grand tout qu'on entend dans « *pan*démie ») pour en tirer des espèces de conclusions ou de lectures.

Je récapitulais le plus souvent possible, comme on le fait d'un problème dont l'énoncé même nous échappe : il s'agit d'une maladie spécifique en cela qu'elle est particulièrement contagieuse, pas besoin d'échanges intimes ou de proximité, en cela qu'elle atteint tout le monde, c'est-à-dire le monde entier, en cela qu'elle est à moitié inconnue et a plus d'un tour dans son sac.

Coupée donc, comme tout le monde, la notion du temps était coupée aussi. En effet, après l'événement, des hommes nouveaux ne surgiraient pas, même si la tentation était grande de penser comme dans les récits de déluge ; chez Ovide, Deucalion et Pyrrha jetaient derrière leur dos, liant le passé au futur, le jour d'avant à celui d'après, les os de la vieille mère qu'est la terre, cailloux qui allaient devenir hommes nouveaux. La tentation était grande de penser comme on lit dans les récits de fléaux qui laissent les élus en paix.

Plutôt que la notion du temps, la notion de la continuité était touchée. Il y avait bien un avant, on l'avait connu, puis il y avait cette coupure, on était dedans, on ne voyait pas du tout, mais pas du tout, tant que le virus restait inconnu et invincible, comment il pourrait y avoir un après. Un avant sans après, restait cette drôle de béance, instant qui coupait autre chose que le temps : la possibilité d'en dire quelque chose.

Ne pas y croire. Je ne crois pas qu'une application soit pensée qui détecte la maladie par Smartphone, je te croise toi infecté, mon appli bipe. Les frontières entre la Turquie et la Grèce détectent la présence des personnes non désirables qui veulent la franchir, les frontières robotisées équipées de mitrailleuses tirent quand les personnes ne tiennent pas compte des avertissements enregistrés. Ne pas y croire. Je ne crois toujours pas que, ce jour-là, on est rentré chez soi et qu'on y est resté. Je ne crois pas qu'on y est toujours ; après un mois et demi je ne crois pas qu'on en sortira sans dommage.

Avant cette séquence. Juste avant la séquence *virus et pandémie*, nous vivions la séquence *remise en question des espèces et des catégories*. Il y a de l'autre en moi, de l'ours dans la chercheuse d'ours[1], de la pierre dans la femme figée de douleur, de l'animal dans l'homme. Ce n'était pas forcément dans la joie qu'on faisait cette découverte, et puis ce n'était pas une découverte, chez Ovide déjà tout le monde cherchait à échapper aux conditions souffrantes, les femmes ou les hommes devant l'insupportable se trouvaient des ailes pour planer indéfiniment, tel personnage devenait ruisseau, source, tel autre fleur, une goutte de sang, pourpre, au cœur. L'état d'après n'était pas un après heureux, nous connaissions, successivement, deux états, deux impossibilités, il n'y avait, avec le corps, que des impossibilités, avec l'âme aussi. N'empêche, les espèces étaient transfuges. Nous étions aussi, avant la séquence qui nous a enfermés chez nous et a fermé les frontières, toutes les frontières, nous étions pour ou du côté des circulations. Rien de joyeux non plus, en soi, si les hommes circulent c'est pour échapper cette fois à ce qui fige socialement, économiquement, rien de joyeux mais cette façon de refuser les impossibilités, risquant tout, posant que rien ne peut t'empêcher, quand tout le fait.

De ces deux constats, le temps empêché (la continuité interdite) et l'impossibilité de chercher des solutions aux impossibilités mêmes (on pense au chœur des vieillards dans l'*Antigone* de Sophocle : l'homme est cet animal qui trouve une route quand il n'y en a pas, qui trouve des remèdes aux maladies sans remèdes, comprenons qu'il est toujours possible d'échapper à la mort, qui est la maladie par excellence, par le choix de la mort), de ces deux constats, je tire deux questions, ou plutôt à partir d'eux je suis deux pistes, deux chemins, un peu tortueux.

Le premier chemin. Coupée, j'ai dit, comme tout le monde. Coupée ou me sentant coupée, dans le creux que j'ai dit. Qu'en est-il du contraire, de nos continuités, de nos continuités malgré tout ? Ce que nous savons qui continue, et parfois continue après transport dans des métros bondés, nulle distanciation possible : La Poste, les soins, les poubelles, le ménage et le BTP, les livraisons, les éducateurs, police et militaires, l'agriculture (qui manque de bras), l'agriculture paysanne, les garagistes, les artisans, la boulangerie et les grandes surfaces. Ce que nous savons moins qui

1. Nastassja Martin, *Croire aux fauves*, Paris, Verticales, 2019.

continue : les refoulements, les OQTF[2], les zones d'attente, les cantines des CRA[3], mais aussi les *bozas*, c'est-à-dire ces convois clandestins partis du Maroc, de Mauritanie, de Gambie, d'Algérie, vers les côtes d'Europe, Canaries ou Almería. Arrivés en Espagne, île ou péninsule, fin de la continuité, centres bondés et voyage arrêté. Ce qui continue encore, largement : le bénévolat, les petits déjeuners solidaires, la constitution des dossiers de régularisation à présenter aux préfectures après pandémie, après, après.

Dimanche de Pâques. Quelqu'un sonne à ma porte. L'homme n'a pas de papiers, ce qui est un problème annexe, il n'a surtout pas de lieu où loger et rester. Où qu'il ait été en début de confinement, je comprends simplement qu'il ne peut y rester. J'appelle le 115 qui ne propose aucune solution, j'explique que, si une idée ou, mieux, une place se libère dans les jours qui viennent, je peux héberger en attendant, je ne m'engage pas pour autant à offrir un mois, ou plus, l'hospitalité à la personne inconnue qui a sonné à ma porte. Mon interlocuteur au 115 me menace aussitôt ; aussitôt se déchargeant (par la menace) de la personne isolée à qui il n'est pas en mesure (nul ne le lui reproche) de proposer une seule nuit à l'abri. Il menace : « Si vous le gardez une nuit, je peux vous imposer de le garder jusqu'à la fin du confinement. » D'une, cette fichue habitude de certains travailleurs sociaux (pardon aux autres) d'essayer d'attraper, peut-être parce qu'ils ne tiennent pas grand-chose, le pouvoir où ils le peuvent ; pas grave, on a l'habitude, bel exemple de continuité. De deux, j'entends que, par temps de pandémie, on ne peut pas poser la fin de l'hospitalité ; ne pouvant poser la fin, on ne peut poser le début. Ni fin ni début, pas de séquence pour l'hospitalité. Pas de séquence, pas de possibilité. Et donc continuité, à l'intérieur de la coupure, sous cette forme adaptée à la pandémie, du délit de solidarité, délit de solidarité *new age*.

Il y a autre chose, qui m'emmène tout droit vers ma deuxième route, ou deuxième question. Si vous laissez aller la personne hébergée après quelques jours d'hospitalité, ce n'est pas une personne que vous mettez dehors, prête à circuler, à aller de l'avant ou ailleurs, c'est un virus que vous lâchez sur la ville. La personne lâchée au-dehors est le virus lui-même. Ici, l'étranger (sans papiers, sans toit) est le virus.

Avant la pandémie et la séquence *confinement*, j'ai passé du temps auprès de bénévoles d'une ONG dans le camp de Moria, sur l'île de Lesbos. Tout en admirant leur travail, j'ai pensé, tandis qu'elles expliquaient que

2. Obligations de quitter le territoire français.
3. Centres de rétention administrative.

ramasser les déchets (qui s'élèvent en structures, statuaires, architectures, dessinent des couloirs labyrinthiques dans l'espace du champ d'oliviers où le camp s'est improvisé), c'était à elles, bénévoles jeunes et valides de l'Union européenne, de le faire, les exilés étant trop fragiles pour cela, j'ai pensé que, toute bien intentionnée (et raisonnable) que soit cette décision, elle avait le tort de dire où était la vie vivante qui ne risquait rien et où était celle qui risquait tout – c'était déjà très ironique, car celle qui risquait tout avait en effet su tout risquer pour arriver là ; les événements qui ont suivi (la pandémie) ont rendu évidemment la séparation entre fragiles et non-fragiles obsolète et absurde, mais c'est une autre question. Voir la vie vivante et vigoureuse ramasser les déchets immobiles de celles et ceux qui étaient immobiles et assignés à la fragilité par l'autre Europe, la non-bénévole, était tellement étrange. Des corps fragiles et immobiles, immobilisés, producteurs des déchets aux déchets en question, l'assimilation était en cours. Thucydide, évoquant la peste d'Athènes dans son histoire de la guerre du Péloponnèse, dit la chose suivante, reprise par la plupart des écrivains latins qui décriront, comme une tempête ou un combat, une épidémie : cette épidémie est spéciale, elle diffère des autres. En quoi ? On a chaud, on a soif, on ne peut pas boire. L'eau des lacs ou l'eau des puits est empoisonnée. Entre les éléments, corps et eau, cela circule. Ce n'est pas tout. Entre corps vivant et corps mort, la contamination a lieu. Les oiseaux et les chiens qui, c'est bien connu, dévorent les cadavres non enterrés, lors de la peste d'Athènes n'y touchent pas : ils savent que, s'ils y touchent, ils périssent. Chez Lucrèce, l'air malade d'un ciel (pays, climat) se transporte vers un autre, qu'il rend malade à son tour. Lucrèce, au chant VI de *De rerum natura*, dit que l'air malade rend le deuxième ciel pareil à lui (« *similis sui* »), l'assimile, donc, le rend à soi-même « *alienum* », étranger. La maladie, c'est l'autre, l'étranger (comme dans l'anecdote de mon travailleur social), c'est soi-même autrefois – contaminé, devenu l'autre. C'est du ciel à la terre, du minéral au vivant, du vivant à l'animal, du mort au vivant. C'est l'illimité des relations. Que le corps mort soit contaminant, on l'a entendu. Chez Thucydide, mais on ne s'en souvient pas forcément. Le Haut Conseil de la santé publique récemment l'a (re)dit : les chambres funéraires restent ouvertes, en revanche les thanatopracteurs ont l'interdiction de pratiquer les soins de conservation et de maquillage sur les corps diagnostiqués positifs au coronavirus et sur ceux qui n'ont pas été diagnostiqués mais qui, pour cause d'absence de tests, restent suspects comme tous les corps le sont. Certes, le risque infectieux ne disparaît pas mais il s'amoindrit, sans air circulant dans les poumons, sans émission de postillons. N'empêche, les corps sont devenus des surfaces où vit le virus, il vit par-dessus, le vif a pris la place du mort, pour le pire qui soit. Fermeture de cercueils sans présentation aux familles, dans les EHPAD bruit de visseuse dans la chambre voisine de la chambre où quelqu'un est malade. Et le corps à même la terre, comme dans le culte musulman, ne contaminerait-il pas la terre elle-même ? De terre à corps ou de corps à terre, d'animal à homme, d'homme à animal, à air, à eau, sans fin. La mort est là, à côté de la vie, sur nous vivants, autour, dedans, comme elle n'a, pour notre génération, celle de nos parents et celle de nos enfants, de notre côté protégé du monde, jamais été. Elle l'est exactement comme en temps de guerre, elle est mêlée à la vie, elle passe, circule, surprend, atteint brusquement. Luttant contre son intrusion, on lutte contre les corps qui la portent. Corps, porteurs, virus, étrangers, *aliena*, eux qui nous sont parents, amis, amants ou enfants.

Dans les textes antiques, de Thucydide à Ovide, les morts sont brûlés, mais il n'y a pas assez de bûchers, les corps qui, au moment de brûler, n'ont pas de place, n'ont pas de lieu, prennent les bûchers des autres, ils luttent, rivalisent. La rivalité est ce qui reste de la vie dans la mort, c'est, avec le virus, le signe que vie et mort ne sont pas si distincts. Dans les textes antiques, on lit aussi que les gens n'y tiennent plus : ils offrent leur aide à leurs parents atteints, puis meurent fatalement, sans héroïsme. Les médecins sont morts les premiers, impuissants (« sans limite, sauvage, le désastre se rue sur les médecins / eux-mêmes, l'art nuit à son auteur. / Plus on est proches, plus on se dévoue au malade, / plus vite on en vient à la mort[4] »). Ici, il n'est pas question de la passion du baiser au lépreux, mais l'abandon de l'espoir de vivre permet un élan, un élan vers soi-même ou vers l'autre, on est loin de l'exaltation chrétienne et loin de la rationalité qui fait des préférences, mieux vaut sauver le jeune que le vieux, mieux vaut la vie que la mort, mieux vaut se confiner que de risquer. « Quand tout espoir de santé / s'en va, quand on voit la fin du mal dans la tombe, / on se livre à son élan, sans souci de l'utile[5]. » Aimer les siens, ou être au milieu des siens, écrit Ovide à peine un peu plus loin, c'est détester la vie, c'est-à-dire aimer ou choisir la mort, ou, pour traduire encore sans faire pâlir les propos, pour être au milieu des siens, il faut choisir de risquer la mort.

Il y a autre chose dans les textes antiques. Les demi-morts ont soif, je l'ai dit. Les bientôt-morts. Ils ont chaud. Ils ont de la fièvre. Ils ne supportent rien. Ne supportent aucun vêtement, ne supportent rien qui

4. Ovide, *Les Métamorphoses*, livre VII, vers 560-563.
5. *Ibid.*, vers 564-566.

couvre, rien qui entrave, ne supportent pas les toits de leurs maisons. Ils sont demi-morts, mais vont sur les chemins. Ça, c'est bien Ovide. Ils sont attachés, fixés, empêchés plus que jamais, mais vont se détacher, se libérer. Bien sûr, on se souvient, il n'y a que des impossibilités. L'impossibilité numéro deux, comme quand Daphné échappe au viol en se transformant en arbre, c'est d'aller sur les chemins. On ne respire plus qu'à peine et avec peine, on lève les bras vers les étoiles du ciel, on court, tant qu'on est debout, jusqu'au dernier souffle, sur les chemins.

J'avais l'image de ces demi-morts, hors des lieux d'étouffement, en quête (même vaine) de quelque chose qui libère de l'étouffement. Car c'est bien d'étouffement qu'il est question. Qu'est-ce qui nous a trouvés si dociles, qu'est-ce qui nous a fait rentrer aux maisons ? C'est ce qui chez Ovide fait quitter les maisons. La peur de l'étouffement. Littéralement la peur d'étouffer. On se souvient : on allait mourir bleus, sans oxygène, recroquevillés sur nous-mêmes. On se souvient : les choix à faire entre le un-peu-plus-vivant, le un-peu-moins-vivant, on commençait à entendre qu'on le ferait en fonction de l'âge, de quelque chose comme une limite, on donnait donc des chiffres, soixante-dix, soixante-quinze ans. Bon sang, on vivait quelque chose qui faisait du ciel d'ici le ciel de là-bas, de la pierre l'animé, de l'animal l'homme, du mort un vivant ou le contraire, et on fixait, en protection, en réaction, un âge, une limite : d'abord pour suggérer qu'au-delà on ne réanimerait pas (alors que la question éthique de réanimer ou pas, de soulager et jusqu'où, n'a pas besoin d'une pandémie pour se poser, mais ici, et aujourd'hui, à cause de l'ampleur, on l'entend) ; ensuite, pour affirmer qu'au-delà de cette limite d'âge on ne sortirait pas.

C'est donc l'angoisse qui nous est arrivée. L'angoisse de l'étouffement, qui est un peu autre chose que l'angoisse de la mort – qui est l'angoisse même. L'angoisse du passage ou de l'impossibilité du passage. Devant cette angoisse pure, crue, terrible, qu'on oublie la plupart du temps, ce qui nous fait si semblables, si proches devant le virus nous éloigne carrément : chacun chez soi. L'illimité, ou le passage, dans la souffrance impensable, infinie, d'un ordre à un autre (de l'humain à l'animal ou le contraire, de la surface minérale à l'humain dans ses entrailles), nous force à réintroduire la limite, la différence – par exemple l'âge. Soixante-dix. Soixante-quinze.

Fin de l'histoire. J'étais depuis toujours quelqu'un de soixante-dix, soixante-quinze, quatre-vingts, quatre-vingt-dix ans. J'aimais la vie immense et épaisse qu'on trouvait en soi année après année, j'étais depuis toujours et pour toujours l'enfant admirant la jeunesse cachée en chacune de ces années qui passent et durent. De tout ce que nous vivons de fou, d'impensable, d'angoissant, ce qui me peine le plus est qu'on coupe un peu plus le temps, qu'on nie un peu plus nos continuités en posant, autour de soixante-dix ou soixante-quinze ans, une sorte de barrière: avant on peut sortir de confinement, après on ne peut plus.

D'ailleurs, la mesure, annoncée, a été reprise, elle contredisait d'une façon incroyable les lois récentes autour du prolongement de la durée du travail. Ma peine, si elle n'excluait pas l'aspect social, n'était pas sociale, elle était autre chose, elle était intime, elle était une révolte secrète, elle trouvait son origine dans la conviction que la vie n'est pas plus avant qu'après, que la chronologie résiste, que le temps fait des boucles – et qu'on est toujours, dès le début, des demi-morts, mains dressées aux étoiles, sans bonnes solutions, sans possibilités, incroyablement égaux, quels que soient l'âge ou la condition, devant l'angoisse, celle de l'étouffement qui prend la place de toutes les autres ●

MC

CORPS À CORPS

Digressions sur la frontière

PAR

Michel Agier

La situation, qui nous emmure dans des corps étrangers, nous impose en même temps un cosmopolitisme forcé: face à elle, nous sommes solidaires les uns des autres.

Ceci n'est pas un journal de confinement, mais une suite de notes, mises en forme, dont l'écriture a été guidée par la nécessité, vitale, de comprendre ce qui est en train d'arriver au monde, en cherchant jour après jour quelques pistes. L'auteur est un anthropologue, confiné dans un appartement du XIXe arrondissement de Paris, dont le « terrain » – qui est tout le monde social contemporain – se dérobe. Il se trouve aussi que le 6 avril 2020, premier jour de ces notes, apparaîtra plus tard être le sommet de la courbe des décès dus au Covid-19, dans les hôpitaux français, avec 607 décès enregistrés en 24 heures.

6 AVRIL 2020 – Retenir son souffle, accepter une espèce d'apnée en râlant dans sa tête, se donner rendez-vous « là-bas » c'est-à-dire plus tard, *« July 30th 2021, see you there... »*. Là-bas, plus tard, c'est de l'autre côté, mais où ? Quel est donc ce lieu, utopique et dystopique, imaginaire, poétique ? Un écart de temps comme un écart d'espace, cela fait beaucoup, cela fait un autre monde, mais de quoi donc sera-t-il fait ? Ce sera « le monde d'après », dit-on, d'après la pandémie veut-on croire en pensant que tout, vraiment tout cela aura une fin, sera bouclé, fermé, cadenassé ; et l'on reviendrait au monde où l'après serait comme l'avant, normal, ni vu ni connu. Ou bien on veut dire « après le confinement », qui s'arrêtera bien sûr, au moins dans sa version totale et totalitaire de ce jour – *totalitaire*, oui, car un pouvoir sécuritaire nous écrase jusque dans nos vies intimes, et nous l'acceptons.

Comme des réfugiés, nous attendons un retour vers un lieu juste éloigné, une présence juste absentée. Mais il n'y a pas de retour possible vers ce qui est passé et a déjà été vécu

On n'y est pas encore. Mais plus ça dure, plus l'abîme se creuse avec le monde d'avant. Quelques mois en arrière paraissent si lointains, alors même que l'après tarde à venir. Peut-être ne le verra-t-on pas arriver, l'après. Il n'y aurait donc que de l'attente ? Comme des réfugiés, nous attendons un retour vers un lieu juste éloigné, une présence juste absentée. Mais il n'y a pas de retour possible vers ce qui est passé et a déjà été vécu. C'est vrai, en général et comme toujours, mais, désormais, plus rapidement, semble-t-il, un monde d'avant semble prendre consistance. Avant guerre, avant un drame, avant une rupture, une cassure. S'il n'y a pas de monde d'après, s'il n'y a que du présent, alors ce qui nous attend à l'horizon est un manque de ce qui est resté derrière, que nous nommerons, que nous nommons déjà, « le monde d'avant ». Il a disparu le jour où nous avons été saisis par une panique planétaire. « Rien ne sera plus comme avant ! », a-t-on entendu. Étrange, non ?, comme cette affirmation fait surtout exister l'avant. Il y a donc bien eu une catastrophe, la certitude d'un avant et d'un après, mais sans pouvoir encore décrire cette rupture. Qu'avons-nous perdu ? Qu'est-ce qui se passe, et qu'est-ce qui restera de cet événement ?

Pour l'anthropologue que je suis, ce qui se passe est au minimum un « fait social total » (selon le concept de Marcel Mauss), au sens où toute la société s'incarne et peut se lire dans le périmètre d'un seul fait, en l'occurrence nommé « Covid-19 ». Comme le fait est une pandémie, comme il est mondial, alors le périmètre de la société qu'il nous faut identifier, reconnaître et prendre en compte est planétaire. Mais ce qui se passe est davantage que cela ; c'est un événement qui brusquement fait rupture, et ainsi agit en retour sur la société, interrompt le cours des choses, modifie brusquement le système social sans cesser pour autant de l'incarner comme fait social total. C'est en effet de lui que nous tenons les moyens de sa perception, de sa compréhension, ainsi que les mots, les idées et les modèles pour l'affronter, le comprendre et en sortir. Enfin, c'est peut-être plus qu'un fait social total et qu'un événement. Avec ses dizaines ou centaines de milliers de morts, sa diffusion très rapide sur toute la planète, ses millions de contaminations, et les innombrables informations et rumeurs qui circulent aussi vite, il nous sidère, nous effraie et nous met au défi de le penser, en cherchant d'autres schémas et d'autres hypothèses, avant de se trouver au-dessus d'un grand vide.

11 AVRIL 2020 – Un fléau semble s'être abattu sur le monde, comme dans une fiction cent fois répétée dans les films-catastrophes, les romans d'anticipation, les récits postapocalyptiques… C'est comme lire *La Route*[1], ce récit concret d'une errance après le chaos, qui m'a tant saisi et fasciné, peut-être parce qu'il mêle en une seule prose le caractère insaisissable du présent, hostile au rappel constant de l'amour passé et disparu dans la catastrophe, et la croyance positive en un futur, incarné dans l'enfant pour lequel l'homme survit, et qui est prêt à tout sacrifier pour qu'il reste en vie. Résistance, mélancolie, espérance, les trois sentiments sont mêlés dans le nœud du présent.

Le caractère incontrôlable du virus, sa rapidité de diffusion, la diversité de ses cibles (les poumons, le cœur, le sang, le cerveau) produisent une peur diffuse, à fleur de peau. Elle semble donner corps à une peur plus profonde, inconditionnelle et « cosmique[2] ». Cosmique est la peur fondatrice de tout humain conscient de sa petitesse, lui qui se trouve minuscule et imperceptible dans l'immensité de l'univers dont la puissance est sans limite. Contre toutes les illusions de progrès technique, domination de la nature, connaissance même de l'invisible proche (microbiologique) ou lointain (exoplanétaire), nous revenons à la sage conscience de notre vulnérabilité commune, celle de tous les êtres vivants.

Comment allons-nous sortir de l'état de sidération dans lequel nous nous trouvons ? Par quel moyen, et dans quel état ? Nous sommes toujours dans l'entre-deux, l'espace-temps liminaire et incertain d'une frontière temporelle qui s'étire et où, lentement, nous essayons de reprendre nos esprits, pour remettre des idées en place. Une frontière temporelle est un moment de latence et, comme dans l'attente chacun s'interroge sur l'avenir sans le voir, alors tout le monde écrit, rêve, chante, dessine et imagine des paysages et des vies d'après… Renverser ce modèle économique, mettre le capitalisme à terre, effondrer toutes les Bourses, faire peur aux administrateurs de l'entreprise État-nation, faire grève illimitée, confinement illimité, faire de la solidarité le principe de la vie future, faire tomber le PIB en dessous de zéro, supprimer le PIB, voir chuter les cours du pétrole, ne plus jeter mais réapprendre à réparer, faire de la Méditerranée un seul pays reliant l'Afrique, l'Europe et le Proche-Orient, devenir tous Yanomami, tous réfugiés, tous patients zéro… Mais que ne fera-t-on pas pour éloigner cette peur cosmique ?

13 AVRIL 2020 – Nous ne sommes plus que des corps. Tous les jours, la parole publique – dans les médias comme chez les gouvernants – parle de nos corps, de maladies, muqueuses, postillons, gouttelettes, éternuements, sécrétions nasales, salive, sang et autres humeurs et excrétions du corps des humains ; sans parler des matières fécales, de l'urine et autres fluides corporels des animaux sauvages, lesquels sont également présents dans le débat public.

Nous sommes toujours dans l'entre-deux, l'espace-temps liminaire et incertain d'une frontière temporelle qui s'étire et où, lentement, nous essayons de reprendre nos esprits, pour remettre des idées en place

Tous les jours, ce quelque chose de gênant et d'obscène (de hors-scène) est exposé, débattu, et l'on entend dire : « couvrez-vous », « cachez-vous », « restez chez vous », « mettez de la distance avec les autres ». Le corps biologique est passé directement au statut de corps politique. Nous voyons bien le corps confiné des personnels soignants les plus « au contact », ils et elles nous donnent l'exemple, avec (pour autant que tout l'équipement jugé

1. *La Route* est un roman de Cormac McCarthy, publié en 2006 aux États-Unis (la traduction française est parue aux éditions de l'Olivier, en 2008, et au Seuil en « Points » en 2009).

2. La peur cosmique est un concept du philosophe Mikhaïl Bakhtine (dans *L'Œuvre de François Rabelais et la culture populaire au Moyen Âge et sous la Renaissance*, Gallimard, « Tel », 1982, p. 333), et repris notamment par Zygmunt Bauman.

nécessaire leur ait été fourni) leurs masques, gants, charlottes et même, pour certains, des combinaisons qui protègent tout le corps en l'enveloppant. Il est possible que l'autorisation de sortir de chez soi, et de côtoyer d'autres personnes, soit bientôt soumise à l'obligation de porter une tenue d'exception médicale. Ce serait après le confinement… mais pas encore le monde d'après ?

La « barrière sanitaire » s'est vite imposée comme la première frontière, incontestable ; celle qui concerne le corps lui-même. L'enveloppe de mon corps est ma frontière. Dès que je bouge, ma frontière bouge, elle est partout. Et mon corps est devenu un corps-frontière. Les frontières sont un fait qu'on ne peut ni supprimer ni figer, et que l'on doit comprendre en rendant raison de leurs transformations permanentes. Elles sont présentes dans nos têtes, dans nos regards et dans nos relations aux autres. Ce sont des faits objectifs et subjectifs faciles à reconnaître : frontières culturelles, linguistiques, frontières religieuses, sociales ou spatiales, on les passe plus ou moins facilement, on les respecte ou on les conteste mais elles sont toujours là, qu'on le veuille ou non. Les frontières bougent et se réinventent sans cesse en même temps que le monde bouge… C'est cela qu'il faut reconnaître, et comprendre.

16 AVRIL 2020 – La pandémie du Covid-19 a ses propres frontières. Le virus avance très vite et ne s'arrête pas aux frontières nationales – son périmètre de circulation est tout autre. Le corps est la première frontière, c'est une réalité biologique (les humeurs, muqueuses, protéines, cellules, par où circule le virus), mais le corps n'est jamais seulement biologique, c'est aussi une réalité sociale, toujours en relation. Le virus se transmet par des réseaux de relations sociales. Sa description mobilise ainsi tout le savoir anthropologique : la parenté, la famille élargie, l'amitié, les relations de travail, de voisinage et de marché. L'anthropologie urbaine s'est enrichie dans les années 1950 d'un courant de recherche de terrain appelé « *network analysis* », l'analyse de réseaux. Suivant cette méthode, certaines des analyses sont centrées sur des « têtes de réseaux », ce qu'on retrouve par exemple dans les nombreux cas de contamination (et de diffusion) d'élus des conseils municipaux, et de responsables politiques en général, mais ces personnes-sources peuvent être des entrepreneurs, des enseignants, chercheurs, des journalistes, ou d'autres professions impliquant à la fois de la circulation et un important investissement local. Ces personnes-sources sont à la fois très globales et très locales. D'autres analyses ont décrit des systèmes de liens *(sets of linkage)*, c'est-à-dire des groupes formés par des réseaux partiels relativement fermés – comme les fidèles de l'église Porte ouverte chrétienne à Mulhouse (l'un des tout premiers clusters en France), ou tel village. En suivant ces outils, on s'aperçoit que les circuits de contamination le long des réseaux de relations sociales ne rencontrent pas de frontière fixe et établie, ils passent partout. La demande de fermeture des frontières nationales est la plus éloignée des observations de la sociologie des réseaux.

L'enveloppe de mon corps est ma frontière. Dès que je bouge, ma frontière bouge, elle est partout. Et mon corps est devenu un corps-frontière

Mon hypothèse est celle d'un espace continu fait d'individus, de clusters, de réseaux et de la planète tout entière. Au-delà du corps-frontière de chaque Terrien, la ligne de séparation entre contamination et immunité passe par le cluster. Qu'il s'agisse d'une grappe, d'un groupe ou d'un ensemble relié, le cluster fait frontière. Il désigne le fait local à partir duquel le circuit épidémique se déploie (ou non, s'il est bloqué), le long d'un, puis de plusieurs réseaux de liens secondaires, se disperse et peut atteindre, de proche en proche, une dimension planétaire. C'est sur ces enchaînements corps à corps que des brisures peuvent interrompre la contamination.

Comprendre la situation suppose une conception beaucoup plus large de la frontière que ce que nous entendons généralement en pensant, de manière obsessive, aux frontières nationales. Il faut s'interroger sur tout ce qui fait frontière. Aujourd'hui, c'est le corps qui fait frontière, selon qu'il est contaminé ou non. La situation, locale et globale, est dominée par la frontière sanitaire. C'est celle-ci qui fait que nous sommes tous reliés, et donc solidaires (non par conviction, mais comme on le dit des éléments composant un dispositif), reliés et solidaires par le corps et ses sécrétions, au plus près de l'intime, et au plus global de la planète. La situation nous impose ainsi la conscience d'avoir un corps parmi d'autres corps en réseaux sur toute la surface de la Terre, qui est à ce jour notre dernière frontière. C'est un cosmopolitisme forcé, une appartenance au monde qui fait que nous sommes solidaires les uns des autres, de tous les autres, même sans le vouloir. À l'autre bout de la chaîne, dans le cas du Covid-19 au moins, la première frontière, celle du corps, met en contact (ou non) l'humain et l'animal qui transmet le virus. C'est par la biologie la plus microscopique que l'on peut observer la frontière la plus fondamentale, entre humains et non-humains, celle où naît la zoonose – qui serait donc, hypothèse pour des ethnographies à venir, la maladie de la frontière des espèces. Il s'agirait, pour commencer, de localiser les terrains d'observation de la rencontre entre animaux sauvages et humains – les marchés humides (d'animaux vivants), le trafic international des espèces sauvages, etc.

21 AVRIL 2020 – Jusqu'où peut aller cette logique qui superpose d'une part les formes de la sociabilité et de l'économie, les relations constantes, essentielles à la conscience d'appartenir à la communauté humaine – le « Tout-monde » des poètes Édouard Glissant ou Patrick Chamoiseau – et d'autre part le mécano de la contamination ? Pour l'instant, c'est un constat, la situation est biopolitique, c'est-à-dire que toute la vie sociale est dominée par une seule problématique, celle de la contamination, laquelle vise (montre du doigt ? condamne ? surveille ?) le domaine des relations interpersonnelles, nous transforme tous en corps parmi des millions de corps. Cette question occupe tous les esprits, « contamine » pour ainsi dire tous les regards et les gestes des uns envers les autres. Rien de plus important aujourd'hui que les gouttelettes, les postillons et les muqueuses. Et une politique de santé publique, pour être au plus près de la réalité et efficace, devra suivre les réseaux de relations où passe le virus, les surveiller, agir sur leurs formes (à quelle distance, se toucher ou pas, avec ou sans parole), etc.

La situation nous impose ainsi la conscience d'avoir un corps parmi d'autres corps en réseaux sur toute la surface de la Terre, qui est à ce jour notre dernière frontière

C'est donc à chacun de faire sur soi, très concrètement, une analyse et une distinction, disons, opérationnelle entre le biologique et le social. C'est ce que la période de pandémie nous apprend, depuis la première mesure pour y faire face. Un principe d'isolation physique, sanitaire, dicte à chacun de se tenir à une certaine distance des autres, de porter un masque, ou de rester dans son domicile. Cela relève de l'épidémiologie, et l'on s'aperçoit que ce n'est pas la même chose qu'un isolement social. Car, depuis le début du confinement, nous sommes tous entrés, à notre mesure et selon nos moyens, dans une sorte de résistance à la « biologisation » de la vie sociale, à l'acceptation de l'isolement social au nom de l'isolation physique. Cela a donné lieu à un surinvestissement dans les formes (nouvelles pour certaines) de la sociabilité. Dans le domaine professionnel, associatif, familial, amical, des solutions de rencontres, réunions, fêtes ou cours ont été mises en œuvre à travers Internet. Avec les mêmes privilèges sociaux et les mêmes exclusions qu'avant, la même barrière numérique.

Bien faire cette distinction permet de rendre plus visible, et ainsi d'isoler, le risque biopolitique. Celui-ci se présente lorsqu'au nom de la barrière sanitaire un pouvoir, quel qu'il soit, national ou international, médical, entrepreneurial, qu'il soit gouvernemental ou non, prétend contrôler les sociabilités, instaurer la légitimité d'un regard extérieur, d'« en haut » ou de « nulle part », sur les vies privées, les circulations et les rencontres, depuis l'échelle microsociale jusqu'à l'échelle globale – c'est ce que laisse craindre par exemple le traçage numérique des individus. Ce n'est pas parce que le philosophe Giorgio Agamben[3] s'est trompé en parlant de l'« invention » d'une « supposée épidémie », au début de sa diffusion en Italie, que ses interrogations sur l'état d'exception et la tentation de la biopolitique généralisée, bien antérieures à l'actualité présente, doivent être écartées sans autre forme de débat. Sur cette question, comme sur d'autres avant, il reste toujours à démontrer en quoi le philosophe se trompe. En l'occurrence, la meilleure réponse à faire au spectre de la biopolitique, bien réel même s'il ne s'incarne pas (dans un personnage, une organisation ou un discours politique), c'est de revenir à la réalité des sujets politiques : les citoyens sont potentiellement, par leur corps, les cibles et vecteurs individuels du virus, et donc aussi des contrôles. C'est d'elles et d'eux que peut venir une politique, non au sens de la biopolitique – qui consisterait pour eux à accepter le contrôle de leur vie sociale au nom de la santé biologique – mais, à l'inverse, d'une politique de la biologie – qui serait de toujours contrôler et de s'assurer de la distinction entre barrières sanitaires et frontières sociales. Cela passe par la capacité de chacun à décrire et à contrôler le lien entre le biologique et le social, tel qu'il se présente sous ces nouvelles conditions de vie que la réponse collective à la pandémie a entraînées, qu'il s'agisse de ce virus-ci ou d'un autre : identification et isolation des connexions virales, distance physique, confinement des clusters, etc.

25 AVRIL 2020 – Voilà où nous en sommes : une frontière est passée par-dessus toutes les autres, la frontière sanitaire, et risque de se prolonger en une domination biopolitique sur la vie sociale, à l'échelon planétaire. Elle supposerait bien sûr qu'aucune force contraire, vigilante et démocratique, ne réagisse ni ne la retienne. Aucune sentinelle, ni aucun lanceur d'alerte. Mais prenons quand même cette hypothèse, sombre et dystopique, pour en mesurer les conséquences. Une nouvelle question en découle logiquement, elle bouscule ce que j'ai pu étudier jusque-là : deviendrons-nous tous biologiquement étrangers les uns aux autres, emmurés dans nos corps apeurés ?

Les citoyens sont potentiellement, par leur corps, les cibles et vecteurs individuels du virus, et donc aussi des contrôles

Ce qui « avant », déjà, était vrai, c'est que nous devenons tous étrangers, de plus en plus souvent, du fait des échanges, des voyages, de la mise en relation de personnes qui viennent de cultures et de sociétés différentes. Migrants, touristes, travailleurs étrangers, hommes et femmes d'affaires, étudiantes et étudiants,

3. Le texte de Giorgio Agamben, « Coronavirus et état d'exception », est paru dans le journal italien *Il Manifesto* le 26 février 2020.

chacun peut comprendre cela à partir de sa propre expérience ; le concept d'étranger ne renvoie pas à une identité, c'est une condition à un moment donné et en un lieu donné, dans une certaine relation. On est plus ou moins étranger par rapport à certains lieux, à certaines personnes, et pas à d'autres.

Ce qui change avec la pandémie de Covid-19, c'est que la frontière sanitaire est venue se placer au-dessus de toutes les autres (linguistiques, étatico-nationales, sociales). L'autre devient une menace – le terme correspond à une certaine réalité sanitaire, même modulée par l'incertitude. Si tout le monde est une menace pour tout le monde, le risque existe que certains le soient plus que d'autres, et dans ce processus discriminatoire, qui semble spontané et irréfléchi, le lien entre corps biologique et corps social domine à nouveau ; il se traduit en discriminations violentes à partir des caractéristiques physiques, de l'apparence en général. La « biologisation » de la vie sociale ouvre la voie à la violence raciale. Une racialisation expresse, en quelque sorte, comme lorsque la menace du coronavirus est devenue le « virus chinois », et que les personnes considérées comme asiatiques ont été agressées ou repoussées, ou lorsque les personnes sans abri et les migrants à la rue, à Paris, ont été spontanément évités et tenus à l'écart, parce que perçus comme contagieux sans autre preuve que leur tenue, leur phénotype, leur apparence.

4 MAI 2020 – Si je dois maintenant prévoir le monde qui vient, et même si je n'ai rien d'un visionnaire, en essayant malgré tout d'imaginer l'avenir, très incertain, alors deux scénarios possibles se percutent dans mon esprit avec autant d'intensité. Pour l'un, des images plutôt catastrophistes, je le reconnais, évoquent la séparation des corps et des personnes dans un monde hanté par la prophylaxie et l'enfermement, où chacun est appelé à devenir viscéralement étranger à tout le monde, où la racialisation de l'autre est permanente, et où la menace et la peur guident les politiques, en résonance avec les peurs cosmiques définitivement installées dans la vie quotidienne de chaque humain. Dans le second scénario, je vois des projections plus heureuses et ouvertes, avec une confiance retrouvée dans la conscience, grandissante, que nous sommes tous interdépendants, donc nécessairement solidaires, et cherchant de manière réaliste à former un « nous » cosmopolitique. Ce « nous » inventerait une politique-monde face aux risques partagés, ainsi que pour prendre soin de la Terre, notre monde commun. Ce « nous » cosmopolitique, j'ai cru le percevoir un peu mieux ces derniers temps ●

MA

RENONCEMENT ET ENGAGEMENT

PAR
Corine PELLUCHON

L'exposition aux maladies et à la mort est l'occasion de prendre conscience de soi comme être charnel et vulnérable et de cesser de se comporter comme un despote dont la souveraineté sur la nature et les autres formes de vie serait quasi absolue.

Ce n'est pas la prise de conscience du caractère destructeur de notre modèle de développement qui nous fait défaut aujourd'hui, mais notre capacité à réduire le décalage entre la conscience et l'action. Depuis plusieurs décennies, l'humanité est exposée à des risques menaçant sa survie et pouvant mener à la destruction du monde. L'invention de la bombe atomique a fait de l'apocalypse une éventualité. Même si le point de départ de la pandémie du Covid-19 est vraisemblablement un marché d'animaux sauvages à Wuhan, les manipulations effectuées sur le génome des virus dans certains laboratoires peuvent également être à l'origine de catastrophes sanitaires[1]. De tels drames ont la même probabilité que les accidents nucléaires.

Nul ne peut ignorer aujourd'hui les conséquences sanitaires, économiques, politiques et géopolitiques du réchauffement climatique et de l'érosion de la biodiversité. L'augmentation de la fréquence d'épisodes météorologiques extrêmes – sécheresses, inondations, ouragans – est une conséquence du dérèglement climatique. Ils ont un coût économique et humain considérable et, même si les régions du monde sont inégalement affectées, l'afflux de réfugiés climatiques qu'ils entraîneront déstabilisera l'ensemble des pays. Toute crise environnementale est toujours dans le même temps une crise sanitaire, parce que la pollution dégrade

1. Raphaëlle Bacqué et Brice Pedroletti, « Coronavirus : les laboratoires de Wuhan, épicentres de la rumeur », *Le Monde*, 25 avril 2020.

la santé des personnes et que la destruction de l'habitat des animaux sauvages, dont certains sont les hôtes de virus contre lesquels nous ne sommes pas immunisés, est à l'origine de zoonoses, comme cela est déjà arrivé avec le sida, Ebola ou les SRAS.

Aucun de ces risques n'était ignoré. Pourtant, nous avons vécu comme si de rien n'était. Comment expliquer cet aveuglement ? Le choc provoqué par la pandémie actuelle nous poussera-t-il à mettre en œuvre les changements qui s'imposent pour empêcher d'autres catastrophes ou mieux nous préparer à celles qui surviendront ? Y a-t-il, dans cette tragédie, quelque chose qui pourrait nous aider à sortir d'un modèle de développement dont les multiples contre-productivités n'échappent à personne ? Ou bien oublierons-nous, une fois de plus, de tirer les leçons d'un événement ayant conduit à confiner la moitié de l'humanité et à mettre en suspens l'économie mondiale ?

La pandémie du Covid-19 nous apprendra-t-elle à avoir peur, ce qui suppose de sortir à la fois de l'aveuglement et de l'hébétement ?

On aurait tort de penser que l'énormité d'un événement ou d'une crise suffise à faire réagir les êtres humains. Bien souvent, c'est le contraire qui advient : quand quelque chose est énorme, nous ne parvenons pas à le comprendre. Quand nos technologies produisent des effets qui excèdent la durée de la vie humaine et quand le nombre de victimes est trop grand pour que nous puissions les pleurer, écrit Günther Anders à propos du bombardement d'Hiroshima, nous avons du mal à nous représenter ce que nous faisons et à agir de manière responsable[2]. De nombreuses personnes connaissaient l'existence des camps de concentration, poursuit le philosophe, mais elles refusaient de croire ce qu'elles savaient. Le caractère monstrueux d'un crime ou d'un phénomène explique qu'en l'absence d'affects permettant de réduire l'écart entre le savoir et le comprendre, nous collaborions au mal sans nous en rendre compte[3]. Ne réussissant pas à surmonter notre sentiment d'impuissance, nous ne pouvons pas dire « non » au monstrueux.

Ainsi, il nous faut élargir notre capacité de représentation et notre perception du temps pour dépasser le présentisme et considérer les êtres qui subissent et subiront les conséquences de nos modes de vie. Cet élargissement de la conscience n'est toutefois pas le fruit d'une opération seulement intellectuelle. Pour que le savoir soit incorporé, pour que la conscience du péril nous incite à mettre en œuvre les changements nécessaires, au lieu de renforcer le déni ou l'enfermement dans le présent, il est besoin d'un affect puissant : la peur.

Bien que nous ne manquions pas de prophètes qui annoncent la fin du monde et nous enjoignent de nous préparer à l'effondrement, oubliant parfois que l'anticipation du pire doit servir non à prédire l'avenir ni à nous résigner à la catastrophe, mais à nous donner les moyens de l'éviter, nous avons du mal à agir de manière responsable. Au lieu d'affronter leur peur, la plupart des êtres la refoulent ou bien ils cèdent à une panique qui étouffe leur capacité d'agir et leur réflexivité, les disposant à accepter le principe d'un gouvernement coercitif et liberticide. La pandémie du Covid-19 nous apprendra-t-elle à avoir peur, ce qui suppose de sortir à la fois de l'aveuglement et de l'hébétement ? Nous apprendra-t-elle à retrouver notre capacité

2. Günther Anders, *L'Obsolescence de l'homme*, t. 1. *Sur l'âme à l'époque de la deuxième révolution industrielle* (1956), trad. Christophe David, Paris, Éditions Ivrea et Les Éditions de l'Encyclopédie des Nuisances, 2002, p. 318.

3. *Ibid.* Cet écart entre le savoir et le comprendre est ce que G. Anders appelle le décalage prométhéen (*das prometheische Gefälle*).

d'agir en commençant par dresser l'inventaire de ce à quoi nous voulons renoncer et de ce que nous voulons sauver ?

Pandémie et transition écologique

On dit souvent que cette crise sanitaire n'est pas une crise écologique. Elle a pourtant pour cause une interaction aberrante de l'humain avec un animal sauvage qui est chassé puis exposé sur des marchés où, souvent privé d'eau et blessé, il agonise avant d'être consommé. Cette manière de traiter les animaux est le miroir de ce que nous sommes devenus ou de ce qu'un modèle de développement fondé sur l'exploitation sans limites de la Terre a fait de nous. Elle a des conséquences sanitaires et environnementales considérables et témoigne de notre incapacité à cohabiter de manière juste et responsable avec les autres vivants. Si l'on comprend l'écologie comme la sagesse de notre habitation de la Terre, alors cette crise sanitaire est éminemment écologique. Elle peut, en outre, convaincre une plus large partie de la population qu'il est urgent d'initier des changements radicaux permettant d'opérer la transition écologique.

Cette manière de traiter les animaux est le miroir de ce que nous sommes devenus

En effet, les atteintes à l'environnement sont souvent invisibles à l'œil nu et leurs conséquences peuvent apparaître avec un décalage temporel important. Mais, lorsqu'elles entraînent des risques pour la santé, elles ont plus de chance d'être prises au sérieux par les représentants politiques soumis à la pression de l'opinion publique. Quand sa propre santé et celle de son entourage sont en cause, chacun se sent concerné, alors que la fonte de la calotte glaciaire et la réduction de 50 % de la biodiversité des insectes ne mobilisent pas grand monde.

Nous craignons que le nombre de morts n'augmente, mais nous avons également peur que notre économie ne soit anéantie, plongeant des millions de personnes dans la misère et la dépression. Nous redoutons les conséquences que cette crise aura dans les pays les plus pauvres et savons que nous sommes condamnés à la solidarité : ceux qui s'en sortent mieux n'ont pas intérêt à ce que les autres nations soient ruinées, car leur prospérité en serait fragilisée et de courte durée. Ce n'est pas parce que ce virus, qui infecte riches et pauvres, célébrités et simples citoyens, souligne notre commune vulnérabilité que nous devons être solidaires. Non seulement le caractère mondial de cette crise et ses effets globaux prouvent la nécessité de changer de modèle de développement, mais ils rendent également la coopération et l'entraide indispensables au niveau européen comme au niveau mondial.

Enfin, des sujets autrefois considérés comme des îlots éthiques convergent de nos jours. Il en est ainsi de l'environnement, de la santé, de la justice sociale et du bien-être animal, qui constituent désormais les quatre piliers de la transition écologique. Or la crise liée au Covid-19, qui met en évidence l'irrationalité de notre modèle de développement et qui traduit l'inadaptation totale de l'humain à un environnement qu'il a lui-même créé, touche ces quatre domaines. Elle nous oblige à les articuler, alors qu'ils ont souvent été envisagés de manière séparée. On l'a vu, par exemple, avec l'échec de la taxe sur les carburants qui a déclenché en 2018 le mouvement des Gilets jaunes et résultait d'une vision atomiste, technocratique et non contextualisée de l'écologie, oublieuse de la question sociale.

Domination versus considération

Le modèle de développement actuel vise la recherche du profit et du rendement maximal. Il se fonde sur l'exploitation illimitée de la nature et sur la manipulation ou l'assujettissement du vivant. Ne tenant pas compte des limites planétaires ni des besoins réels des personnes, il repose sur le productivisme et l'extractivisme, mais aussi sur la surconsommation et le gaspillage. Car il s'agit de produire et de vendre en masse des objets, et, pour ce faire, il est nécessaire de créer sans cesse de nouveaux besoins. Ainsi, la surproduction, l'addiction à la consommation, l'obsolescence programmée des objets, le gaspillage et la pollution sont liés.

Au contraire, la transition écologique implique de promouvoir un modèle de développement ayant pour objectif la préservation du monde commun et l'épanouissement de tous les individus, et non le profit de quelques-uns. Elle exige de réorienter l'économie pour la mettre au service du vivant et de réorganiser tous les secteurs d'activité en tenant compte du type de biens produits et échangés et en intégrant, dans les prix des produits et des services, leur coût environnemental et social. Quant au travail, il doit être organisé en fonction du sens des activités et respecter la dignité des personnes ainsi que les besoins de base des animaux qui sont des êtres sensibles et individués.

Concrètement, cela interdit de calquer l'élevage et l'agriculture sur l'industrie et d'évaluer les métiers de relation, comme le soin et l'éducation, en appliquant des normes qui prévalent dans la production d'objets manufacturés. De même, le droit du travail, qui a vocation à être universel, est incompatible avec une mise en concurrence constante des êtres et des nations. Il est incompatible avec des délocalisations qui entraînent l'exploitation forcenée d'adultes et parfois d'enfants fabriquant des produits standardisés dans des ateliers de misère situés à l'autre bout du monde. La relocalisation de la production, qui peut résoudre les problèmes de souveraineté et de sécurité que nous rencontrons dans de nombreux domaines, comme l'a montré la récente pénurie de masques, se justifie aussi par des considérations d'éthique et de justice. Enfin, le respect du bien-être animal suppose de supprimer les longs transports des animaux dont certains, élevés en Europe, voyagent pendant des semaines dans des conditions abominables avant d'être abattus sans étourdissement.

Le droit du travail, qui a vocation à être universel, est incompatible avec une mise en concurrence constante des êtres et des nations

Depuis quelques années, il existe de nombreux rapports présentant des solutions concrètes qui témoignent de la faisabilité de la transition écologique[4]. Cependant, rien ne pourra être entrepris sans remettre en cause le principe qui gouverne le mode de développement ayant abouti au capitalisme tel que nous le connaissons aujourd'hui : la domination. Il s'agit, comme disent Adorno et Horkheimer dans *Dialectique de la raison*, d'une triple domination : sur la société, sur la nature à l'extérieur de soi et à l'intérieur de soi[5]. Elle a conduit au dévoiement de la raison, devenue une raison instrumentale, réduite au calcul et s'inversant finalement en irrationalisme. Quant à la domination sur l'environnement et sur les animaux, elle encourage et reflète à la fois la répression

4. Les solutions énumérées par The Shift Project (https://theshift-project.org/) sont intéressantes, comme celles de nombreuses ONG et fondations auxquelles nous faisons allusion dans *Réparons le monde. Humains, animaux, nature*, Paris, Rivages, 2020, p. 167-234.

5. Theodor W. Adorno et Max Horkheimer, *Dialectique de la raison* (1944), trad. Éliane Kaufholz, Paris, Gallimard, coll. « Tel », 1974.

par les individus de leur propre sensibilité, générant ainsi du mal-être et de l'immaturité psychique. La domination implique le besoin de contrôler autrui et se nourrit du rejet ou plutôt de la crainte de sa propre vulnérabilité, de cet impouvoir au cœur du pouvoir dont l'acceptation est une force et la condition de la responsabilité. C'est ce mal au fond de notre civilisation que nous devons extirper si nous voulons avoir une chance d'opérer les changements nécessaires qui exigent autant une transformation de soi qu'une réorganisation de la société.

Le lien unissant chacun aux autres, humains et non-humains, devient une évidence

La considération est le principe qui s'oppose à la domination. Elle est indissociable de la reconnaissance de notre vulnérabilité, de notre dépendance à l'égard des conditions biologiques, environnementales et sociales de notre existence et du lien profond nous unissant à tous les êtres vivants. Elle consiste à faire de la place aux autres dans sa vie, y compris aux animaux, et à prendre sa part dans l'œuvre commune qui vise à promouvoir un modèle de développement plus soutenable et plus juste, et à transmettre ainsi aux générations à venir une planète habitable[6]. Parce qu'elle a pour horizon la préservation du monde commun et l'émancipation individuelle et collective, elle offre des repères rendant possibles d'autres imaginaires. Elle nous permet de savoir ce que nous voulons conserver ou faire évoluer, et ce à quoi il est impératif de renoncer, et nous aide à conduire cet examen de manière libre, en conjuguant autonomie, responsabilité et solidarité.

Renoncement et attestation

C'est l'approfondissement de la connaissance de soi comme être charnel, exposé aux infections, aux maladies et à la mort, qui transforme la conscience de notre commune vulnérabilité en un savoir vécu. Reconnaître notre dépendance à l'égard des écosystèmes et des conditions biologiques, écologiques, sociales et affectives de notre existence, c'est reconnaître notre vulnérabilité et notre besoin de soin et des autres. Le lien unissant chacun aux autres, humains et non-humains, devient une évidence qui modifie la perception que l'on a de soi-même. Au lieu de nous définir par la liberté conçue comme la faculté de faire des choix et d'en changer, nous ressentons si profondément ce qui nous relie, par notre corps, à tous les êtres sensibles, que leur épanouissement devient une composante de notre propre épanouissement et leur souffrance notre préoccupation. L'être humain ne se comporte plus comme un despote dont la souveraineté sur la nature et les autres formes de vie serait quasi absolue ; il comprend qu'il est partie prenante de la communauté biotique et que sa liberté est une liberté investie, infléchie par le sentiment qu'il a d'être responsable d'autres êtres dont l'existence l'oblige. Le besoin de dominer autrui et d'assujettir les autres vivants disparaît.

le renoncement n'a rien de solitaire

L'éthique naît de cette interrogation sur notre place dans le monde et sur les limites que nous devons assigner à notre droit sur toute chose au nom du droit des autres à exister. Quelle place leur faisons-nous, lorsque nous mangeons, habitons quelque part, nous déplaçons ? L'éthique prend sa source dans cette inquiétude à l'idée que ma place au soleil

6. Corine Pelluchon, *Éthique de la considération*, Paris, Seuil, 2018.

soit usurpation de la place d'autrui, exploitation de sa force de travail, destruction de l'habitat des animaux, négation de leur droit à être ; elle s'enracine dans la crainte que mon bon plaisir n'impose aux autres une vie diminuée. C'est pourquoi elle est autolimitation.

Ainsi, en refusant de consommer certains produits et de cautionner les pratiques imposant des conditions de travail indignes aux êtres humains et des souffrances intolérables aux animaux, j'exprime mon autonomie morale. Mon renoncement est attestation : affirmation de ce en quoi je crois et de ce que je suis avec les autres et devant la société tout entière[7]. Car le renoncement n'a rien de solitaire. Bien qu'il s'ancre dans une expérience vécue à la première personne et qu'il résulte souvent d'un choc, d'une prise de conscience qui sort douloureusement le sujet de son confort en le confrontant à l'injustice, il manifeste des enjeux qui dépassent ses intérêts propres, l'ouvrent aux autres et le conduisent à s'engager.

Si l'on modifie pour des raisons éthiques ses habitudes de consommation, si l'on choisit, par exemple, de s'approvisionner en circuits courts auprès de producteurs locaux, afin de soutenir ceux qui optent pour une agriculture respectueuse des écosystèmes, et que l'on s'abstient de chair animale, les renoncements découlent d'une transformation de soi. Celle-ci implique un remaniement profond de ses représentations et de ses valeurs qui affecte également ses émotions ainsi que sa manière d'être et d'interagir avec les autres. Le renoncement à certains produits et à certaines activités n'est plus éprouvé comme une privation. Il procure un sentiment d'accomplissement de soi ●

CP

7. Paul Ricœur, *Soi-même comme un autre*, Paris, Seuil, 1999, p. 335. Cette notion d'attestation est au cœur de l'ouvrage de Paul Ricœur, lequel souligne le lien, en allemand, entre *Bezeugung* (attestation), *Überzeugung* (conviction) et *Zeugnis* (témoignage).

LA MEILLEURE DES ÉPOQUES LA PIRE DES ÉPOQUES

PAR
Margaret Atwood

Avez-vous gardé souvenir d'un film où un chevalier, sur son blanc destrier, galope à bride abattue vers un château dont le pont-levis se relève, et où cavalier et monture décrivent un saut prodigieux afin de franchir les douves ? Moi aussi, j'ai la scène en mémoire, mais en recherchant cette image sur Internet je n'ai trouvé que quelques voitures traversant fleuve ou rivière sur des ponts levants et le détective de *La Panthère rose* barbotant frénétiquement dans des eaux bourbeuses, faute d'avoir réussi son coup.

Toujours est-il que nous sommes ce fameux cavalier. À nos trousses, le redoutable coronavirus. Nous sommes en suspens dans l'air et espérons atteindre l'autre bord, où la vie aura repris un cours, à nos yeux, normal. Donc, d'ici là, que faire pendant que nous sommes en plein ciel ?

Pensez à toutes les choses que vous espérez retrouver dans ce château du futur, une fois de l'autre côté. Puis faites ce qu'il vous est possible de faire, maintenant, pour pérenniser leur existence.

Les soignants, ça va sans dire : tout le monde devrait les soutenir. On présume en effet que nous voulons tous un bon système de santé dans ce fameux château du futur. Mais, à part vos amis et votre famille, qu'est-ce qui faisait que votre vie valait la peine d'être vécue ? Nous avons tous notre propre liste. Voici quelques éléments de la mienne.

Vos restaurants et cafés préférés. Curieux comme nous sommes certains que ces lieux de prédilection seront toujours là, juste pour nous permettre de sortir ou d'y passer au gré de nos humeurs… Pour les aider à réussir le saut, commandez des repas à emporter et achetez des bons cadeaux. En général, on trouve en ligne le détail des ventes proposées.

Votre librairie de quartier. Certaines vous offrent de récupérer vos achats sur le seuil du magasin, d'autres livrent, d'autres acceptent les commandes postales. Maintenez-les à flot ! Dans le même domaine, éditeurs et auteurs ont bien besoin d'un coup de pouce – surtout ceux qui ont dû annuler la sortie de leurs publications de printemps. Toutes sortes de solutions ingénieuses ont fait leur apparition : lancements *via* Twitter, podcasts, événements virtuels sous divers formats. On aime beaucoup parler de « la communauté des lecteurs » et de « la communauté des auteurs » ; « communauté » n'est peut-être pas tout à fait le terme approprié – de nombreux groupes et entités ne sont pas toujours très sympa les uns envers les autres –, mais vous pouvez faire en sorte que ce le soit davantage. Quand j'avais 25 ans, il se passait peu de choses dans l'édition canadienne, si peu que c'était un truisme de dire qu'il fallait que les auteurs aident les autres auteurs et leurs éditeurs. Et, dans l'ensemble, on s'y employait, même si certains parmi nous se détestaient. (Mais ça aussi ça participe de la « communauté » – demandez à n'importe quel habitant d'une petite ville. En cas de crise, vous soutenez vos ennemis locaux, parce que, même si ce sont des connards, ce sont vos connards à vous, pas vrai ?)

Vos journaux et revues habituels. La démocratie subit des pressions toujours plus grandes, étant donné qu'il n'y a rien de tel qu'une crise grave pour qu'un régime autoritaire bazarde par la fenêtre droits civiques, libertés démocratiques et droits de l'homme. Une part de ce bazardage s'explique par la réaction populiste classique visant à stopper de manière totalitaire le flux de l'information et le débat. Or il est vital de conserver des moyens de communication libres et indépendants. Offrez des abonnements. Soutenez des sites qui luttent contre les infox et d'autres, tels que PEN America, qui se battent pour la liberté d'expression, la parole responsable. Donnez à des stations de radio financées par des fonds publics. Faites-les profiter d'une publicité gratuite en diffusant cette idée par le canal de vos réseaux sociaux. Un virus n'a pas à nous clouer le bec.

Les associations artistiques, de toutes sortes. L'art est pour nous le moyen d'exprimer notre humanité, dans toutes ses dimensions. C'est à travers l'art que nous descendons dans les profondeurs de notre nature humaine, que nous accédons à des sommets et à tout ce qui se situe entre les deux. Théâtre, musique, danse, festivals, galeries – tous ont dû annuler des manifestations, tous souffrent. Donations, bons cadeaux, billets pour événements en ligne : sans public, il n'y a pas d'art, en fin de compte. Vous pouvez être ce public.

Votre planète. Une planète vivable. En résumé : tuez l'océan, et c'en est fini de votre apport en oxygène. Bon nombre d'entre nous ont remarqué que, durant cette pandémie, les émissions de CO_2 et la pollution dans le monde avaient effectivement diminué. Allons-nous vivre différemment, pour que ça devienne la réalité du château du futur ? Nous procurerons-nous notre énergie et notre alimentation de meilleure manière ? Ou reviendrons-nous simplement au monde d'avant ? Choisissez une organisation écologiste ou deux, ou plus, et donnez. C'est l'occasion ou jamais.

Enfin, ne perdez pas courage. Vous pouvez la traverser, cette fichue douve ! Oui, le moment est effrayant et pénible. Les gens meurent. Les gens perdent leur emploi et ont l'impression de ne plus contrôler leur vie, en dépit de la solidité, toute relative, dudit contrôle. Mais si vous n'êtes pas malade – et quand bien même vous auriez de jeunes enfants et auriez l'impression d'être en panne de cellules grises –, vous n'êtes pas si mal loti que ça, toutes proportions gardées.

Vous pouvez profiter de ce moment, même si c'est à un rythme bien moins frénétique que du temps où les choses étaient « normales ». Des tas des gens ont d'ailleurs remis ce rythme en question – à quoi bon cette précipitation ? – et ont décidé de vivre autrement.

C'est la meilleure des époques, c'est la pire des époques. La manière dont vous vivrez cette période dépendra en partie de vous. Si vous lisez ce billet, vous êtes vivant, du moins je le présume – sinon, j'en serai quitte pour une sacrée surprise ●

MA

It's the best of times, it's the worst of times. Make the most of it
a été traduit de l'anglais (Canada) par **Michèle Albaret-Maatsch.**
Le texte a paru pour la première fois dans le *Time*.
Avec l'aimable autorisation des éditions Robert Laffont.

MAINTENANT LES FEMMES

DIALOGUE

Michelle PERROT
Élisabeth ROUDINESCO

La crise sanitaire nous a saisis au milieu de la révolution enclenchée par le mouvement #MeToo. Nous avons invité deux grandes historiennes à dialoguer par écrit autour de la condition des femmes dans ce temps difficile. Un dialogue très vif, qui les a aussi amenées à évoquer la rémanence de l'antisémitisme et de la xénophobie, et les espoirs de transformation sociale.

Élisabeth Roudinesco Je commence ce dialogue sur la période que nous venons de vivre par une interrogation sur l'idée assez répandue selon laquelle les femmes seraient « plus intérieures » que les hommes et donc plus à même de vivre pleinement le temps du confinement. On a beaucoup dit en effet que les femmes possèdent une intériorité plus riche que celle des hommes et plus adaptée à recevoir ou à exprimer les souffrances d'une société. C'était exact à la fin du XIXe siècle avec « l'épidémie » d'hystérie qui faisait tressaillir le corps des femmes européennes, en proie à une rébellion contre leur condition sociale et psychique, renvoyant aussi bien à la misère des femmes du peuple, exhibées par Charcot à La Salpêtrière, qu'aux riches bourgeoises de la société viennoise, écoutées par Freud. Je ne suis pas certaine que ce soit exact aujourd'hui. Rien ne permet de dire que le confinement ait ramené les femmes à une intériorité plus grande que celle des hommes, même si, dans les représentations, on a l'impression que la survie de la famille repose, une fois de plus, sur elles et qu'elles redeviennent des « femmes d'intérieur ».

Michelle Perrot Le substantif « intérieur » a au moins deux sens : intérieur de la maison, lieu des femmes (« Les femmes sont faites pour cacher leur vie », disait Michelet) ; intérieur de soi, tissé de vie religieuse et de prière, où les femmes excellent, infiniment plus complexe dès qu'il s'agit de la pensée. Les femmes pensent-elles ? Sont-elles capables d'autre chose que de rêves vagues, de sentiments inavouables, de désirs obscurs ? Le bovarysme en somme. Quelle est l'intériorité des femmes ? Le grand mérite de Freud est de l'avoir prise en compte. D'autre part, depuis longtemps, les femmes ont fait de la lecture une forme privilégiée de leurs loisirs, tandis que les hommes préféraient la chasse, le sport, la compétition extérieure. C'était vrai dans la bourgeoisie, mais aussi dans les classes populaires, comme l'a montré Anne-Marie Thiesse[1], à propos des romans-feuilletons de la Belle Époque, dont les ménagères s'emparèrent avidement. Cette dissymétrie sexuelle du lectorat est toujours valable aujourd'hui. De ce point de vue, les femmes sont probablement plus aptes à supporter le confinement, voire à en profiter. La solitude leur est peut-être plus familière. Et j'observe que des féministes ont dit que, confinées, certaines femmes se sont senties débarrassées de la « scrutation », ce qu'elles ont vécu comme une libération.

Cela traduit la difficulté persistante des femmes à vivre dans l'espace public. « Toute femme qui se montre se déshonore », disait Pythagore, norme reprise comme un constat par Jean-Jacques Rousseau : « Une femme en public est toujours déplacée. » Pour éviter le regard des hommes, il fallait baisser les yeux, se défendre, se dissimuler, voire se voiler. Cette obligation demeure dans bien des sociétés d'aujourd'hui. Et même quand les femmes se dénudent, comme c'est leur droit de plus en plus affirmé[2], elles ne sont pas nécessairement tranquilles (et la publicité ne les y aide pas). Les jeunes femmes se savent regardées, désirées, scrutées en effet, pour le meilleur (plaisir de se sentir jolies) et pour le pire. Il y a une tyrannie masculine du regard qui n'est qu'une forme de pouvoir. Le harcèlement sexuel, notamment dans les transports, persiste, et elles sont nombreuses à s'en plaindre et à le dénoncer. De ce point de vue, le confinement, ou la « distanciation sociale » (si mal nommée), peut être ressenti comme libérateur d'autant plus qu'il est sexuellement partagé ; certaines même s'amusent d'être masquées : « Mon corps est à moi », disent-elles, non sans ironie. L'expérience de la distance physique des corps dans l'espace public est une dimension essentielle, et peut-être durable, de ce que nous vivons. Il faudrait faire sous cet angle l'histoire du baiser.

L'expérience de la distance physique des corps dans l'espace public est une dimension essentielle, et peut-être durable, de ce que nous vivons

ER Je partage cette opinion concernant le sentiment désagréable que les femmes éprouvent à être « scrutées » ou « évaluées », exclusivement sur leur physique. Le « sois belle et tais-toi » existe toujours. Mais on peut aussi prendre les choses avec un certain humour, tout simplement parce que les femmes ont acquis, dans les sociétés occidentales, une véritable liberté et beaucoup de droits, dont celui de maîtriser la procréation qui est une vraie révolution.

Dès que j'ai vu que la bataille des masques devenait si importante, j'ai pensé que les luttes

1. Anne-Marie Thiesse, *Le Roman du quotidien. Lecteurs et lectures populaires à la Belle Époque*, Paris, Le Chemin vert, 1984.

2. Camille Froidevaux-Mettrie, *Seins. En quête d'une libération*, Paris, Anamosa, 2020.

qui avaient été menées par les femmes contre le voilement du corps, des cheveux et du visage, imposé par les islamistes, risquaient d'être battues en brèche. Évidemment, cela n'arrivera pas. Dans le foisonnement des témoignages, j'ai découvert aussi, à ma grande surprise, que des femmes intellectuelles se réjouissaient de retrouver un vrai rôle de gardiennes du foyer.

Et voilà maintenant que certaines féministes revendiquent ce terme de « non-scrutation » qui laisse entendre que le regard « en soi », même appuyé, serait l'équivalent d'une intrusion masculine dans le corps des femmes : une offense en quelque sorte. N'oublions pas le célèbre film d'Alfred Hitchcock, *Fenêtre sur cour* (1954), magnifique réflexion sur le regard et la fascination de l'image commune aux deux sexes. Que certaines femmes se sentent libérées d'une « scrutation » grâce au confinement, je peux le comprendre, mais franchement je n'y avais même pas pensé, tant ce confinement me paraît difficile à supporter pour des familles entassées dans des logements insalubres. Et là, les femmes sont en effet en première ligne, notamment quand elles vivent seules et à l'étroit avec des enfants.

La pire chose qui puisse arriver aux femmes d'aujourd'hui, c'est d'adopter une posture de victime indignée

Fort heureusement, en France, il n'y a pas de « délit de regard », ni de délit d'offense. Autant il faut sanctionner le harcèlement sexuel dont ont été victimes tant de femmes, comme en témoigne le mouvement *#MeToo*, autant il faut éviter de brandir à tout bout de champ des invectives contre tous les comportements humains déplacés, et notamment les injures de rue ou les regards désagréables, sans passage à l'acte : « Le premier homme à jeter une insulte plutôt qu'une pierre, disait Freud, est le fondateur de la civilisation. » Les femmes doivent aussi savoir se défendre sans en appeler à la justice ou au tribunal des réseaux sociaux. La pire chose qui puisse arriver aux femmes d'aujourd'hui, c'est d'adopter une posture de victime indignée.

MP Il me semble aussi que la crise que nous vivons rend visibles le travail et le rôle des femmes dans le privé et le public, ce travail de l'ombre si souvent sous-estimé. Dans la famille, quelle que soit la bonne volonté des hommes parfois désarçonnés, elles assurent l'essentiel des tâches domestiques et la scolarité des enfants, qui leur posent souvent des problèmes. Il leur revient d'établir un emploi du temps, de tenter de garder un équilibre quotidien, d'apaiser les tensions entre les uns et les autres. On leur a tellement dit qu'elles étaient responsables de l'harmonie du foyer qu'au fond elles le croient, comme si les injonctions guerrières à la mobilisation générale leur faisaient oublier les leçons du *Deuxième Sexe* (« On ne naît pas femme, on le devient »). Vécu par les hommes comme une parenthèse dévirilisante, le confinement peut constituer pour les femmes un rappel à l'ordre des sexes. Responsables, elles risquent de se sentir coupables.

Le rôle des femmes dans la société est plus évident encore et on le redécouvre comme si on l'avait oublié, ou jamais vu. Dans les supermarchés, la caissière, si souvent houspillée par des clients de mauvaise humeur, est devenue un agent et un symbole des bienfaits du commerce. Pour la confection des masques, on redécouvre les vertus des couturières, jadis femmes pivots de la sociabilité des villages ou des quartiers, comme l'a montré Yvonne Verdier dans un livre devenu un classique[3]. L'immense secteur du *care*, le nom moderne donné aux

3. Yvonne Verdier, *Façons de dire, façons de faire. La Laveuse, la couturière, la cuisinière*, Paris, Gallimard, 1979.

soins de toute nature, corporels surtout, englobe aussi bien les aides à domicile que les aides-soignantes dans les EHPAD et dans les hôpitaux. Les images quotidiennes des journaux télévisés montrant les essaims de blouses bleues autour des lits et des brancards sont impressionnantes. Elles provoquent une prise de conscience qui se manifeste, par exemple, dans les charivaris de 20 heures en leur honneur. Il y a là une opportunité pour la revalorisation de ce secteur d'emploi mal payé, peu considéré et, par conséquent, laissé aux plus pauvres de la société, naguère les Bretonnes, émigrées de l'intérieur, remplacées plus tard par les femmes issues des DOM-TOM, puis par les Africaines, migrantes de fraîche date.

Il faut rappeler ici le poids du passé, qui explique en partie la situation de l'hôpital public. Jadis – avant la Troisième République –, les religieuses assuraient le travail hospitalier, gratuitement et sans limite de temps. Cette pratique a pesé sur la nôtre. Tandis que l'Angleterre, grâce à la légendaire infirmière Florence Nightingale, optait, dans les années 1860, pour un modèle fondé sur la qualification et sur une rémunération convenable, la France choisissait de laïciser les hôpitaux, mais dans la continuité sociale, les filles de salle remplaçant les sœurs, parfois même internées comme elles, ainsi à Paris, où le médecin Désiré-Magloire Bourneville fut un agent efficace de la laïcisation des hôpitaux. La reconnaissance du *métier* d'infirmière a été le résultat d'une longue lutte. Il fallut les efforts de femmes comme Léonie Chaptal, appuyée par une tradition protestante, pour obtenir entre les deux guerres la constitution d'un corps d'infirmières qualifié et diplômé, se détachant d'une masse de « bonnes à tout faire », Bretonnes, Antillaises et Africaines, d'un dévouement sans limite. Des réformes s'imposent aujourd'hui qui allient meilleure rémunération, formation et qualification renforcées, reconnaissance. La dignité est aussi importante que le salaire dans ces métiers de relations humaines. Et le *care*, notion théorisée depuis près d'un demi-siècle par les chercheuses américaines et françaises[4], n'a pas seulement une définition sociale, mais un sens éthique : le soin des corps, de la santé s'inscrit dans un respect plus vaste de la nature, de la terre, de la vie. Il est un aspect fondamental d'une écologie dont nous prenons de plus en plus conscience. Les savoirs des femmes, leurs pratiques d'entretien, d'épargne, de préservation de la vie, leur expérience du quotidien, revêtent ici une importance singulière.

Les savoirs des femmes, leurs pratiques d'entretien, d'épargne, de préservation de la vie, leur expérience du quotidien, revêtent ici une importance singulière

La question des violences est d'un autre ordre. Elle n'est pas nouvelle et depuis quelques années, grâce aux associations féministes, on en a pris une conscience plus vive. Les travaux de l'équipe de l'historien Frédéric Chauvaud sur les violences conjugales et le féminicide en ont analysé l'étendue et les mutations[5]. Ils ont montré comment ces violences s'enracinent dans une domination masculine longtemps confortée par la coutume, sinon par le droit. Battre sa femme et ses enfants faisait partie des prérogatives admises du père. Certes, les temps ont changé et ces comportements sont

4. Dans une bibliographie considérable, ouverte par les travaux de Carol Gilligan, citons Sandra Laugier, *Le Souci des autres. Éthique et politique du care*, Paris, EHESS, 2005 ; Pascale Molinier, *Le Care Monde. Trois essais de psychologie morale*, Lyon, ENS Éditions, 2018 ; Fabienne Brugère, *L'Éthique du « care »*, Paris, PUF, « Que sais-je ? », 2011 ; Mathilde Rossigneux-Méheust (éd.), « Travail de care », *Clio*, 49/2019 ; et dans *Le Monde*, 30 avril 2020, article de synthèse de Claire Legros, « Le souci de l'autre, un retour de l'éthique du "care" ».

5. Frédéric Chauvaud (éd.), *Le Corps en lambeaux. Violences sexuelles et sexuées faites aux femmes*, Rennes, PUR, 2016 ; *On tue une femme. Le féminicide. Histoire et actualités*, Paris, Hermann, 2019 ; *Les Violences en famille. Histoire et actualités*, Paris, Hermann, 2020.

poursuivis quand ils sont dénoncés (mais ils ne le sont pas toujours, tant le silence pèse lourd). Le confinement actuel exaspère les tensions. Les hommes supportent mal d'être privés du sport, des copains, du bistrot. Ils tournent en rond, boivent davantage pour passer le temps (l'alcoolisme joue un rôle avéré dans la brutalité), s'irritent contre les enfants qui pleurent, les brusquent quand ils ne parviennent pas à faire leurs devoirs (un petit garçon a été tué récemment pour cela), et tapent sur leur femme encore plus fort que d'habitude. Tous les rapports de police ou de gendarmerie constatent une hausse de 30 à 40 % d'interventions pour violences conjugales. La maison n'est pas le lieu de la sécurité, mais celui du danger. En Espagne, où le machisme est une donnée persistante, le gouvernement a établi un plan d'urgence. En France, des mesures ont été prises, des consignes données, un numéro d'appel institué et les pharmacies, plus accessibles aux femmes, peuvent relayer leurs plaintes. Au-delà des effets du huis clos, c'est la mise en évidence dramatique d'une domination qui irrigue encore les rapports de sexes dans nos sociétés.

Aux violences physiques, il faudrait ajouter les difficultés d'un autre ordre, nées du confinement, pour l'accès à l'avortement. « Il y a une réduction inquiétante du recours à l'IVG », constate Olivier Véran, ministre de la Santé (1er avril). Le coronavirus contrarie ce droit fondamental des femmes, dont certaines verront leur vie durablement, voire définitivement infléchie par cette épidémie. À cause d'elle, des êtres naîtront qui n'étaient pas nécessairement désirés, comme ce fut le cas après tant de guerres. Et pourtant, comme beaucoup aiment à le rappeler, « nous ne sommes pas en guerre ».

ER Je voudrais souligner, comme vous, que les femmes ont été en première ligne dans les hôpitaux et les magasins et qu'elles ont été, par ailleurs, davantage victimes de la violence des hommes. Et il est vrai qu'elles n'occupent pas le même « front » que les hommes : c'est à elles qu'est dévolue l'activité soignante (infirmières) et aux hommes l'activité guerrière (les héros). Mais il y a un changement : les femmes peuvent aujourd'hui accéder à des métiers qui leur étaient fermés autrefois. Le métier des armes notamment : police, armée, etc. Elles ne sont pas moins compétentes que les hommes, malgré les différences physiques. En tout cas, on redécouvre ici l'importance des métiers qualifiés de « subalternes » par les spécialistes des études de genre, ceux où les femmes sont majoritaires, et surtout celles issues de l'émigration (caissières, employées de maison, auxiliaires de vie, personnel de nettoyage, aides-soignantes, etc.).

Cependant, au fil des années, la notion de genre est devenue un slogan identitaire, visant à ranger le sujet dans une « case » originelle

Cependant faut-il faire une lecture « genrée » de cet événement ? La question a été ouvertement posée durant cette période. Je suis hésitante. L'introduction de cette notion de « genre » a été, certes, un moment fort pour l'étude de la condition féminine, autant chez les historiens qui ont pu, comme vous, Michelle, penser la question de la construction sociale et psychique de la représentation de la différence des sexes, que dans d'autres disciplines. Et c'est pourquoi les études de genre – de Robert Stoller à Judith Butler[6] – se sont développées avec succès dans toutes les universités, en même temps que les études dites « culturelles ». Ces études ont été novatrices, car elles ont permis de montrer que les femmes ne se réduisaient pas à leur anatomie ou à leur condition biologique. Et quand on a assisté

6. Robert Stoller, *Recherches sur l'identité sexuelle* (1968), Paris, Gallimard, 1978 ; Judith Butler, *Trouble dans le genre. Pour un féminisme de subversion* (1990), Paris, La Découverte, 2005.

en France, à partir de 2013, à une formidable campagne contre Najat Vallaud-Belkacem, d'abord ministre des Droits des femmes puis de l'Éducation nationale, accusée de se référer à « la théorie du genre » pour effacer la différence des sexes à l'école et détruire la famille, j'ai fait partie, avec d'autres, de ceux qui ont condamné ces sottises. Najat Vallaud-Belkacem était d'ailleurs l'objet des pires attaques « en tant que femme » et en tant que « femme issue de l'émigration », donc qualifiée d'« étrangère », voire d'islamiste : on se souvient de la couverture de *Valeurs actuelles* où elle est affublée du titre d'"ayatollah" (septembre 2014). Les mêmes campagnes se sont reproduites contre Christiane Taubira, qualifiée par le journal *Minute* (13 novembre 2013) de « singe descendant de son arbre en mangeant des bananes », au moment du vote sur la loi en faveur du mariage homosexuel.

Cependant, au fil des années, la notion de genre est devenue un slogan identitaire, visant à ranger le sujet dans une « case » originelle, en fonction de son orientation sexuelle ou de sa couleur de peau. La dernière en date émane du gouvernement colombien qui, confronté au Covid-19, a accepté un bien étrange déconfinement dans son pays. Pour limiter l'affluence dans les rues de plusieurs villes, et notamment à Bogota, les autorités municipales ont eu recours à un « droit genré » : les hommes et les femmes ont donc été invités à sortir séparément, jours impairs pour les uns, jours pairs pour les autres. Quant aux personnes dites « transgenres », elles ont été invitées à choisir librement leur « jour »[7]. Voilà l'un des effets pervers de la reconnaissance de la catégorie « non binaire » ou « neutre » dans les législations (c'est le cas dans plusieurs villes colombiennes, en Californie et ailleurs) qui autorisent chaque citoyen, sur simple demande (le vécu subjectif), à choisir son sexe, en fonction de son genre. Car le droit ne peut pas se fonder sur des constructions subjectives, mais sur des réalités objectivables.

De telles politiques reconduisent, *de facto*, une pratique de ségrégation, de sinistre mémoire, chacun étant renvoyé à une assignation identitaire. Dans cette perspective, on pourrait par exemple séparer les juifs, les chrétiens, les musulmans, les bouddhistes, etc., en ajoutant des sous-catégories internes à chaque « groupe », selon l'orientation sexuelle, voire selon le « handicap » : homosexuel, hétérosexuel, blanc, noir, asiatique, transgenre, intersexué, obèse, sourd, autiste. Cette division de l'espèce humaine en différentes sous-espèces a été soutenue par le psychologue américain Andrew Salomon[8].

Sur l'accroissement des violences, il faudrait savoir ce que signifient ces chiffres. Les violences conjugales (commises par les hommes en très grande majorité) sont-elles en augmentation dans les couples où elles existaient déjà ? Ou au contraire cette augmentation est-elle la conséquence, dans d'autres couples, du confinement lui-même[9] ? Une chose est certaine en tout cas : elles s'amplifient avec l'obligation de la promiscuité. Même chose pour les violences envers les enfants. C'est la partie sombre de la condition humaine contre laquelle il faut lutter.

Il me semble, d'ailleurs, que ces réflexions nous amènent à une autre observation : les femmes meurent moins du Covid-19 que les hommes. Les causes de cette différence sont-elles culturelles ou biologiques ? Qu'en pensez-vous ?

MP J'ai beaucoup de respect pour la recherche scientifique, et en particulier pour la biologie du développement, où les progrès ont été fulgurants grâce à la découverte de l'ADN, dont me parle souvent mon amie Nicole Le Douarin, spécialiste nobélisable des cellules-souches[10]. Mais ce « substrat

7. *Libération*, 17 avril 2020, et *El Espectador*, 12 avril 2020.

8. Auteur d'un best-seller, traduit en français sous le titre *Les Enfants exceptionnels. La famille à l'épreuve de la différence*, Paris, Fayard, 2019.

9. D'après le directeur du département Opinion à l'IFOP, Jérôme Fourquet, à qui j'ai posé la question, certaines violences conjugales, qui n'existaient pas auparavant, se sont révélées à l'occasion du confinement.

10. Nicole Le Douarin, *Dictionnaire amoureux de la vie*, Paris, Plon, 2017.

biologique » ne saurait être assimilé à une « nature » au déterminisme imparable. Et Françoise Héritier n'en faisait pas la seule explication de la « valence différentielle des sexes », dont elle a montré, en anthropologue, l'universalité et la longue durée[11].

Ce virus, il est viril de l'affronter, comme jadis les cow-boys confrontés aux Indiens

Selon moi, la résistance des femmes au Covid-19 s'inscrit dans une résistance plus générale qui se traduit par la plus grande longévité des femmes (+ 8 ans en moyenne en France). Longévité qui semble du reste en partie acquise par les progrès de la médecine et notamment de l'obstétrique. La mortalité des femmes en couches était très élevée dans les siècles passés. L'accouchement demeurait un moment mortifère. Même les césariennes n'avaient pas d'abord amélioré le sort des parturientes, car on choisissait souvent l'enfant plutôt que la mère. Le XIXe siècle avait beaucoup amélioré les choses, en faisant de la maternité un bien social. Les mères deviennent des porteuses de vie, des supports démographiques indispensables dont le *régime* importe au plus haut point. L'éducation hygiénique des femmes auxquelles la sobriété est prescrite comme un commandement est centrale. Elles ne boivent ni ne fument. La pipe, la cigarette sont des marques d'émancipation frisant la débauche : voyez George Sand ou les « garçonnes » des années 1920. Elles courent objectivement moins de risques que les hommes, exposés aux accidents du travail, de la route, des compétitions de toutes sortes par lesquelles s'affirme leur virilité.

La culture du risque sépare profondément les éducations et les comportements masculins et féminins. Et c'est sans doute l'autre raison, culturelle, de la longévité des femmes. Dans le refus initial de Trump, dont l'élection peut être considérée comme « la revanche de l'homme blanc », de prendre en compte le coronavirus, il y a sans doute un « effet mâle blanc ». Ce virus, il est viril de l'affronter, comme jadis les cow-boys confrontés aux Indiens. Être abattu par lui est une singulière défaite. L'histoire du corps malade, celle de la mort, ces événements biologiques, ne saurait faire abstraction de la différence culturelle des sexes[12].

ER Je pense en effet qu'il existe un substrat biologique incontournable qui différencie les sexes. Et c'est bien pourquoi il faut respecter l'idée que l'être humain ne se réduit ni à une anatomie (sexe), ni à une construction (genre), ni à un environnement social ou psychique, mais que cette triple détermination est nécessaire pour décrire l'ensemble des sociétés humaines, lesquelles se définissent par le passage de la nature à la culture, comme l'a souligné Claude Lévi-Strauss en parlant de la prohibition de l'inceste. L'être humain n'est ni un animal ni un végétal et, parce qu'il est un être de culture et de langage, il doit protéger la nature.

Et il est vrai que, pendant des siècles, les femmes ont été à la fois plus fragiles et plus endurantes que les hommes, du fait de la maternité – ce socle biologique – qui pouvait être mortifère ou, au contraire, le signe d'une incroyable résistance à la mort. Il faut imaginer aujourd'hui ce qu'ont pu être les tourments des femmes qui mettaient au monde des fratries de quinze, voire de vingt enfants et qui survivaient à une telle épreuve. Mais il me semble que plus les progrès de la médecine et de l'hygiène permettront aux femmes de maîtriser la procréation et les désastres de la vieillesse – et donc d'avoir moins d'enfants, de

11. Françoise Héritier, *Masculin/Féminin*, I, *La Pensée de la différence*, Paris, Odile Jacob, 1996 ; II, *Dissoudre la hiérarchie*, Paris, Odile Jacob, 2002.

12. Dans la grande *Histoire de la virilité*, dirigée par Alain Corbin, Jean-Jacques Courtine et Georges Vigarello, voir en particulier le volume 2, Alain Corbin (éd.), *Le Triomphe de la virilité. Le XIXe siècle*, Paris, Seuil, 2011.

ne plus mourir en couches et de ne pas être abîmées par l'âge –, plus elles se confronteront aux mêmes problèmes que les hommes, du fait de l'égalité acquise. Un jour, les femmes seront aussi tabagiques et alcooliques que les hommes, aussi violentes, aussi exposées aux accidents du travail et sans doute moins résistantes, cependant que l'écart d'âge classique entre hommes et femmes sera moins discriminant, grâce au choix des vêtements, aux soins corporels et aux cosmétiques, comme l'a souligné, en effet, l'historien Georges Vigarello[13]. Mais une chose est certaine, elles continueront à avoir des enfants. Et d'ailleurs, l'évolution du modèle familial est fascinante, car on voit bien que le désir de faire famille est inhérent à la condition humaine, hommes et femmes confondus. En témoigne l'entrée des couples homosexuels et des célibataires dans l'ordre familial. Quant aux femmes qui choisissent – comme Simone de Beauvoir, Angela Merkel ou bien d'autres – de ne pas avoir d'enfants, il faut espérer qu'elles cesseront d'être discriminées, comme elles l'ont été depuis si longtemps.

Aujourd'hui dans les sociétés occidentales, au-delà des inégalités salariales, les femmes peuvent encore être contraintes de choisir entre maternité et travail. Cela a été longtemps le cas en Allemagne où la dénatalité a battu des records, malgré la présence des migrants, du fait de l'absence d'allocations, de crèches et d'aides diverses. La situation a changé quand les femmes ont été soutenues matériellement pour mener à bien leur double activité : travail et maternité. En France, la politique familiale a toujours été l'une des meilleures d'Europe. D'où un taux de natalité élevé. Autrement dit, l'introduction du droit à l'avortement n'a pas contribué à détruire la famille, mais, au contraire, à la perpétuer, à condition que les femmes soient aidées pour pouvoir élever leurs enfants.

Une autre chose me semble importante. Cette période de crise sanitaire a été propice aux rumeurs et aux fantasmes, et plus encore à la recherche de boucs émissaires. Et les femmes en ont été à la fois les actrices et les victimes, comme les hommes. Ainsi les Femen ont-elles proposé d'en finir avec le « virus patriarcal ». Ce radicalisme a quelque chose d'éblouissant, moins par ses slogans – qui sont assez pauvres – que par une exhibition du corps dénudé orné de hiéroglyphes. Les manifestations des Femen sont construites comme une mise en scène issue de la tradition du *Living Theater*. La beauté de ces femmes et leurs manières de faire irruption dans la rue en cohorte sont une véritable nouveauté esthétique.

Cette période de crise sanitaire a été propice aux rumeurs et aux fantasmes, et plus encore à la recherche de boucs émissaires

En revanche, cette période a été riche aussi en surprises désagréables sur ce même thème du virus. Ainsi, des collectifs de l'ultragauche sont passés de la critique politique de ce gouvernement à une délation systématique de la « macronie », et donc de la nécessaire recherche des responsabilités à la désignation arbitraire de coupables : avec une telle jouissance qu'on peut se demander si le virus n'a pas été aussi le révélateur d'une haine refoulée de ces collectifs contre le système qui les a produits et dont ils ont bénéficié. En témoignage, la judiciarisation du Covid-19, qui s'est traduite par une pétition visant à traduire les ministres français devant la Cour de justice de la République. Phénomène d'autodénigrement unique en Europe[14]. Quant à la « macronie », elle a été assimilée à un virus. D'où l'invention du terme « macronovirus » ou « macronavirus ».

13. Georges Vigarello, *Histoire de la beauté. Le corps et l'art d'embellir, de la Renaissance à nos jours*, Paris, Seuil, 2004.

14. *L'OBS*, 23 avril 2020.

On n'utilise pas impunément un tel vocable, d'autant qu'avant d'être réactivé par les collectifs gauchistes, il avait été diffusé sur le site conspirationniste d'extrême droite, *Égalité et Réconciliation*, fondé par Alain Soral. Il vient directement des pamphlets bien connus de l'entre-deux-guerres, consacrés au péril juif. Selon cette tradition, le juif est assimilé à un microbe invisible qui s'installe au cœur des nations civilisées pour les détruire. Notons que Macron a été beaucoup plus attaqué *ad hominem* par tous ces collectifs en fureur que les autres présidents de la République. Et le fait qu'il ait été employé par la banque Rothschild a fait de lui l'incarnation du virus juif.

J'ai remarqué que Macron déclenche une haine d'autant plus vivace qu'il ne forme pas, avec sa femme, un « couple ordinaire ». Tout a été reproché à Brigitte Macron : ses jupes courtes, ses vêtements haute couture (qui ne coûtent pas un sou à l'État) et bien entendu son âge. Les psychanalystes s'en sont donné à cœur joie dans leurs blogs : Macron n'a pas de surmoi, il ne gouverne pas les Français, il les soumet, il dégrade le langage, il a épousé sa mère et donc il est porté par un narcissisme maternel. Un psychiatre italien a même affirmé, dans une vidéo, que Brigitte Macron était pédophile puisqu'elle avait séduit son élève quand il avait 15 ans. En bref, derrière les vociférations contre le virus Rothschild, on cherche un autre bouc émissaire : la femme, sorcière et séductrice.

Quant à la terreur inspirée par les Chinois, on l'a vue ressurgir aussi, bien au-delà de l'établissement des faits et des responsabilités du gouvernement chinois dans la diffusion du virus. D'où un nouveau fantasme de « péril jaune » hérité de peurs ancestrales, selon lesquelles les Asiatiques seraient des êtres criminels et sournois prêts à dévorer et à piller l'Occident : thèse classique du « grand remplacement ». Derrière chaque commerçant chinois, transformé en bouc émissaire, se dissimuleraient donc les hordes de Gengis Khan armées de chauves-souris et de pangolins.

MP Je partage tout à fait votre point de vue, notamment votre lecture de l'animosité insensée qui vise le couple Macron, auquel on ne pardonnera jamais sa différence d'âges et son apparente transgression sexuelle, pas plus que nombre d'Américains ne pardonnent à Obama d'être noir.

Il ne faut certes pas confondre désignation d'un bouc émissaire, ferment du complotisme, et analyse légitime des rapports de classe ou de pouvoir, qui sont au cœur de la critique philosophique et politique. Marxisme et féminisme démontent à bon droit les formes de la domination, de classe ou de sexe ; ils en cherchent les racines. La pensée de Michel Foucault est plus largement encore une analyse du pouvoir et de ses agencements multiples. En ces temps de pandémie, la notion de *biopouvoir*, les inévitables formes de surveillance qu'il suscite, est un instrument utile de compréhension.

Les inégalités, si vivement ressenties depuis quelques années, l'ont été plus fortement encore à la faveur d'une crise sanitaire révélatrice des failles qui fissurent la société

Mais le glissement de la déconstruction à la dénonciation est pervers. On a vite fait de clouer au pilori. C'est le ressort de la terreur, dont la Révolution française a donné un exemple. On l'a vu plus systématiquement encore dans le communisme et ses dérives staliniennes, toujours en quête des traîtres, responsables des échecs du système. On passe aisément de l'analyse des méfaits du capitalisme à la haine des riches, les « gros » d'autrefois, responsables de tous les maux. Tout populisme recèle un risque vengeur de dualisme simplificateur : riches/pauvres, peuple/élites, Paris/province, ici/ailleurs, dedans/dehors, eux/nous, etc. Il suffirait de supprimer l'Autre pour que tout aille mieux. « Ni un, ni deux, mais trois », disait justement Jacques Derrida.

Et maintenant, que répondre quand on nous interroge : cette épreuve sera-t-elle l'occasion d'une avancée ou d'un grand bond en arrière ? À mon avis, les lendemains seront difficiles, entre une nécessaire reprise économique, mais surtout de la vie tout court ; et un virus toujours là, contre lequel on n'a trouvé ni remède vraiment efficace ni vaccin, ce qui interdit la prévention. On en voudra à la science, pourtant tellement mobilisée, oubliant que la recherche, surtout biologique, requiert un temps incompressible. Au-delà des solidarités, les individualismes se sont affirmés, tant au niveau des collectivités que des personnes. Comment en serait-il autrement quand on demande à chacun de s'isoler, considérant l'autre comme un potentiel danger ? La notion de « bien commun » n'a pas fait taire les intérêts corporatifs ou partisans, qui n'attendent qu'une occasion pour se manifester avec la force que peut donner le sentiment du devoir accompli. Les inégalités, si vivement ressenties depuis quelques années, l'ont été plus fortement encore à la faveur d'une crise sanitaire révélatrice des failles qui fissurent la société, notamment sous l'angle des conditions de vie (logement surtout) et de la scolarité, et qui justifient les revendications. Le procès de l'État, qui en France n'a pas fait plus mal qu'un autre, et s'est montré relativement protecteur, reprendra de plus belle. L'Europe, engoncée dans le comparatisme des différences, n'a pas répondu de manière efficace et les divisions se sont plutôt accentuées, entre les « vertueux », capables de se défendre, et les autres, les sous-développés qui, au fond, n'ont que ce qu'ils méritent. Les lendemains ne chanteront pas, et je suis parfois tentée d'écouter les plus Cassandre d'entre nous.

D'un autre côté, cet événement extraordinaire (les comparaisons avec les épidémies antérieures montrent son ampleur et sa singularité) est une expérience sans précédent qui devrait – et pourrait – susciter de nouvelles manières de penser et de vivre. Obligés de « vivre en repos dans une chambre », nous avons vécu une expérience pascalienne dont nous devrions tirer profit tant sur le plan personnel que collectif, dans la hiérarchie de nos valeurs et de nos choix. Les suggestions idéologiques et pratiques ne manquent pas, et les initiatives locales ont montré l'étonnante réactivité des acteurs face à l'imprévu. On a pris conscience de la fragilité de notre modèle de croissance effrénée, de ses excès, de la possibilité de vivre plus sobrement, surtout, de choisir d'autres priorités moins coûteuses à court terme – l'accès à la culture par exemple –, mais qui nécessitent des investissements de longue durée, plus que jamais dans l'éducation. On a pris conscience de l'importance du travail invisible des agents du quotidien, des soignants, éboueurs, transporteurs, petites mains des commerces et des industries, dont tant de femmes. Les hiérarchies sociales, le rapport entre les sexes pourraient en sortir transformés. On a mesuré les bienfaits du ralentissement économique sur le climat. En ce printemps par ailleurs exceptionnel, l'air était plus pur, le ciel plus transparent, la végétation plus luxuriante. La réduction de la mortalité automobile a presque équilibré les effets du coronavirus. Le bilan coût/avantage révélerait sans doute bien des surprises. Étant entendu qu'il n'est pas le même pour tous. De tout cela, nous pouvons, nous devons tirer des leçons qui éclairent nos choix politiques. Contre les privilèges, nous n'avons pas même fait notre nuit du 4 août ! Courage, hardiesse, lucidité seront nécessaires pour un réformisme radical, équivalent plus efficace et moins coûteux qu'une révolution violente.

Je ne crois pas (ou plus) à la « table rase ». Le passé pèse lourd, ne serait-ce que dans la forme de nos villes, les structures de l'industrie, le dessin de nos champs. Demain ressemblera d'abord étrangement au présent, d'autant plus que nous aurons envie de retrouver « la vie d'avant ». Pourtant, ce sera impossible tant les choses ont été ébranlées, fissurées, dissoutes. Il faudra bricoler, rafistoler, inventer. Mais en profondeur, dans ces « points chauds » du globe que sont les épidémies, ou autres phénomènes au cheminement silencieux qui explosent dans la soudaineté des éruptions, oui, des changements s'opèrent, qui modifient la vie de l'humanité tout entière. Une humanité dont cette pandémie nous a rendu sensible l'unité de destin.

L'événement que nous vivons est à cet égard révélateur et sans doute précurseur.

ER Je ne voudrais verser ni dans un pessimisme nihiliste ni dans un optimisme béat et je partage votre position sur la « table rase ». Je n'y ai jamais cru, même si j'ai toujours éprouvé une vraie émotion à chanter *L'Internationale* en l'honneur de l'histoire du mouvement ouvrier, celui du Front populaire, de ses grèves, de ses joies, de ses peines, ce mouvement qui a aujourd'hui disparu avec la chute du mur de Berlin et l'échec des régimes communistes. Toute ma culture est issue de l'admiration que je porte, d'une part, à la Révolution française dans son ensemble (de 1789 à 1793), racontée par Michelet, Hugo ou Dumas, et, de l'autre, à la résistance antinazie. Je suis née à la Libération de Paris de parents résistants, qui avaient connu deux guerres et combattu, comme médecins, plusieurs épidémies. Ils avaient gardé en mémoire celle, sinistre, de la grippe espagnole. Ils m'avaient enseigné les fameux gestes et autres protections qui sont revenus dans notre actualité. On parlait alors d'« éloignement sanitaire » et non pas de « distanciation sociale », mal nommée comme le dit Michelle. D'autant que le mot « distanciation » se rattache, d'un côté, au théâtre de Bertolt Brecht, et, de l'autre, à la psychanalyse. Dans les deux cas, il s'agit de mettre à distance, non pas une personne, mais une identification trop pesante.

Certes, ce virus aura démontré à quel point les climato-sceptiques peuvent être criminels : Trump et Bolsonaro en tête. Nous avons tous constaté que les villes, vidées de toute activité, cessaient d'être polluées, que des oiseaux venaient chanter sur nos balcons, que des canards et des lapins traversaient les rues et les esplanades. Et l'on a vu aussi une armée de singes envahir une ville de Thaïlande débarrassée du tourisme de masse. On a compris à quel point les paquebots de croisière hideux et gigantesques, pouvaient devenir des lieux mortifères. Pourrons-nous les envoyer à la casse ? En bref, cette traversée du virus nous aura certainement beaucoup appris sur la manière dont on peut détruire la planète. Nous le savions déjà, mais maintenant nous en avons eu la preuve visuelle.

Certes, ce virus aura démontré à quel point les climato-sceptiques peuvent être criminels : Trump et Bolsonaro en tête

Sans doute aurons-nous à affronter une grave crise sociale, marquée par la montée en puissance d'un désir de fascisme et de populisme, comme le montrent tous ces slogans visant à rechercher des boucs émissaires. Sans doute faudra-t-il mettre un frein à la frénésie de voyages qui caractérise notre monde contemporain, sans pour autant favoriser un repli sur soi qui serait meurtrier. Et l'on ne peut pas ne pas penser aujourd'hui à ce texte magnifique de Claude Lévi-Strauss, rendant hommage à Jean-Jacques Rousseau en 1962 : « On a commencé par couper l'homme de la nature, et par le constituer en règne souverain ; on a cru ainsi effacer son caractère le plus irrécusable, à savoir qu'il est d'abord un être vivant. Et, en restant aveugle à cette propriété commune, on a donné le champ libre à tous les abus. Jamais mieux qu'au terme des quatre derniers siècles de son histoire, l'homme occidental ne peut-il comprendre qu'en s'arrogeant le droit de séparer radicalement l'humanité de l'animalité, en accordant à l'une tout ce qu'il retirait à l'autre, il ouvrait un cycle maudit, et que la même frontière, constamment reculée, servirait à écarter des hommes d'autres hommes, et à revendiquer, au profit de minorités toujours plus restreintes, le privilège d'un humanisme, corrompu aussitôt né pour avoir emprunté à l'amour-propre son principe et sa notion[15]. »

Je partage volontiers l'idée qu'un réformisme radical puisse être un véritable engagement pour les années à venir. Mais je ne vois aucun bénéfice à tirer de ce confinement obligatoire, ni de ce déconfinement nécessaire. Je n'ai aucune sympathie pour la culture du « rester zen » ou de la « résilience » (je préfère la résistance et le combat), ni la moindre attirance pour l'obscurantisme qui s'est développé dans notre société, notamment avec le rejet des vaccins au profit des médecines alternatives, des poudres de perlimpinpin et autres décoctions homéopathiques. Et je ne crois pas que le « jour d'après » puisse être un nouveau grand soir de la liberté.

Je n'ai aucune sympathie pour la culture du « rester zen » ou de la « résilience » (je préfère la résistance et le combat)

Pendant cette période, je n'ai fait que rêver que le jour d'après soit le renouvellement du jour d'avant, à la fois différent et semblable. Je ne pense pas que l'on puisse maîtriser l'avenir, toujours imprévisible. J'aime les lieux urbains bourrés de monde, les bistrots, les brocantes, les regards, les mélanges, les aventures, les rues, même un peu sales. En bref, j'aime les villes du monde entier : Berlin, Paris, Rome, New York, Londres, Buenos Aires, São Paulo, ces villes pleines d'histoire, de mémoire, de souvenirs, de musées. Je crains moi aussi les formes outrancières d'un hygiénisme qui risquerait de nous entraîner vers le règne du biopouvoir. Ce virus n'a rien de rédempteur. Il n'est pas un organisme vivant mais un pur agent d'infection qui s'empare du vivant : une pulsion de mort à l'état brut, au sens freudien, qu'il faut détruire par la science médicale. Le virus n'est la métaphore de rien, il est un réel échappant à toute conceptualité et avec lequel on ne peut pas vivre en bonne intelligence : on ne peut que désirer l'exterminer.

Comment vivre en effet sans se toucher, sans se regarder, sans observer les visages ? Comment vivre sans les échanges, sans le langage et la parole ? Et qu'on ne vienne pas me dire que les visio-conférences sont préférables au contact direct avec des interlocuteurs. Utiles oui, désirables jamais ●

MP & **ER**

15. Claude Lévi-Strauss, « Jean-Jacques Rousseau, fondateur des sciences de l'homme » (1962), *Anthropologie structurale 2*, Paris, Plon, 1973.

LE SOIN, LE SALE LE SERVICE

OU L'IMPORTANCE DES MOTS

PAR

Geneviève Fraisse

Comment penser le service en démocratie ? Comment y reconnaître à la fois la part du soin et la part du sale ? L'enjeu est d'importance puisqu'il s'agit de mettre un terme à son voisinage avec la servitude. Et d'envisager l'accès à l'égalité pour ceux et celles, dans leur majorité des femmes, qui endossent ces métiers.

« Prenez soin de vous » : un impératif que le bienveillant, le soignant (et aussi toute autre personne) vous envoie en direct. Vous êtes responsable de vous-même. Je suis pour. Celui qui prend soin de moi envoie donc un message paradoxal, il me soigne et me laisse me soigner.

Il y a beaucoup de beauté dans cette injonction, comme une sorte de tendresse qui dépasse nos cercles affectifs.

Le soin serait une vertu publique. On nous invite à le reconnaître – enfin. Le soin rencontre « l'utilité commune », énoncée par la rupture révolutionnaire de 1789, évoquée récemment par le président. Nous le savions puisque la « Sécurité sociale » de 1945 lui fait écho. Si l'acte de soin est immémorial, la conception du « commun » est propre à cette époque, la nôtre, qui a voulu la démocratie. Le soin est utile à la société civile, et l'utilité dit le fonctionnel, le fonctionnement. Puis cela devient politique, là, maintenant.

Alors on va élargir le champ de vision sémantique. Le mot « service » offre plusieurs éclairages. L'hôpital est un service public, mais les supermarchés sont un service privé.

Les éboueurs relèvent du public, même si les mairies sous-traitent ce service de nettoyage. Je peux ajouter un peu de morale avec le « rendre service » de la solidarité soudaine. Mais que dit ce mot, le « service », mot à usage multiple et polysémique ?

Revenons en arrière : l'espace familial, domestique, fut le creuset ancien de notre imaginaire récent ; service va avec « servante » et « serviteur », autre nom du, ou de la, domestique. Pour le dire vite, ce mot désigne alors la dépendance, on servait le roi comme on sert le bourgeois, ce mot est le signe d'une hiérarchie sociale, d'une part, d'une infériorité de condition, d'autre part. Cela s'appelle l'inégalité. Être au service d'autrui désigne une subordination, mais aussi une aliénation de sa liberté. C'est ainsi que les domestiques hommes furent exclus de la citoyenneté à la Révolution française. Dépendants de leur maître, ils n'étaient pas libres d'être des sujets politiques.

La classe ouvrière s'est toujours méfiée des métiers de service, comme si la proximité avec ceux qui sont servis, en mélangeant inégalité et dépendance, obscurcissait la représentation politique

Puis vint l'ère démocratique et la construction de la république, la chose publique. On s'éloigne des cercles de famille, nobles ou bourgeois. Aujourd'hui les mots de serviteur et de servante sont des mots désuets, inadéquats à notre démocratie ; excepté si on est « serviteur de l'État » (dirait-on « servante de l'État » ?). Il y a eu transfert. Reste alors le substantif. Ainsi le mot « service » aura désormais de nombreuses fonctions : les « emplois de service » désignent la femme de ménage ou la garde d'enfants ; le « service à la personne » dit l'assistance aux vulnérables... Dans un cas, l'inférieur est celui qui sert autrui, dans l'autre cas, l'inférieur est celui qui est servi. Le service est désormais un mot à usage privé et public. C'est cela qui n'a pas été pensé.

Venons-en à aujourd'hui : il n'y a pas de soin sans service. Il n'y a pas de soin dans l'espace public (ni dans l'espace privé) sans qu'on ne doive s'interroger sur la place que le soin/service occupe dans nos sociétés. Alors, soudain, le mot service bute sur le mot égalité. Comment les conjuguer ? Le service n'entraîne pas une pensée de l'égalité, le service est mal considéré, le service est mal payé. Les commentaires actuels sur la nécessité d'une revalorisation salariale et symbolique des métiers du soin déplorent cet état de fait, comme si c'était un accident de notre histoire sociale. Non, ce n'est pas un accident, c'est un fait structurel. À cet endroit, on comprend que les femmes sont l'essentiel des populations de service. D'où ma question : que fait-on du service en démocratie ? C'est utile d'accord ; mais n'est-ce pas le lieu où se perpétue une inégalité que la lutte des classes n'a pas su prendre en charge ? La classe ouvrière s'est toujours méfiée des métiers de service, comme si la proximité avec ceux qui sont servis, en mélangeant inégalité et dépendance, obscurcissait la représentation politique. D'ailleurs, si le service est du soin, il faut ajouter un mot du vocabulaire, celui de « lien ». Le service du soin est un lien, un rapport. D'où cette difficile question : comment y introduire de l'égalité ? On veut que le malade soit un acteur de son traitement, et non seulement un récepteur. Vœu formel ?

Morcellement, aujourd'hui, morceaux d'éclat que le service dans cette crise sanitaire et le confinement qui l'a accompagnée : les femmes de ménage ont été remerciées avec le retour à domicile de leurs employeurs et employeuses, les caissières sont passées d'un rôle technique à une fonction sociale, les éboueurs sont soudain essentiels aux yeux des confiné·e·s, qui remplissent les poubelles plus que d'habitude. Désordre de la représentation de ces services qui montrent, à l'instar des professionnels du soin, ce qu'ils cachent : les invisibles femmes de ménage du secteur privé (qui s'associent au ménage hôtelier, voir la grève chez Ibis), les techniciennes des caisses des supermarchés, comme si c'était juste une fonction, et les spécialistes du déchet, des ordures. Oui, le soin, comme le service ne disent pas ce pan de la réalité qui s'appelle le sale, la saleté. C'est très violent, semble-t-il, de prononcer ces mots-là. Mais justement, l'inégalité, comme corollaire du service, recouvre la réalité de la besogne, de ce qui n'est pas beau. Je relis les premières phrases du livre de Christian Enzensberger *Essai de quelque envergure sur la crasse* (1968, Gallimard, 1971) : « Propre est bel et bien... sale est laid et ailleurs. »

Le service était très visible sous l'Ancien Régime. Trois siècles plus tard, il est caché (voyez les femmes de ménage qu'on fait travailler dans les bureaux avant les heures d'ouverture)

Où est le concept ? *Care* se veut un passage au concept (comme ce fut le cas pour « genre » à partir des années 1980). Le concept est désirable car il ramasse en un mot la complexité d'un monde. Alors quel mot ? Celui de *care* ne m'a jamais convaincue, et ce pour deux raisons : le soin n'est qu'une partie du service de l'utilité sociale et ne peut en devenir la métaphore, le soin se fait alors idéologique comme si ce pouvait être un objectif politique. Ce mot trimbale, malgré lui, toutes sortes de pensées lourdes, idéalisation d'une pratique, religiosité sociale. Mettez ensemble le soin et le service d'une part, le dévouement et le sale d'autre part, et vous devrez alors affronter ce qu'on préfère ne pas penser, la servitude et la saleté.

Pourquoi insister sur le mot « service » ? Parce qu'il nous aide à penser l'histoire, la généalogie de son usage d'aujourd'hui. Le service était très visible sous l'Ancien Régime (lisez Marivaux ou Beaumarchais). Trois siècles plus tard, il est caché (voyez les femmes de ménage à qui on laisse des listes de choses à faire posées sur un coin de table, ou qu'on fait travailler dans les bureaux avant les heures d'ouverture). En même temps, le « service public » est devenu une expression officielle de nos républiques, et les services privés sa définition libérale.

Cela nous aide à poser la seule question qui vaille, celle du rapport entre service et démocratie. Deux questions s'imposent dans ce cadre : pourquoi ce qui était visible dans un temps ancien est-il devenu invisible, invisibilité qui cache le sexe du service, sexe féminin, racisé ? Aujourd'hui pèse une charge historique sur ce sexe féminin, hors toute naturalisation des rôles (vocation, dévouement, maternage, bénévolat). Et puis : à quel jeu de cache-cache assiste-t-on, dans ce temps d'aujourd'hui entre le privé et le public, dont le mot « service » désigne si bien les interactions ?

Si on veut « revaloriser » les professions de service, du soin, du nettoyage, et même de l'éducation, si on veut que le service soit aussi public que le réclame « l'utilité sociale » de la démocratie, il faut sûrement parler de justice et pas seulement de valeur. La revalorisation, si elle s'entend comme une juste estimation de la valeur économique et sociale d'un travail, ne saurait être une réparation, une compensation. C'est à une nouvelle représentation de la justice appliquée aux métiers que nous sommes convié·e·s.

On ira même jusqu'à poser la question de l'égalité interhumaine : si lien il y a entre le soignant et le soigné, entre l'enseignant et l'élève, mais aussi entre l'employeur·se et l'employé·e, entre l'éboueur et les citadin·e·s, et bien sûr lien il y a, ce rapport pourrait être repensé dans sa dimension égalitaire. J'insiste sur le mot « lien » ●

GF

QUEL INTÉRÊT D'ÊTRE DOUÉ EN HOSTILITÉ ?

PAR

Deborah Levy

J'écris ceci au mois d'avril 2020, en pleine pandémie, et ma concentration a volé en éclats. Le soleil brille sur Londres. Les oiseaux chantent plus fort, l'air est plus pur. Je ne manque pas de nourriture et je reçois l'amour de nombreuses personnes. Pourtant, j'ai perdu cinquante pour cent de ma concentration. Je ne pense pas être la seule dans ce cas et, à mon avis, il ne faudrait pas minimiser cette perte d'attention et de concentration. Nous nous reposons sur la vigilance des conducteurs d'ambulances, des personnels de santé et de nos scientifiques. Je suis aussi reconnaissante à ces enseignants, ces artistes, écrivains, compositeurs et philosophes qui ont consacré toute leur attention à produire des idées qui ont rendu ma vie plus intéressante.

Je vois bien que le coronavirus est souvent comparé à une guerre. Les gens meurent, notre vie est menacée, les frontières ont été fermées, nous ne sommes plus libres de voyager, nous sommes incapables de travailler, l'école manque à nos enfants. Si c'est ça, la guerre, alors ce n'est pas une façon de vivre. Peut-être que, dorénavant, nous comprendrons mieux en quoi les gens qui font la guerre ou qui fuient des zones de guerre sont totalement détruits. Pourtant, le récit populiste dominant a été d'une hostilité extrême envers les millions de gens dans la détresse qui ont fui la guerre. Une majorité des leaders politiques de droite, complices de ce populisme, ont aujourd'hui pour tâche d'assurer notre bien-être collectif et notre survie. Nous sommes sous la responsabilité d'hommes (et de quelques-unes de leurs compagnes) idéologiquement opposés à toute idée de soin, d'attention, et beaucoup plus doués pour la politique de l'hostilité. Quel intérêt d'être doué en hostilité ?

Nous devons changer la façon dont nous existons ensemble.

Dans le même temps, nous devons changer la façon dont nous coexistons avec les animaux. Les animaux stressés se transmettent des virus, respirent, défèquent, hurlent et saignent ensemble, qu'ils soient dans des cages, sur des marchés ou dans l'enfer des fermes industrielles. Puis ils transmettent ces virus à l'homme. Les frontières entre humains et animaux ont été transgressées sans vergogne.

Une autre urgence existait avant cette urgence-ci. L'inattention était déjà de mise avant que notre attention vole en éclats. Si nous refusons de comprendre en quoi la pandémie est liée au changement climatique et au déclin de la biodiversité, nous serons obligés d'échanger nos vies contre la passion masculine actuelle, mondiale et autoritaire pour l'ignorance. Pour reprendre les mots de la grande autrice et activiste Grace Paley : « Nous sommes aux mains d'hommes que leur pouvoir et leur fortune ont coupés des réalités du quotidien et de l'imagination. Nous avons raison d'avoir peur. »

Je crois que notre plus grand projet devrait être de nous éduquer pour sortir de cette ignorance. Quand cette pandémie sera derrière nous et que nous pourrons de nouveau aller crier dans les rues, ce serait encourageant si, un peu partout, des hommes organisaient une manifestation mondiale et non mixte contre les violences domestiques qui ont explosé avec le confinement. Le défi serait qu'ils consacrent toute leur attention à inventer de nouvelles façons d'expliquer qu'il n'y a rien de viril à violenter les femmes chez elles ou n'importe où ailleurs. Dans le même ordre d'idées, il n'est pas non plus viril de violenter la planète, les habitats et les corps des animaux ou de croire que prendre soin des autres est une préoccupation féminine. Après tout, les femmes ont dû prêter attention à ces questions pendant presque toute leur vie. Alors qu'elles auraient certainement préféré manger des cerises au parc.

Pendant ce temps, tandis que des bus fantomatiques roulent vers des destinations qui me semblent aujourd'hui exotiques parce qu'elles se situent à au moins quarante minutes de chez moi, je me surprends à penser aux conducteurs héroïques qui manœuvrent leur véhicule désert à travers les rues désertes. De fait, nous avons besoin d'un nouveau monde, mais, pour l'instant, je rêve d'aller voir le pont de Londres et la gare de Liverpool Street

DL

We need an end to male authoritarian ignorance
a été traduit par **Céline Leroy**.
Le texte a paru pour la première fois
sur le site des éditions Penguin,

LA GUERRE COMME MÉTAPHORE

PAR

Bruno Cabanes

« Mobilisation », « ennemi invisible », « première ligne »: les discours des pouvoirs publics ont abusé des métaphores guerrières. Mais que décrivent-elles exactement?

Dans un essai paru à la fin des années 1970, la philosophe américaine Susan Sontag dénonçait les dangers des métaphores guerrières, qui comparent la médecine à une campagne militaire, le praticien à un général, le patient à un fantassin[1]. Toute cette rhétorique est inutile, peut-être même anxiogène et nocive, confirment les psychologues travaillant dans les services d'oncologie. Y a-t-il vraiment des vainqueurs et des vaincus ou, comme on le proclame dans les services funéraires aux États-Unis, des morts qui ont « perdu leur combat contre la maladie » mais qui « se sont bien battus » ? Évoquer une guerre, c'est ignorer la spécificité du vivant, favoriser une culpabilisation des malades. Cancéreux et tuberculeux furent soupçonnés jadis d'être responsables de leurs propres maux, qu'on attribuait à des prédispositions psychologiques ou à des formes de déviance sociale. Dans les années 1980, l'épidémie de sida réactiva ces mécanismes d'exclusion.

Relire Sontag au temps du Covid-19 nous rappelle que les métaphores sont inséparables des crises sanitaires. Elles nous donnent l'illusion d'apprivoiser l'inconnu, dans un temps où, démunis, nous sommes confrontés à notre propre fragilité, celle de nos systèmes de croyance, de nos relations sociales, de notre vision de l'avenir. Or, nous ne sommes pas en guerre, évidemment. Et pourtant, les imaginaires de l'agression, du combat, de l'unité, parfois même du sauveur, avec les affects qu'ils suscitent et leurs conséquences sur nos vies sociale et démocratique, dominent le discours public dans la plupart des pays, à l'exception notable de l'Allemagne et de pays scandinaves comme le Danemark, où la reine Margrethe II préféra qualifier le virus d'« hôte

1. Susan Sontag, *Illness as Metaphor and AIDS and Its Metaphors*, 1978 ; *La Maladie comme métaphore*, suivi du *Sida et ses métaphores*, trad. Marie-France de Paloméra et Brice Matthieussent, Paris, Christian Bourgois, 2009.

dangereux » qui « se propage comme les ondulations d'une pierre jetée dans l'eau ». Dans un contexte de mobilisation générale, on réécrit l'histoire de la pandémie en cours, on fabrique des héros, on fixe des priorités, on ordonne la société en fonction de la situation géographique, de l'activité professionnelle ou de l'âge de chacun. Nous voilà célébrés pour notre résilience, récompensés pour nos progrès, blâmés collectivement pour de mauvaises statistiques épidémiologiques ou des comportements inciviques.

Quand Louis Pasteur rapprochait infection et invasion

« Nous sommes en guerre », déclarent la plupart des responsables politiques. Le succès de la formule vient d'abord de son enracinement dans la culture médicale depuis la seconde moitié du XIXe siècle – révélant tout à la fois les représentations des agents infectieux et de leur diffusion, de la médecine et de ses stratégies, du pouvoir des médecins et de leurs rapports avec les malades et, pour tout dire, du courage dont les patients sont sommés de faire preuve par analogie avec la bravoure virile d'un guerrier sur un champ de bataille. Lorsqu'il popularisa sa « théorie des germes », dans les années 1860, Louis Pasteur rapprocha infection et invasion. Longtemps avant lui, le poète John Donne, à peine remis d'une fièvre, peut-être le typhus, qui avait failli l'emporter, se représentait la maladie comme un « canon qui frappe tout, renverse tout, démolit tout et nous détruit en un instant », dans ses *Devotions Upon Emergent Occasions, and Severall Steps in My Sicknes* de 1624.

Du médecin anglais Thomas Sydenham, dans la seconde moitié du XVIIe siècle, à la « guerre contre le cancer », mentionnée pour la première fois dans un article du *British Medical Journal* en 1904, aux « guerres » contre le sida, l'obésité, le diabète ou la maladie d'Alzheimer, les images empruntées au registre militaire sont innombrables. En ce qui concerne le Covid-19, la maladie « peut *attaquer* presque n'importe quel organe avec des conséquences dévastatrices. Sa *férocité* est à couper le souffle », explique le professeur Harlan Krumholz, cardiologue à l'hôpital de Yale-New Haven dans un numéro récent de la revue *Science* (avril 2020) :

« La *bataille* que livre le système immunitaire contre l'*envahisseur* peut elle-même perturber le transfert sain d'oxygène », confirment ses confrères. « Les globules blancs *de première ligne* libèrent des molécules inflammatoires, qui, à leur tour, rassemblent davantage de cellules immunitaires, lesquelles *ciblent* et *tuent* les cellules infectées par le virus, en laissant derrière elles un amas de cellules mortes et de pus [...] Les poumons constituent le *champ de bataille* principal. Mais une partie du virus peut également attaquer les reins. Et comme sur un véritable champ de bataille, si deux positions sont *attaquées* au même moment, la situation est plus critique. »

L'État lui-même est décrit comme « un État en guerre », protecteur de ses citoyens, par ceux-là mêmes qui défendaient auparavant le choix du « moins d'État » au nom d'une idéologie néo-libérale

Depuis une cinquantaine d'années, plusieurs plans de santé ont repris cette même thématique pour signifier des priorités budgétaires : Richard Nixon déclara « la guerre contre le cancer » en 1971, Barack Obama la guerre contre la maladie d'Alzheimer en 2012. Dans le cas de la pandémie du Covid-19, la métaphore guerrière suggère toutefois une urgence immédiate plutôt que des investissements sur le long terme, et une approche globale (c'est le pays dans son ensemble qui est concerné). Un changement de degré et d'échelle donc, perceptible dans la diversité des occurrences : la maladie est comparée à un « ennemi invisible », la nation est « mobilisée » dans la « lutte » contre l'épidémie, les soignants sont des soldats « en première ligne », tandis que le reste de la population forme un « front intérieur » en charge de « tenir » coûte que coûte. Certains dirigeants s'autoproclament « président de guerre » (ou « commandant en chef dans la guerre populaire contre le virus », pour reprendre les mots du président chinois Xi Jinping, prononcés le 7 février, inspirés par un imaginaire de la guerre révolutionnaire).

L'État lui-même est décrit comme « un État en guerre », protecteur de ses citoyens, par ceux-là mêmes qui défendaient auparavant le choix du « moins d'État » au nom d'une idéologie néo-libérale (qu'il s'agisse d'une réponse conjoncturelle ou d'une évolution de longue durée, il encore est trop tôt pour le dire, mais on assiste à un retour en force de la puissance publique et de l'État-providence).

Les motivations qui expliquent cette résurgence de la métaphore guerrière sont assez simples : elle dramatise la situation (reprenant les mots de Churchill, le Premier ministre Giuseppe Conte a évoqué « l'heure la plus sombre » de l'Italie), confère légitimité et autorité, fait passer pour naturelles des mesures qui relèvent de l'état d'exception (par exemple, dans le cas de la France, la décision contestée de prolonger automatiquement la détention provisoire de deux à six mois par simple ordonnance), accentue parfois des tendances autocratiques comme en Russie, en Hongrie, aux Philippines ou à Singapour, et permet de mobiliser ressources et énergies collectives pour atteindre des objectifs plus ou moins clairement définis.

Lorsqu'on s'interroge sur la comparaison entre le Covid-19 et la guerre, il faut se souvenir que l'épidémie a éclaté dans un contexte où la frontière entre guerre et paix – c'est-à-dire, plus précisément, entre *temps de la guerre* et *temps de la paix* – devenait de plus en plus poreuse. De la formule « Nous sommes en guerre », qui a scandé toutes les grandes crises depuis le 11 Septembre, nul n'a été véritablement surpris qu'elle soit de nouveau employée pour une pandémie mondiale.

Il est impossible d'envoyer des troupes ou de bombarder un virus, ont rappelé ironiquement nombre de commentateurs américains en réaction à la rhétorique martiale de Donald Trump

Face à la menace terroriste, la métaphore guerrière soulevait déjà un certain nombre de questions, qu'il faudrait rappeler au préalable même si elles diffèrent sensiblement de la crise sanitaire : problèmes de la définition de l'ennemi, de son statut, de ses droits en tant que combattant, des objectifs précis d'une contre-offensive et de sa durée (on a souvent qualifié la « guerre globale contre la terreur » de « guerre sans fin »). En ce qui concerne la pandémie, les enjeux sont analogues (éradiquer la menace au plus vite), mais les moyens évidemment distincts. Il est impossible d'envoyer des troupes ou de bombarder un virus, ont rappelé ironiquement nombre de commentateurs américains en réaction à la rhétorique martiale de Donald Trump. Pour les historiens de la guerre, cette flambée de références à l'« union sacrée », à la « mobilisation », aux « combattants » de la santé ou à la « sortie de guerre » est déconcertante. Elle utilise des concepts qui leur sont familiers, tout en les confrontant à une réalité différente de celle qu'ils étudient. Elle les emprisonne également dans des références (et une forme d'expertise) nationales – par exemple, dans son allocution du 16 mars 2020, Emmanuel Macron a-t-il eu raison de reprendre à son compte la rhétorique de Clemenceau, président du Conseil à partir de novembre 1917 ? –, sans leur laisser l'opportunité d'interroger l'événement pour ce qu'il est réellement : une crise globale et complexe, vécue de manière différente selon les cadres nationaux. Raisonner par analogie historique empêche enfin de penser l'événement dans sa singularité. En utilisant des métaphores guerrières, les dirigeants politiques affectent de reconnaître un vieil ennemi, la guerre, sans admettre leur désarroi face une nouvelle réalité, la pandémie.

Des références inscrites dans les mémoires nationales

Des premières déclarations publiques du président Xi Jinping aux discours d'Emmanuel Macron, de la reine Élisabeth II ou de Donald Trump, de nombreuses allusions aux guerres du XXe siècle ont été faites : la Grande Guerre, le Blitz, l'attaque contre Pearl Harbor, chacune inscrivant l'épidémie dans une mémoire nationale. Pour des Français, la Première Guerre mondiale fait ressurgir les quatre années dans les tranchées, l'endurance d'une armée de soldats-citoyens (« Ils ne passeront pas »), et cette vague promesse de Clemenceau : « Ils ont des droits sur nous », reprise par Emmanuel Macron à l'adresse des soignants. Pour des Britanniques, les bombardements de Londres évoquent, par la voix émouvante d'une souveraine se souvenant de son enfance en guerre, l'héroïsme d'hommes et de femmes ordinaires, le dévouement des volontaires engagés dans la défense civile, une forme de résilience (le mot anglais, introduit dans les années 1850 pour décrire une disposition psychologique, était toutefois plus rare qu'aujourd'hui) face aux assauts répétés de l'aviation allemande. Pour des Américains enfin, parler d'un « moment Pearl Harbor », comme le fit le Surgeon General Jerome M. Adams lors d'une conférence de presse le 5 avril, c'est préparer le pays à une attaque foudroyante, inattendue et terriblement meurtrière.

Pour évaluer l'ampleur du coût en vies humaines infligé par le Covid-19, on invoque aussi les conflits du passé, sans que la comparaison entre pertes militaires du temps de guerre et pertes civiles du temps de paix soit véritablement discutée. La comptabilité des morts, cette question déjà complexe dans un contexte guerrier, l'est encore plus en période de crise sanitaire : l'Allemagne, l'Espagne ou la Corée du Sud enregistrent tous ceux qui ont été testés positif au Covid-19, la Chine et l'Iran seulement ceux qui sont morts à l'hôpital ; la France et la Grande-Bretagne ont pris en compte tardivement les décès dans les maisons de retraite ; aux États-Unis, les modes de comptabilité diffèrent d'un État à l'autre.

Un article du *New York Times* du 18 avril 2020 estimait que le virus avait coûté la vie, quotidiennement, à près de 1 800 Américains depuis le 7 avril (des pertes de l'ordre de 2 500 morts par jour étant enregistrées dans les semaines suivantes), c'est-à-dire plus que le nombre de personnes décédées chaque jour d'une maladie cardiaque ou d'un cancer. Le 27 avril, les États-Unis dépassèrent le cap des 58 000 morts : en huit semaines, le pays avait donc perdu autant de vies que pendant les vingt années de la guerre du Vietnam.

Ces comparaisons manquent cependant l'essentiel : les morts du Covid-19 sont intervenues *en temps de paix*, accompagnées de crises rituelles dramatiques liées aux mesures prises pour éviter la contagion. On vit des malades mourir à l'hôpital ou dans les maisons de retraite sans que leurs proches puissent les accompagner dans leurs derniers instants – figures paroxystiques d'un lent effacement de l'agonie propre à notre époque – des corps évacués dans des housses, des camions réfrigés (et même un entrepôt du marché de Rungis ou une patinoire à Madrid) transformés en morgues, et des jardins publics accueillir des fosses communes.

Autant de transgressions dans les rapports entre les vivants et les morts, auxquelles les sociétés n'étaient pas préparées et qui suscitèrent de profondes frustrations (par exemple, lors de l'annulation de la traditionnelle fête de Ching Ming, le 4 avril, jour où les Chinois nettoient les tombes de leurs ancêtres) et l'émergence de nouveaux rites : des services religieux filmés et retransmis en ligne, des messages de condoléances enregistrés pour les familles.

Mêmes bouleversements dans les calendriers commémoratifs : de manière exceptionnelle, les cérémonies de l'Anzac Day (25 avril), qui marquent le souvenir de la bataille de Gallipoli, exprimant l'identité nationale australienne, n'ont pas eu lieu. Il en fut de même pour la journée du souvenir de la shoah, Yom HaShoah, en Israël (20 avril), les commémorations du génocide des Tutsi au Rwanda (7 avril), et du génocide arménien (24 avril). Avec l'interdiction des cérémonies publiques, la mémoire et le deuil trouvèrent refuge dans la sphère privée.

Rumeurs et peurs collectives

Sans adversaire déclaré, pas de guerre. Dans un discours du 16 mars 2020, Donald Trump avait qualifié le Covid-19 d'« ennemi invisible » – une terminologie non seulement inappropriée mais potentiellement dangereuse. Inappropriée, car le virus, certes invisible, se trouvait alors doté d'une intention malfaisante (« Il est fort et intelligent, mais nous sommes plus forts et plus intelligents », déclara le président américain le 5 avril), alors qu'il s'agit évidemment d'un simple mécanisme biologique. Dangereuse, mais sans doute habile politiquement, parce que l'expression désignait autant le virus que ses propagateurs soupçonnés, jouant ainsi sur les peurs collectives, alimentant les rumeurs, suggérant même des complicités. Dans un pays disposé à croire toutes les théories du complot, chacun pouvait prêter aux responsables supposés de la crise sanitaire le visage de ses ennemis. L'administration Trump baptisa le Covid-19 le « virus chinois », une terminologie rejetée par l'Organisation mondiale de la santé, qui prit soin de dénoncer toute « politisation » de la pandémie.

Le terme « ennemi invisible » s'inscrit en outre dans une histoire longue, celle des tensions raciales et de la peur de l'ennemi de l'intérieur. En 1918, de fausses nouvelles avaient déjà associé la pandémie de grippe dite « espagnole » à l'action d'espions étrangers

Les maladies infectieuses, on le sait, ont fréquemment été associées aux étrangers, en raison du lien qui associe altérité et morbidité dans l'imaginaire collectif : la syphilis fut appelée le « mal de Naples » par les Français, le « mal français » par les Anglais, la « maladie chinoise » par les Japonais. Le virus Ebola, qui se développa en Afrique de l'Ouest en 2014, conserve le nom d'une rivière du Zaïre, actuelle République démocratique du Congo, où il fut d'abord identifié dans les années 1970.

L'expression « ennemi invisible » s'inscrit en outre dans une histoire longue, celle des tensions raciales et de la peur de l'ennemi de l'intérieur – le président des États-Unis dénonçant les actes xénophobes contre les Américains d'origine chinoise tout en alimentant les rumeurs sur l'origine du virus (un laboratoire de Wuhan), qui ne pouvaient que les renforcer. En 1918, de fausses nouvelles avaient déjà associé la pandémie de grippe dite « espagnole » à l'action d'espions étrangers. Des Allemands, se faisant passer pour des médecins militaires, auraient également infecté des recrues avec la méningite au lieu de leur administrer les vaccins habituels, tandis que des marchands ambulants d'origine germanique étaient soupçonnés de transmettre la typhoïde aux populations qu'ils visitaient. En Inde, les nationalistes hindous alimentent une violente campagne accusant les musulmans de « corona jihad ».

Le mécanisme qui transforme des rumeurs en nouvelles suit des formes habituelles, que le sociologue belge Fernand Van Langenhove et l'historien Marc Bloch étudièrent pendant et immédiatement après la Première Guerre mondiale. À dire vrai, la mise en cause d'un « ennemi invisible » n'est pas le propre de la guerre. Des catastrophes environnementales comme les tremblements de terre ou les tsunamis renforcèrent elles aussi la stigmatisation de minorités ethniques – les séismes de San Francisco en 1906 et du Kantô en 1923 en offrent des exemples, respectivement pour la communauté asiatique en Californie et pour les immigrés coréens à Tokyo et Yokohama. En revanche, ce qui rapproche bel et bien la situation présente d'un temps de guerre, c'est la manière dont cette figure de l'ennemi invisible sert à asseoir la légitimité des pouvoirs en place.

On ne saurait parler pour autant d'une « union sacrée », car que suggère-t-elle ? La suspension des divisions partisanes, la soumission des intérêts particuliers aux impératifs du bien commun. Or, autant l'unité nationale accompagne toute mobilisation militaire, du moins temporairement, autant le Covid-19 a suscité des mécanismes politiques plus complexes qu'un simple ralliement derrière le pouvoir exécutif. En France, l'appel du président de la République à la « mobilisation générale » dans son discours du 16 mars 2020 s'est heurté à des soupçons de négligence dans l'organisation du premier tour des élections municipales, d'hésitation dans la mise en place de la politique sanitaire, et de dissimulation au sujet de la pénurie de masques.

Aux États-Unis, le président Trump, qui avait déjà engagé un bras de fer avec les pouvoirs législatif et judiciaire, ainsi qu'avec la presse depuis le début de son mandat, a ajouté une dimension nouvelle à sa stratégie de clivage : la prise à partie des gouverneurs, accusés tour à tour de se montrer ingrat envers l'État fédéral, d'attendre trop de Washington ou de retarder inutilement la fin du confinement et la reprise de l'activité économique. Paradoxalement, dans une période où l'Amérique se déclarait en guerre contre le virus, la rhétorique présidentielle eut surtout des accents de guerre civile, bousculant, de manière presque inédite depuis plus de 150 ans, les relations entre pouvoir fédéral et pouvoir local, avec le soutien d'activistes républicains. La crise du Covid-19 est un puissant révélateur des divisions internes du pays, auxquelles n'échappent ni l'expertise scientifique désormais politisée ni le fait médical devenu question d'interprétation.

Mise en scène du pouvoir et imaginaire mobilisateur, la métaphore guerrière a contribué enfin à diffuser une représentation brouillée de la société, où les soignants sont vus comme des « combattants », le système hospitalier comme une « ligne de front »

La métaphore militaire pourrait faire croire également à une mobilisation massive des économies nationales. En temps de guerre, les usines tournent à plein régime ; on assiste, à l'inverse, depuis plusieurs mois, à un effondrement spectaculaire de la production et de la consommation, du fait du confinement. Prenons encore l'exemple des États-Unis. Dans les secteurs stratégiques, alors que les guerres du XXe siècle avaient entraîné une mutation en profondeur de l'appareil productif, la réponse de l'administration Trump à la crise du Covid-19 est comparativement plus modeste. Le budget de la Défense représentait 22 % du PIB en 1917-1918, 41 % pendant la Seconde Guerre mondiale, 15 % pendant la guerre de Corée et 10 % pendant la guerre du Vietnam. À l'heure actuelle, les investissements du CARES Act *(Coronavirus*

Aid, Relief and Economic Security Act) se situent à moins de 10 % du PIB américain. À plusieurs reprises, le président des États-Unis a invoqué le *Defense Production Act* (DPA) datant de la guerre de Corée, qui permet au pouvoir exécutif de contraindre les compagnies privées à réorienter leur production pour répondre aux besoins du temps de crise. Pour autant, on est encore loin d'une « économie de guerre ».

En revanche, la métaphore militaire aura amplifié les mouvements isolationnistes, très puissants aux États-Unis, en légitimant les accusations contre les pays étrangers pour leur mauvaise gestion de la crise sanitaire, et la suspension du financement américain à l'Organisation mondiale de la santé, par exemple. Sur ce point encore, la guerre contre le virus fait figure de guerre nationale, au lieu d'un combat global contre la pandémie.

Une rhétorique moralisatrice et parfois culpabilisante

Enfin, mise en scène du pouvoir et imaginaire mobilisateur, la métaphore guerrière a contribué à diffuser une représentation brouillée de la société, où les soignants sont vus comme des « combattants », le système hospitalier comme une « ligne de front ». Apparue en Grande-Bretagne pendant la Première Guerre mondiale, la notion de *« home front »* suggérait que ce qui se passait à l'arrière pouvait avoir des conséquences décisives sur l'issue du conflit : le travail accompli par les civils, qu'il s'agisse de la production d'obus dans les usines ou du simple envoi de colis pour les soldats, prenait alors une importance comparable, sinon équivalente, au combat en première ligne. Par ailleurs, le « front intérieur » restait distinct géographiquement et spatialement de la « ligne de front », ses habitants étant théoriquement moins exposés que les combattants aux violences de la guerre – même si, depuis une trentaine d'années, l'étude de l'expérience des civils envahis, occupés, soumis au blocus économique et aux bombardements a considérablement nuancé cette idée qu'ils auraient été physiquement et psychologiquement protégés du danger.

Si l'on exigeait jadis des civils qu'ils travaillent encore plus au bénéfice de l'effort de guerre, la restriction extrême des rapports sociaux et une inaction forcée sont devenues nos nouvelles contraintes

Reprenons la comparaison avec la crise sanitaire actuelle. En ce qui concerne la première définition que nous avons retenue pour le « front intérieur », les différences avec nos sociétés touchées par le Covid-19 sont évidentes, car si l'on exigeait jadis des civils qu'ils travaillent encore plus, toutes générations confondues, au bénéfice de l'effort de guerre, la restriction extrême des rapports sociaux et une inaction forcée sont devenues nos nouvelles contraintes. Une guerre menée dans l'intimité des foyers, une guerre assourdie, en quelque sorte, qui contraste avec le fracas des usines de guerre.

Notre rapport au monde est d'ailleurs en train de changer : à l'ère du soupçon propre à la menace terroriste a succédé, en un temps très court, quelques semaines tout au plus, une haptophobie, cette peur du contact physique si largement diffusée qu'on peut légitimement se demander si elle ne laissera pas des traces profondes dans notre vie collective. Quant au confinement forcé, sans doute l'autre épreuve profondément déstabilisante de la crise sanitaire, il serait tout aussi hasardeux de le comparer à une expérience du temps de guerre car, faut-il le rappeler, la pandémie ne s'accompagne d'aucune destruction de nos lieux de vie.

Pour unir une nation, on se sent obligé de recourir à un vocabulaire martial. Un constat qui en dit long sur notre incompréhension de la réalité de la guerre, sur le repli tragique vers le national au détriment des grands projets internationaux

Si la situation actuelle se rapproche d'un « front intérieur », c'est donc surtout du point de vue symbolique. Et c'est là d'ailleurs que la métaphore de la guerre prend tout son sens. Lorsque l'expression « *home front* » fut inventée, en 1914-1918, elle introduisait une hiérarchie entre l'impôt du sang versé par les combattants et les épreuves subies par les civils d'autant plus acceptables qu'en comparaison du sacrifice suprême sur le champ de bataille elles semblaient moins cruelles.

En découle une rhétorique moralisatrice et parfois culpabilisante : ce n'est pas au nom d'une éthique de la *responsabilité* (la seule efficace jusqu'à la découverte d'un vaccin) que chacun est invité à rester confiné chez soi, mais pour « soutenir » les efforts de ceux qui « se battent » contre la maladie – et cela, d'ailleurs, malgré un manque cruel de « munitions », si l'on veut reprendre la même métaphore militaire pour parler des masques et des gants des soignants.

Pour unir une nation, on se sent obligé de recourir à un vocabulaire martial. Un constat qui en dit long sur notre incompréhension de la réalité de la guerre, sur notre relation présente à la mort et au danger, sur le repli tragique vers le national au détriment des grands projets internationaux. Pour tous ceux qui croyaient dans l'idée européenne, née justement d'une guerre mondiale, c'est une épreuve supplémentaire. Qui portera les réformes collectives caractérisant d'habitude les sorties de guerre ?

Nul n'invoque plus la fraternité, cette belle notion qui ne mettrait pas de côté les invisibles (ou inaudibles) de la crise actuelle : les réfugiés, prisonniers, les SDF, les vieillards qui meurent dans la solitude et les populations les plus démunies. Enfin, pourquoi ne pas le reconnaître, l'image de l'agression d'un ennemi extérieur nous évite de réfléchir à tout ce qui, dans notre rapport à l'environnement, dans les excès de la globalisation, dans nos systèmes de santé profondément inégalitaires, a pu favoriser l'émergence et la diffusion de la pandémie. Nous sommes devenus les bons petits soldats d'une crise qui nous dépasse ●

BC

LA VIRALITÉ PARAÎT CONSTITUER L'ESSENCE MÊME DU MAL

DIALOGUE AVEC

Roberto Esposito

Interrogé par les philosophes Michaël Fœssel et Jean-Claude Monod, l'auteur d' Immunitas *défend l'idée que la communauté et l'immunité sont deux modalités d'existence d'un ensemble social, toujours en tension.*

Michaël Fœssel, Jean-Claude Monod Le virus auquel nous sommes confrontés aujourd'hui possède des caractéristiques propres, mais il advient à une époque dont vous montrez, dans votre œuvre philosophique, qu'elle est obsédée par la viralité. Des phénomènes en apparence aussi hétérogènes que le corps individuel, les mouvements de population ou l'informatique sont communément interprétés depuis l'idée que le négatif vient de l'incorporation d'un ennemi. Qu'est-ce que ce modèle de la viralité dit de la représentation qu'a la modernité du mal, et des moyens de le combattre ?

Roberto Esposito Le corps individuel, les mouvements de population ou l'informatique sont naturellement des phénomènes distincts, appartenant à des champs et à des langages différents. Il ne peut cependant échapper à une analyse attentive qu'ils ont quelque chose en commun, constitué par leur manière de se rapporter au « négatif ». Le négatif, depuis l'aube de la civilisation, s'est trouvé ontologisé dans la figure de l'ennemi – une divinité hostile, la nature cruelle, l'envahisseur étranger. Mais ce qui change avec la diffusion de la catégorie de l'immunisation, c'est le fait qu'il ne s'agit alors plus d'un ennemi extérieur, mais d'un ennemi situé entre l'intérieur et l'extérieur qui, du dehors, tend à pénétrer à l'intérieur de nous-mêmes.

En ce sens, le virus est perçu comme l'ennemi le plus sournois – non seulement parce qu'il ne se voit pas, mais parce qu'il nous attaque depuis notre propre intérieur. Pour cela la viralité paraît constituer l'essence même du mal, tel qu'il est conçu dans la modernité et, ensuite, plus encore, dans la période contemporaine. Le mal, tel que nous l'entendons aujourd'hui, n'a rien de transcendant, il est parfaitement immanent – il est une part de nous qui agresse notre propre corps. Avec le déplacement de la figure de l'ennemi du dehors vers le dedans – ce qui transforme le *polemos* en *stasis*, la guerre traditionnelle en guerre civile, interne à notre corps –, le type de défense que nous mettons en place contre celle-ci change de même.

Plus qu'une entité positive, ce que nous convoquons dans la logique immunitaire est une négativité différente, moins dangereuse et potentiellement bénéfique, par rapport à celle dont nous craignons l'agression.

En termes philosophiques, il est facile de reconnaître dans cette logique la figure de la dialectique hégélienne : pour arriver à une affirmation, il faut nier le négatif. En un certain sens le mécanisme immunitaire produit par un vaccin fonctionne de la même façon : on supporte un mal mineur, tolérable – en termes biologiques il s'agit de l'antigène – pour éviter le mal majeur, intolérable, que constitue la maladie.

Il faut naturellement veiller à ne pas tomber dans l'excès, à ne pas pousser trop loin une telle procédure, dans la mesure où un excès d'immunisation peut faire que la protection se retourne contre le corps même qu'elle doit protéger, en provoquant sa destruction. C'est ce qui survient dans les maladies auto-immunes.

MF, JCM Le concept d'immunisation, dont vous montrez qu'il se situe à la charnière du médical et du juridique, désigne donc une technique de préservation de la vie à travers l'inoculation de ce dont elle doit précisément se protéger. En ce sens, le désir d'immunité se traduit d'abord par l'espérance d'un vaccin contre le Covid-19. Ne nous situons-nous pas à cet instant, précaire et politiquement dangereux, de la pandémie où l'immunisation n'existe pas, mais où les désirs d'immunité sont massivement investis ?

RE La tendance immunitaire qui traverse la modernité tout entière atteint en ce moment un point culminant. Naturellement, le désir de trouver un vaccin capable de nous protéger de la pandémie est parfaitement légitime et compréhensible. Contrairement à ce que pensent ceux qui ont minimisé le danger du coronavirus, nous nous trouvons aujourd'hui face à une menace bien réelle et dont nous connaissons l'extension et la puissance de destruction.

On supporte un mal mineur, tolérable, pour éviter le mal majeur, intolérable, que constitue la maladie

En Italie, nous avons vu défiler des camions militaires chargés des cadavres que l'on ne parvenait plus à accueillir dans les cimetières locaux et, non loin de New York, nous avons vu des morts enterrés dans des fosses communes. C'est pourquoi nous espérons tous qu'un vaccin capable de nous immuniser de manière définitive sera rapidement trouvé. Mais il faut demeurer attentif quant à la manière dont l'idée et la pratique de l'immunité sont employées.

Nous avons pu entendre dire qu'au Royaume-Uni, et ailleurs, il fallait provoquer une immunité de groupe. Non pas à travers un vaccin, mais par la diffusion de la maladie. Mais cette éventualité, qui requiert l'immunisation d'au moins 70 % de la population, se ferait au prix d'un nombre impressionnant de morts, provoquant l'effondrement de nos systèmes de santé. Il s'agit là d'une voie à la fois cynique et inefficace, qu'il faut absolument éviter. Cela équivaudrait, d'une certaine manière, à une euthanasie de masse, en premier lieu des plus âgés, mise en œuvre pour des motifs essentiellement économiques – pour accélérer la reprise de la production –, et fondée sur une conception néo-darwiniste de survie des plus forts aux dépens des plus fragiles. Ce projet révèle une incapacité – et non seulement une imprudence – à manier un paradigme aussi complexe que celui de l'immunisation.

Cette éventualité, qui requiert l'immunisation d'au moins 70 % de la population, se ferait au prix d'un nombre impressionnant de morts

L'immunité peut être induite par un vaccin, c'est-à-dire au moyen d'un fragment tolérable et calculé de virus, mais non par sa diffusion indiscriminée, voire délibérée.

MF, JCM Parmi les concepts politiques modernes qui, selon vous, répondent à une logique immunitaire, on trouve celui, central, de « souveraineté ». Le souverain est celui à qui, par hypothèse ou construction, rien ne doit arriver du dehors qui remette en cause sa majesté et son autorité. Ce qui, de la communauté, est alors sacrifié, « c'est précisément le « *cum* » [« avec »], les relations entre les hommes [...]. Paradoxalement, ils sont sacrifiés à leur survie ». Comment se réarticule, à vos yeux, ce rapport entre les relations entre les hommes, le *cum*, et le souci prioritaire de la survie, sur lequel tablait Hobbes comme passion fondamentale ?

RE Je suis revenu sur la catégorie de souveraineté à plusieurs occasions, et dernièrement dans mon livre *Politica e negazione. Per una filosofia affermativa*[1]. Comme toutes les catégories politiques modernes, celle de souveraineté est une catégorie négative, en ce sens que sa signification découle, plus que d'elle-même, de la négation de son contraire, comme du reste Foucault l'a soutenu, en la désignant comme l'envers de la catégorie de biopolitique : alors que la biopolitique fait de la mort le résidu de la vie – ce qui reste aux marges de la vie –, la souveraineté fait de la vie le reste de la mort, ce qui se trouve épargné par le droit de donner la mort. Cette caractérisation négative traverse toutes les définitions philosophico-politiques de la souveraineté, de Bodin jusqu'à Carl Schmitt.

Mais le penseur central de la souveraineté, conçue comme catégorie négative, n'est autre que Hobbes. La souveraineté, pour lui, se constitue au croisement d'une double négation, née de la négation d'un négatif représenté par le conflit. Comme on l'a noté, pour Hobbes, l'état civil ou politique est issu de l'abandon de l'état de nature, caractérisé dès le départ en termes négatifs comme état de guerre généralisée. Le souverain est celui qui affirme sa souveraineté en niant la conflictualité de l'état de nature.

Pour le philosophe anglais, la souveraineté est avant tout, et essentiellement, *non*-conflit, élimination du conflit, exactement de la même façon que la paix n'est rien d'autre que la *non*-guerre, absence temporaire de guerre, et la liberté *non* contrainte, absence de contrainte. Si l'on pense à la caractéristique première de la souveraineté, son « absoluité », il s'agit encore d'une définition négative. Absolu – au sens superlatif du terme – est ce qui n'est pas relatif, au point même de ne pouvoir être comparé à

1. *Politique et négation. Pour une philosophie affirmative*, Turin, Einaudi, 2018 (non traduit).

rien d'autre. Mais l'élément décisif sur lequel il faut ici focaliser l'attention concerne le fait que le néant que l'état souverain projette sur l'état de nature, en l'anéantissant, se reproduit à l'intérieur de l'état politique.

Ce qui est anéanti, à l'intérieur de l'espace souverain, c'est la relation horizontale entre les sujets de la *communitas*. La relation interindividuelle est annulée en faveur de la seule relation consentie, celle qui lie tout individu au souverain auquel il a délégué son droit naturel, s'en remettant entièrement à lui, c'est-à-dire au pouvoir de son épée. Pour être protégés – c'est-à-dire maintenus en vie –, les individus hobbesiens, devenus sujets, doivent renoncer à leurs interactions. La souveraineté est essentiellement *non*-relation. C'est là le négatif qui comprend tous les autres. À l'intérieur de la sphère souveraine, les individus sont unis dans leur division. En ce sens on peut dire qu'ils sacrifient la vie commune à leur survie – la communauté à l'immunité.

MF, JCM Dans le sillage du concept de souveraineté, on remarque des tensions géopolitiques depuis de début de la pandémie, en particulier entre les États-Unis et la Chine, qui donnent l'impression de souverainetés blessées par les effets de la maladie, et de ce fait d'autant plus agressives. La facilité avec laquelle la rhétorique de la guerre s'est greffée sur l'épidémie illustre-t-elle cette origine immunitaire de l'idée de souveraineté ?

RE Quels effets cette pandémie aura-t-elle sur la situation géopolitique à venir ? Celle-ci provoquera-t-elle un retour à la souveraineté dans le monde globalisé ? Et une telle souveraineté réaffirmée aura-t-elle quelque chose à voir avec les dynamiques d'immunisation ?

Relativement à la souveraineté, l'épidémie produit un effet ambivalent. D'un côté, nous pouvons dire que le virus se joue des frontières souveraines. Il passe au travers de n'importe quel mur, de n'importe quelle frontière de séparation et par là les rend inutiles. En ce sens, il met en évidence l'inconsistance des prétentions souveraines à la fermeture des différents espaces nationaux. On pense au mur que Trump veut élever à la frontière entre les États-Unis et le Mexique, qui semble d'une certaine façon vouloir rivaliser avec la Grande Muraille de Chine, opposant symboliquement la souveraineté américaine à la chinoise.

Nul doute que la peur de la contagion – qui est aujourd'hui un sentiment largement prévalent au sein de la population – puisse entraîner un retour de la souveraineté

De l'autre côté, cependant, l'explosion de la pandémie peut, dans un futur proche, faire le jeu du souverainisme. Elle a d'ailleurs déjà provoqué la fermeture de frontières, y compris à l'intérieur de l'Union européenne. Nul doute que la peur de la contagion – qui est aujourd'hui un sentiment largement prévalent au sein de la population – puisse entraîner un retour de la souveraineté. Et même une souveraineté encore plus fermée que celle que nous avons connue au cours du XXe siècle.

Je partage la crainte que les souverainetés, meurtries par la puissance apparemment inarrêtable du virus, deviennent encore plus agressives les unes envers les autres. Une telle crainte est déjà repérable dans les attitudes des deux grandes superpuissances que sont la Chine et les États-Unis – pour ne rien dire de la superpuissance russe. La volonté chinoise de ne pas divulguer d'informations sur l'épidémie, en condamnant le médecin qui avait initialement donné l'alerte, est de toute évidence marquée par un tel souverainisme. De même la tentative des États-Unis d'acquérir un vaccin exclusif, pour pouvoir en user dans un rapport de compétition stratégique avec les autres pays, a une claire connotation souverainiste. Et l'usage de la métaphore guerrière, présente dans presque toutes les descriptions de la pandémie, a un rapport avec la terminologie militaire caractéristique des nationalismes souverains.

Dans *Immunitas*[2], j'ai analysé le vocabulaire militaire employé dans la littérature médicale pour décrire la bataille du système immunitaire contre les virus envahisseurs, eux-mêmes représentés comme des guerriers ennemis pénétrant dans notre corps pour le détruire. Ainsi que l'a soutenu Susan Sontag, les métaphores – et en particulier celle de la guerre – ne sont jamais innocentes, mais jouent toujours un rôle performatif, produisant toujours des effets déterminés.

MF, JCM Un autre concept juridique « immunitaire » est celui de propriété : une séparation stricte du mien et du tien qui tend à définir tout empiètement de l'autre sur mon espace comme un délit. L'apologie du propre, du sain est aussi une dimension de la crise actuelle. La pandémie prend-elle place dans un phénomène plus large, et fort ancien, de privatisation de la vie ? Le confinement est-il un redéploiement de l'existence autour du propre ? Ou y a-t-il un moyen de concilier solitude et solidarité ?

RE Tout comme la catégorie de souveraineté, celle de propriété est une catégorie négative, et par là éminemment immunitaire. Depuis toujours, le propre est ce qui *n'est pas* commun. En ce sens l'« *immun* » trouve son sens dans le *proprium* : bénéficie d'immunité celui qui n'est tenu de rien partager de ce qu'il possède avec les autres. De même, le droit de propriété, comme cela est formulé dans l'article 544 du Code civil [en Italie], comme « droit de jouir et disposer des choses de la manière la plus absolue, pourvu qu'on n'en fasse pas un usage prohibé par les lois ou par les règlements », présuppose l'impossibilité d'en jouir pour ceux qui n'en sont pas les propriétaires légitimes.

Les textes juridiques qui sanctionnent de manière absolue le droit de propriété dans les premières décennies du XIXe siècle apparaissent aussi pour faire face au fantasme du « commun » qui commence à se profiler dans les premiers discours socialistes. Cela signifie qu'en termes juridiques – mais aussi en termes métaphysiques – la propriété est ce qui exclut fermement son usage de la part des autres.

En ce sens, on a pu dire, de façon un peu simpliste, que la pandémie a quelque chose de la *communitas* originaire ou qu'elle serait encore un vecteur de communisme

C'est pour cette raison que les définitions de la propriété dans la philosophie moderne, à partir de celle de Locke – qui l'attache au corps du propriétaire, pour la confondre avec sa vie même –, présupposent la négation de la communauté originaire. Créée par Dieu, ou générée par la nature, la communauté originaire a été une fois pour toutes divisée entre divers propriétaires de façon irréversible. En ce sens le propre – ou l' « *immun* » – n'est pas pensable en soi sinon comme négation du commun. Le propre, comme l' « *immun* », n'est que le contraire de son contraire.

Si ce que nous avons de plus propre est notre vie, entendue comme identité biologique, il est évident que la pandémie est interprétable, en termes ontologico-politiques, comme une atteinte à la propriété. En ce sens, on a pu dire, de façon un peu simpliste, que la pandémie a quelque chose de la *communitas* originaire ou qu'elle serait encore un vecteur de communisme. Je ne forcerais pas une telle analogie. Il est vrai que le coronavirus met en difficulté l'économie néolibérale. Et il est aussi vrai que, frappant tout le monde

2. Einaudi, 2002 ; en cours de traduction au Seuil.

indistinctement, il semble réinstaurer une sorte d'égalité originelle. Mais la commune mortalité des êtres humains est une forme négative d'égalité : ce n'est pas de façon fortuite que Hobbes la revendique pour légitimer la création du Léviathan.

Une égalité qui passe par la mort n'a rien de la *communitas* authentique – elle en constitue même plutôt l'exacte négation. C'est au contraire la solitude que nous sommes tous contraints de vivre qui, dans la situation présente, engage une sorte de *partage*. De ce point de vue, on peut dire qu'aujourd'hui la solitude constitue une condition commune – elle est paradoxalement la seule chose que nous partageons.

MF, JCM Vous notez au début d'*Immunitas* que les médecins avaient, dans la Rome impériale, un statut ambigu. « Ce qui est frappant est en fait le décalage apparent entre le haut niveau de revenu, mais aussi de pouvoir, dont bénéficient les médecins, et la piètre considération qui, sauf en de rares cas, était réservée à la plupart d'entre eux, en raison notamment de leur origine modeste. » On voit aujourd'hui que les médecins appartiennent, par leur revenu, aux couches supérieures de la société mais qu'ils sont aussi particulièrement exposés au virus et à la mort. Quelle signification avait « l'immunité » octroyée aux médecins dans l'Antiquité ?

RE On s'est souvent interrogés, du côté des historiens de l'antiquité, sur l'étrange paradoxe voulant que les médecins aient joui à Rome d'un statut économique considérablement privilégié, n'allant cependant pas de pair avec le prestige social, au point qu'on trouvait même parmi eux des esclaves, *medici servi*, immigrés des provinces. Parmi les différentes explications possibles je retiendrai que ce double statut avait de quelque façon un rapport avec la renonciation aux *munura* – c'est-à-dire aux honneurs dérivant de l'effectuation des obligations sociales.

Quoi qu'il en soit, sur le plan historique, on peut dire que quelque chose de cette ambivalence persiste dans la condition des médecins modernes – je parle des médecins de base, travaillant dans les hôpitaux publics, ou des infirmiers, et non des grands professeurs ou des chefs de services hospitaliers. Les premiers ont souvent un statut social ambivalent et, avec la pandémie, ils se sont trouvés directement exposés à la maladie, et souvent à la mort.

C'est comme si, durant ces semaines de crise, le rôle des médecins se trouvait divisé en deux catégories : d'un côté les grands médecins, les virologues et les épidémiologistes, qui ont souvent été investis d'une fonction d'autorité parfois supérieure à celle des politiques eux-mêmes. De l'autre, dans la partie inférieure de la société, les personnels de santé, parfois contraints de travailler privés de matériel de protection, et ainsi destinés d'une certaine façon à contracter la maladie, comme cela est arrivé à un nombre important d'entre eux. On peut dire qu'à l'opposé de l'« *immun* », les médecins de base qui ont affronté le coronavirus ont été immergés dans la *communitas*, dont ils ont partagé le destin de vulnérabilité.

Une biopolitique affirmative, en temps de pandémie, sera celle capable de trouver un juste point d'équilibre entre défense de la survie et défense de notre mode de vie, entre vie naturelle et forme de vie, entre *zoe* et *bios*

MF, JCM Dans votre travail, l'immunité n'est pas seulement l'autre de la communauté, mais une de ses versions possibles. La communauté ne s'entend pas seulement comme identité, propriété ou souveraineté, mais aussi comme une dette, une obligation à l'égard des autres où le partage ne passe pas nécessairement par la séparation. Que pourrait-être, selon vous, une « bonne biopolitique » en période de pandémie ? Existe-t-il un chemin entre l'indifférence aristocratique à la survie et une politique intégralement soumise à des impératifs sanitaires ?

RE Communauté et immunité ne doivent pas être entendues comme deux blocs sémantiques étrangers et opposés l'un à l'autre. Il s'agit là de deux modalités d'existence d'un même ensemble social, toujours en tension. Il n'existe pas de communauté historique, tout comme il n'existe pas de corps individuels, n'ayant pas de système immunitaire.

Dans le cas de la société, le premier et le plus nécessaire des systèmes immunitaires est le droit, en l'absence duquel le corps social exploserait sous la pression des conflits. De la même façon, l'immunité présuppose la communauté, dont elle constitue la protection négative, simultanément nécessaire et potentiellement oppressive. Tout comme la *communitas* comporte en son sein des ressources extraordinaires, mais aussi un risque de contagion, de la même façon l'immunité a un statut double, de protection et de négation de la vie. Tout dépend de la manière dont elle est pensée et pratiquée.

Dans le dernier chapitre d'*Immunitas*, je fais référence au phénomène biologique de la tolérance immunitaire – c'est-à-dire à ce mécanisme, interne à notre corps, qui permet la transplantation d'organes et, aussi, d'une façon particulière, à la grossesse des femmes, empêchant que le fœtus ne soit expulsé parce qu'étranger au corps de la mère. Il apparaît même que plus un fœtus possède un ADN différent de celui de la mère, plus il se trouve protégé du risque d'avortement spontané.

La signification métaphorique que possède un phénomène naturel de cet ordre par rapport à la sphère politique est évidente. L'immunité peut être entendue comme une barrière défensive et offensive à l'égard de l'autre. Elle est aussi un filtre, une caisse de résonance destinée à accueillir l'altérité sans, donc, la refuser ou la rejeter. Une biopolitique affirmative, en temps de pandémie, sera celle capable de trouver un juste point d'équilibre entre défense de la survie et défense de notre mode de vie, entre vie naturelle et forme de vie, entre *zoe* et *bios*. Il n'existe pas, dans le monde des êtres humains, une vie purement biologique, complètement privée de forme. Toute vie est une forme de vie et doit être défendue en tant que telle, dans son caractère à la fois commun et singulier ●

RE / MF / JCM

DIALOGUE TRADUIT DE L'ITALIEN PAR
Léo Texier

NON MAIS ATTENDS, LA RÉVOLUTION,

ELLE EST INTÉRIEURE, TOI TU CROIS

ENCORE QUE C'EST UN TRUC...

Non mais attends, la révolution, elle est intérieure, toi tu crois encore que c'est un truc...

ÉCOUTE, T'ARRIVES PAS À TE PROJETER

DANS L'HISTOIRE COLLECTIVE, OK, MAIS

DEPUIS QUAND C'EST PAS À NOUS D'NOUS RÉINVENTER ?

Écoute, t'arrives pas à te projeter dans l'histoire collective, ok, mais depuis quand c'est pas à nous d'nous réinventer ?

T'AS UN PEU R'PENSÉ AU SENS DE TOUT ÇA ?

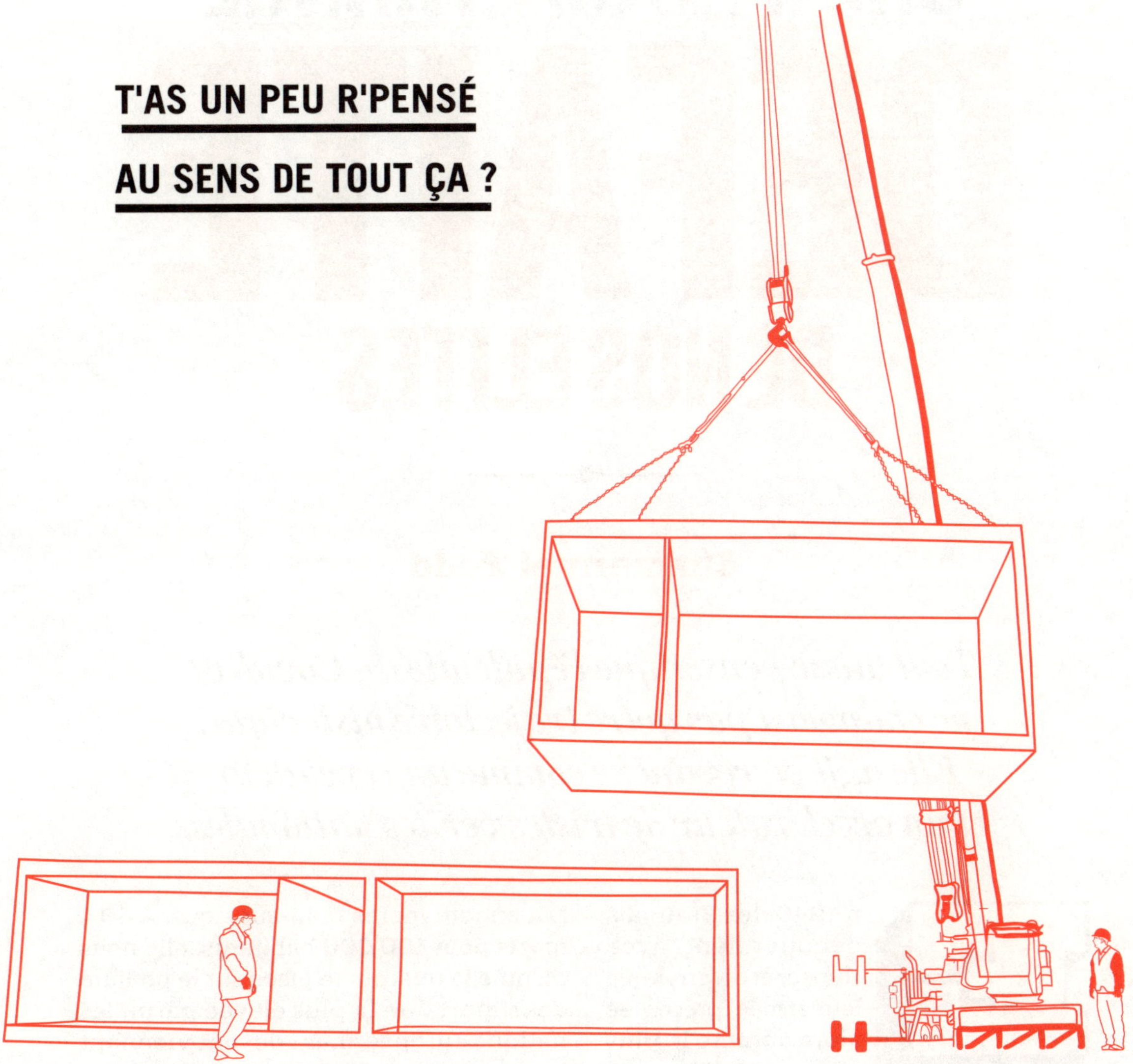

T'as un peu r'pensé au sens de tout ça ?

UNE (PAS SI) ÉTRANGE
DÉFAITE
DE NOS ÉLITES

PAR

Emmanuel Todd

Tout laisse penser que l'épidémie du Covid-19 ne changera pas notre trajectoire historique. Elle agit en revanche comme un révélateur et un accélérateur de tristes vérités nationales.

En 1940, les Français découvraient, avec stupeur et désarroi, que leur armée, présentée alors comme la plus puissante d'Europe, était incapable de faire face plus de six semaines à l'offensive éclair menée par la Wehrmacht. En 2020, à l'occasion de l'épidémie de Covid-19, ils ont découvert qu'ils vivaient dans un pays quasi sous-développé, dépourvu de certains équipements sanitaires de base. À l'heure où j'écris ces lignes, le 1er mai 2020, notre pays compte de fait 36,4 décès pour 100 000 habitants, les Allemands sont à 8. Seule consolation, l'Angleterre, notre vieille alliée, notre sœur, fait encore moins bien que nous. À 40,4 morts pour 100 000 habitants, elle nous dispute la quatrième place sur le podium de la mortalité la plus élevée parmi les nations européennes ; devant viennent les Espagnols, à 52,5 morts pour 100 000 habitants, et les Italiens, à 46,3 décès pour 100 000 habitants. La Belgique est la plus touchée à 66,5, non parce qu'elle inclut la capitale de l'Europe mais vraisemblablement à cause d'une déficience pire que la nôtre du côté des « maisons de repos ». La proportion des décès y dépasse la moitié du total (53 %).

En ce tout début mai, les médias français suggèrent une France revenant à la normale et des États-Unis sinistrés – il est tellement facile de projeter sur nos écrans l'image catastrophe des 65 000 morts de l'Amérique. Mais les États-Unis abritent 325 millions d'habitants et leur mortalité pour 100 000 habitants n'est pour le moment « que » de 19,3, soit 53 % seulement de la nôtre, à peine plus de la moitié. Ces chiffres n'ont pas empêché le journal *Le Monde* d'annoncer à la une que les États-Unis étaient désormais le centre de la pandémie. Non, pour une fois, c'est bien l'Europe qui est à l'avant-garde et les Américains vont devoir faire encore un effort s'ils veulent rester dans le club des dix pays les plus sinistrés.

On a pu se dire qu'il s'agissait d'un virus « universaliste »

Le virus, par sa trajectoire, a commencé par produire un petit mémento de ce qu'est la société mondialisée. On a vu la maladie, fabriquée en Chine, se propager dans les régions les plus avancées du globe, par l'intermédiaire d'individus appartenant plutôt aux élites : elle a frappé l'Italie du Nord, le sud de l'Allemagne, l'est de la France, la Belgique, puis Londres, ce qu'on appelle la « banane bleue » ou la « dorsale européenne ». Ensuite, ce fut le tour de New York. Tous les centres nerveux de la globalisation.

Ensuite, le Covid-19 a trouvé sa cible et, ce faisant, il a dessiné des oppositions qui n'ont rien de vraiment neuf. Au début, on a pu se dire qu'il s'agissait d'un virus « universaliste ». Las, si l'on regarde une carte des départements français, on s'aperçoit que le Covid-19 s'est installé avant tout dans ce que j'appelle dans mon dernier livre, *La Lutte des classes en France au XXI*e siècle (Seuil, 2020), la « France des tempêtes », qui correspond plutôt aux zones du Nord-Est bousculées par la crise, industrielle ou migratoire, par contraste avec la France « abritée » et plus favorisée de l'Ouest : 60 % des décès ont eu lieu dans le Grand Est et la Région parisienne, et 30 % dans les Hauts-de-France, l'Auvergne, les régions Rhône-Alpes et PACA, ainsi que la Bourgogne-Franche-Comté. Les banlieues déshéritées vont sans doute payer un lourd tribut. Deux nuances à relever tout de même : la région PACA n'est pas trop touchée, les Pays de la Loire un peu trop. La vocation universaliste du Covid-19 agit parmi les pauvres en frappant sans préjugé le Nord-Est en déshérence et les banlieues de l'Île-de-France, les descendants d'immigrés et les électeurs du Rassemblement national.

La mort, elle, ne ment pas

Avec le Covid-19, nous voici rattrapés par le quatrième et dernier cavalier de l'Apocalypse, celui qui, sur sa monture pâle, apporte l'épidémie et la mort. Non que nous ayons à craindre une apocalypse démographique : les chiffres nous disent que la maladie aura tué en très grande majorité des personnes âgées. Et il faut rappeler que la survie démographique d'une société dépend davantage de sa capacité à enfanter que de sa capacité à sauver ses personnes âgées. Néanmoins, la « révélation » (puisque c'est là le sens originel du mot « apocalypse ») – la révélation par la mort – nous l'aurons. Pour parodier l'écrivain Emmanuel Berl, la plume de Pétain : *la mort, elle, ne ment pas*. C'est un point dont nos dirigeants ne semblent pas avoir du tout conscience.

Depuis plusieurs décennies, nous vivons les yeux rivés sur des variables économiques souvent factices. Le PIB, par exemple, cet agrégat de valeurs ajoutées qui met sur le même plan l'ingénieur concevant un objet réel, tangible, ou l'ouvrier qui le fabrique, et l'avocat surpayé qui facture une somme folle ses « conseils », sans oublier les footballeurs, les joueurs de tennis et les banquiers. Mais aussi l'indice des prix, qui permet de calculer l'inflation et dans lequel l'INSEE n'intègre pas, ou à peine, le prix du logement. Les indicateurs démographiques, eux, et, en particulier, le taux de mortalité, se prêtent beaucoup moins à ce genre de manipulation. Pour des raisons de cohérences internes. Si on cache des morts, au recensement suivant, il manquera des vivants. Voilà pourquoi les dirigeants soviétiques avaient eu l'intelligence, dans les années 1970, de cesser de publier le taux de mortalité infantile, qui trahissait par trop les dysfonctionnements de leur pays.

Nos dirigeants actuels n'ont pas compris que la mort est un formidable révélateur de ce qui se passe vraiment en France. Le Covid-19 nous offre un classement des pays européens selon les niveaux, non de richesse – plus ou moins artificiellement gonflée –, mais d'efficacité sociale réelle. Un classement tout à fait spectaculaire.

À se demander si l'objectif du gouvernement est de ralentir la progression du virus ou celle de la vérité

On connaît la phrase de Pierre Mendès France : « Gouverner, c'est choisir. » En France, depuis Maastricht, gouverner, c'est mentir. Les dirigeants français successifs nous ont vendu des projets dont ils nous ont assurés qu'ils allaient nous mener à un bien-être d'ordre supérieur. Qu'on songe à François Mitterrand, qui ne comprenait rien à l'économie et qui, en 1992, lors de son fameux débat face à Philippe Séguin, prophétisait que l'Europe de Maastricht annoncerait les jours heureux. Il rêvait, bien entendu, comme la trajectoire ultérieure de notre pays l'a tristement montré. Mais, pour des gens qui n'avaient pas conscience de la diversité anthropologique de l'Europe et de l'absurdité qu'il y avait à vouloir l'unifier par une monnaie, ce qu'il rêvait pouvait sembler plausible. Depuis que l'euro est en place, on sait qu'il lamine notre industrie et profite outrageusement à l'Allemagne. Mais nos dirigeants continuent de dresser un écran de fumée sur cette réalité, alléguant d'autres raisons, toutes spécieuses, pour expliquer nos mauvaises performances.

Ce qui est nouveau avec l'épidémie de Covid-19, c'est qu'on ne peut plus mentir. Les énarques qui nous gouvernent et les médecins politisés qui les conseillent continuent de le faire, bien entendu, avec la complaisance d'une grande partie des médias. Ils prétendent, sans rire, que nous ne rencontrons que quelques petits problèmes de masques et quelques petits problèmes de respirateurs, mais qu'ils vont vite arranger ça. Ils ont aussi tenté de terroriser les jeunes en racontant que le Covid-19 sévissait dans toutes les générations alors que, quand on aura intégré, dans le calcul, tous les EHPAD (dont les chiffres de décès, étrangement, ne remontent qu'au compte-gouttes), on s'apercevra que 80 % des décès, au minimum, ont concerné des personnes de plus de 75 ans. La palme de l'effronterie revient peut-être à Jérôme Salomon, actuel directeur général de la Santé et ancien membre de plusieurs cabinets ministériels depuis deux décennies. Pendant des semaines, jour après jour, il a éludé les questions et masqué (c'est le cas de le dire) la vérité. Le 17 avril, il affirmait sans broncher que le taux de décès en réanimation n'était que de 10 % (il est en réalité de 30 à 40 %). En Angleterre, on meurt mais on ne ment pas : des semaines plus tôt on lisait dans le journal *The Guardian* que ce taux était au Royaume-Uni de 50 %. Le même Jérôme Salomon nous a assurés, avec son aplomb magique, ne pas comprendre la différence des taux de mortalité entre la France et l'Allemagne. La réponse était simple, pourtant : les Allemands ont des tests, des respirateurs, de la discipline sociale... À se demander si l'objectif du gouvernement est de ralentir la progression du virus ou celle de la vérité.

> **On saura quel aura été le taux de survie parmi les malades transférés en train ou en avion, à des fins publicitaires**

En fait, Emmanuel Macron, Édouard Philippe, Olivier Véran, Jérôme Salomon et consorts ne se rendent pas compte qu'ils ont affaire à des données concrètes, physiques, biologiques, calculables, impossibles à trafiquer, à corrompre, qu'ils ne sont pas devant des copies de l'ENA où l'on peut mettre à la suite des propositions contradictoires – souveraineté nationale et souveraineté européenne, dynamisme de l'État et absence de souveraineté monétaire – sans que cela prête à conséquence. La mort, c'est du sérieux, c'est l'affaire des démographes, pas des économistes en chambre. Avec elle, impossible de ruser. Selon l'expression consacrée, elle est un joueur d'échecs qui gagne toutes ses parties. Quand les taux de mortalité finaux seront disponibles, nous aurons toute la vérité : le score global bien sûr, le score par catégories socio-professionnelles aussi. On finira sans doute par constater que la mortalité dans les EHPAD chez les personnes très âgées de milieux modestes n'aura pas eu son équivalent chez les personnes très âgées appartenant aux milieux sociaux supérieurs, autrement dit, transcendant l'âge, une variable de classe. Mieux : grâce à une analyse par régression linéaire multiple, on saura combien de victimes a fait le premier tour des élections municipales. On saura si le protocole qui a imposé à l'étude Discovery de ne donner de l'hydroxychloroquine qu'à la dernière minute, contre ce que préconisait le Pr Didier Raoult, a entraîné des décès inutiles. On pourra donc, si nécessaire, poursuivre en justice pour homicide volontaire. On saura quel aura été le taux de survie parmi les malades transférés en train ou en avion, à des fins publicitaires (pourquoi ne pas transporter plutôt les appareils et les équipes médicales ? Pourquoi faire subir à ces malades un déplacement éprouvant ? Pour empêcher les cliniques privées du Grand Est, qui avaient arrêté leur activité et les attendaient, de les accueillir ? Pour le spectacle ?). On saura le nombre de morts supplémentaires que la destruction programmée du système hospitalier, le déficit de masques et de respirateurs, nous ont valu. Pour l'heure, nous comptons au total 24 678 décès ; avec un taux d'équipement allemand nous en aurions eu 5 360, soit un excédent de 19 318 morts, pour lesquels il faudra rendre des comptes. On saura tout. Nos si perspicaces dirigeants n'ont pas idée de ce qu'ils ont devant eux.

Premières leçons

En attendant, quels enseignements peut-on tirer de l'épidémie de Covid-19 ? Le premier est une vérité transnationale : un pays sans industrie est un pays vulnérable. Si l'Allemagne, le Japon, la Corée du Sud ou Taiwan s'en sortent beaucoup mieux que la France, les États-Unis ou l'Angleterre, c'est parce qu'au cours des quarante dernières années ils n'ont pas sacrifié leur industrie.

Je critiquais plus haut le PIB, qui surévalue certaines activités improductives. En réalité, le PIB était un indicateur fiable lorsqu'il mesurait la croissance du nombre de voitures, de frigidaires, de kilomètres de chemins de fer, de biens d'équipement palpables et durables. Il serait donc sage de revenir à un indicateur qui distingue le travail productif du travail improductif. Cette distinction ne correspond pas à la différence entre industrie et services : une partie considérable des services relève du travail productif. Personne aujourd'hui ne nierait que les hôpitaux, les médecins, les infirmières, les aides-soignantes, accomplissent un travail productif. Comme les enseignants. Il n'y a que dans la théorie libérale la plus classique et obtuse que, pour reprendre la formule de Frédéric List, grand théoricien du protectionnisme, on estime que

« celui qui élève des porcs » est productif, tandis que « celui qui élève des hommes » est improductif.

Le coronavirus signe bien la mort intellectuelle de la globalisation

Nous assistons à la réémergence d'une distinction fondamentale entre le travail qui, tout en mobilisant l'esprit, a une forte composante manuelle et le travail purement bureaucratique, abstrait, prétendument « intellectuel ». L'industrie, entendue en un sens très large, est un rapport aux choses. Elle suppose un élément physique. Dans une usine, on transforme la matière. En médecine, on soigne les corps. Le Covid-19 marque la grande défaite des partisans de l'économie des manipulateurs de symboles chère à Robert Reich, le secrétaire d'État au Travail de la première administration Clinton, dans les années 1990. La manipulation des symboles, contre le Covid-19, ça ne marche pas. Ce qui impressionne la maladie, ce sont les respirateurs et les masques. On a envoyé les usines en Chine, elle nous a envoyé un virus mais a gardé la production de masques et de médicaments. Grâce à l'épidémie, les pays censément les plus avancés découvrent qu'ils sont sous-développés. Et ceux qui n'ont pas joué le jeu du libre-échange et de la délocalisation, avec leur protectionnisme plus ou moins caché, leur industrie préservée et leurs excédents commerciaux, limitent les dégâts chez eux. Le coronavirus signe bien la mort intellectuelle de la globalisation.

Le seul horizon économique raisonnable pour les sociétés avancées qui ont subi de fortes pertes à cause du Covid-19, et qui les ont subies parce qu'elles n'avaient plus les moyens industriels de faire face à l'épidémie, passe, si elles veulent se mettre en sécurité pour le futur, par la reconstruction d'une base industrielle, par la capacité de fabriquer des biens matériels. Ce qui suppose un investissement initial fort de l'État et des barrières protectionnistes pour protéger les industries sanitaires renaissantes.

Dans le cas français, ce ne sera possible à mes yeux qu'à trois conditions : sortir des règlements commerciaux européens, récupérer une monnaie nationale et faire défaut sur la dette, totalement ou en partie – à vrai dire, un pays qui, dans des circonstances pareilles, serait assez déraisonnable pour ne pas faire défaut sur la dette finirait par devenir suspect aux financiers internationaux eux-mêmes.

Si la mort rendait intelligent, cela se saurait...

Nos dirigeants prendront-ils la mesure de cette nécessaire réindustrialisation ? On a beaucoup entendu dire que cette expérience terrible allait nous faire réfléchir et susciter des idées nouvelles. Pour ma part, je suis pessimiste. Si la mort rendait intelligent, cela se saurait. On a pu observer au cours de l'histoire que notre triste lucidité sur notre destin ultime menait davantage à des expérimentations meurtrières qu'à un surcroît d'intelligence créative menant à la paix sociale. Combien de Bouddha et de Christ pour les milliers de conquérants sanguinaires ?

Nous disposons d'un point de comparaison récent : le sida. Ce virus a été responsable, en France, entre 1982 et 2002, de 40 000 décès, plus que ce qu'on enregistrera sans doute à la fin de l'épidémie de Covid-19. Et, en termes de perte d'années d'espérance de vie, son impact démographique a été beaucoup plus considérable, puisqu'il touchait surtout des jeunes adultes. Au moment où sa tragique létalité a été constatée, je m'en souviens, le choc initial fut tout à fait analogue à celui du Covid-19. On se demandait si toute cette souffrance humaine, autour de nous, n'allait pas entraîner un bouleversement de la société occidentale.

À titre personnel, j'avais une crainte. Arrivé à la conclusion – vérifiée par la suite mais que je n'avais pas osé publier – que l'épidémie n'allait pas, pour l'essentiel, sortir des groupes à risque, à savoir les homosexuels, les toxicomanes et les personnes d'origine africaine (qui étaient vulnérables même par des rapports hétérosexuels standards), je redoutais que les réactionnaires ne se saisissent de ces chiffres pour enclencher une réaction puritaine : la chasse aux homosexuels, aux Noirs et aux toxicomanes. Ce n'est pas ce qui s'est passé. La vie a continué comme avant. Aucune des tendances intellectuelles ou idéologiques amorcées antérieurement n'a été altérée ou stoppée. Que ce soit dans son attitude envers l'homosexualité ou envers le racisme, la société française a continué sur sa bonne trajectoire de libéralisme égalitaire. Et si l'épidémie de sida a eu un effet sur les tendances idéologiques, ce fut plutôt un effet d'accélérateur. La population a éprouvé de la sympathie pour les groupes les plus touchés. Revers de la médaille : comme on ne voulait discriminer personne, on a, un temps, continué à recueillir les dons de sang des groupes à risque. D'où divers scandales, connus ou inconnus, de sang contaminé. On n'a pas non plus prévenu les personnes d'origine africaine qu'il leur fallait faire particulièrement attention. Autant de morts supplémentaires certainement provoquées par de bons sentiments. La force d'inertie de l'idéologie a donc agi en bien comme en mal.

Comme avant, mais plus vite

Ce constat des non-conséquences idéologiques de l'épidémie du Sida me conduit à une hypothèse historique, à vérifier par les faits du futur, selon laquelle le Covid-19 ne va changer aucune des trajectoires historiques en cours, dans aucun domaine, mais devrait agir comme un révélateur et un accélérateur.

Au niveau planétaire, le conflit États-Unis - Chine, qui montait avant l'arrivée du Covid-19, va sans doute s'exacerber. La méfiance grandissante envers la Chine, pays qui détient nos moyens de production et de survie, et qui se trouve être par ailleurs un État néo-totalitaire extrêmement dangereux, ne concerne pas seulement les Américains : on sent qu'elle est en train de s'étendre à l'Europe et même à la France.

On a envoyé les usines en Chine, elle nous a envoyé un virus mais a gardé la production de masques et de médicaments

Pour ce qui concerne le Vieux Continent, on a assisté à une dramatisation de sa différenciation : une Europe latine associée à une Europe britannique (c'est-à-dire occidentale en un sens restreint) qui résiste mal à l'épidémie et une Europe germanique qui résiste bien. Avec quelques surprises tout de même : les insuccès néerlandais (27,9 décès pour 100 000 habitants) et suédois (25,4 contre 7,8 seulement pour le petit frère danois plus prudent), les deux pays ayant essayé des approches « libérales » et évité un confinement trop strict.

Le cas le plus fascinant reste celui de la Suède. Au regard de ses caractéristiques anthropologiques et religieuses, elle aurait dû faire aussi bien que l'Allemagne. Or, elle est à plus de trois fois le taux allemand. Comment l'expliquer ? Un article inepte du *Guardian* estimait que les États gouvernés par des femmes s'en sortaient beaucoup mieux. Il donnait les exemples de la Nouvelle-Zélande (hautement significatif, une île aux antipodes !) et de l'Allemagne, pays certes dirigé par Angela Merkel, mais éminemment patriarcal. Car il est déjà évident, pour un anthropologue, que les sociétés autoritaires patrilinéaires (la Chine, la Corée, le Japon, Taïwan, l'Allemagne, l'Autriche, etc.) s'en sortent mieux que les pays de tradition libérale et individualiste, où les femmes jouissent d'un statut plus élevé (la France, l'Angleterre, la Belgique, les Pays-Bas, les États-Unis). Cet écart s'observe même au niveau régional, puisqu'en Italie, la Vénétie (proche, du point de vue anthropologique, de la sphère germanique) fait mieux que la Lombardie. La Suède, elle, a la particularité de mêler une tradition autoritaire et un féminisme devenu quasi identitaire : au stade actuel du match, le patriarcat allemand fait mieux que le matriarcat suédois. Mais ne simplifions pas. Pour un démographe sans cœur, c'est quand même la Suède qui, avec son indicateur de fécondité de 1,85 enfant par femme en 2017, contre 1,57 à l'Allemagne, a les meilleures chances de survie en tant que groupe humain. Évidemment, s'il apparaît que la Suède émerge de la crise avec un taux de décès moyen, et sans avoir paralysé sa vie économique, elle sera l'un des grands vainqueurs de l'épreuve, considérée alors comme un tout, sanitaire et économique.

Au stade actuel du match, le patriarcat allemand fait mieux que le matriarcat suédois

Depuis la Grande Récession de 2008, nous assistions à la montée en puissance de l'Allemagne. Dans le champ de ruines que sera l'Europe post-Covid, comment ne pas imaginer que cette montée en puissance relative va se poursuivre et s'accentuer, et que l'emprise allemande sur l'Union européenne et, plus spécifiquement, sur la zone euro ne va pas s'aggraver encore ? À moins que les Italiens et les Espagnols, dans la crise terrible qui s'annonce, ne soient contraints de sortir de l'euro. S'ouvrirait alors une possibilité de rupture. Là encore, l'épidémie n'agirait que comme le révélateur et l'accélérateur d'un processus inévitable.

Ce qui distingue Trump et Johnson de Macron

Jusqu'ici, j'ai rangé dans la même catégorie (celle des mauvais élèves) la France et les pays anglo-saxons. Or, même si les taux de mortalité français et anglais sont proches, avec même un désavantage pour le Royaume-Uni (les États-Unis, on l'a vu, font mieux, pour l'instant), il existe une différence fondamentale entre eux. Certes, Donald Trump et Boris Johnson n'ont pas brillé dans leur gestion de la crise. Mais ils sont arrivés aux commandes de leur pays pour changer sa trajectoire et pour redonner à l'État un rôle d'intervention plus fort. Ils ont dû prendre en charge des sociétés dont ils contestaient la gestion antérieure. Trump, rappelons-le, a été élu avec un programme protectionniste : il proposait la reconstruction de l'industrie américaine. Boris Johnson, pour sa part, à la veille de la crise du Covid-19, avait fait voter un plan de relance historique. L'un comme l'autre ont été cueillis « à froid » par le virus (dans le cas de Johnson, physiquement autant que métaphoriquement). Ils peuvent dire qu'ils ont hérité d'un système industriel et hospitalier en mauvais état par la faute de leurs prédécesseurs. Ce n'est pas le cas de leurs homologues français qui, pour beaucoup, ont été de tous les gouvernements précédents. Comme Trump et Johnson, ils ont totalement raté leur gestion de l'épidémie, mais sur la base d'un système hospitalier qu'ils avaient eux-mêmes contribué à détruire et d'une incapacité industrielle à produire masques et respirateurs dont ils étaient directement responsables. Synthèse du sarkozysme et du hollandisme, le macronisme porte sur lui la responsabilité des quinquennats antérieurs. Il devra rendre compte de la destruction de l'appareil industriel français.

Incertitudes françaises

Autant il me semble évident que les États-Unis et l'Angleterre d'après l'épidémie vont poursuivre leur recentrage national, autant la situation française me semble plus dangereuse. Le niveau de vie a commencé de baisser en France depuis au moins la Grande Récession de 2007-2008. La crise qui se profile ne risque pas d'arranger les choses. On peut s'attendre à une plongée dramatique. Elle touchera d'abord davantage le secteur privé, celui-là même d'où était issue la majorité des Gilets jaunes : salariés, petits entrepreneurs, etc. Les commerçants qui, lors des manifestations de 2018-2019, se plaignaient d'avoir leurs vitrines brisées vont subir, par la grâce de l'incompétence de nos dirigeants, une conflagration sans commune mesure. La fonction publique sera davantage à l'abri. Un temps. Les traitements des fonctionnaires continueront d'être versés. Mais ces derniers ne devraient pas être complètement épargnés, loin de là. À l'occasion du débat sur la réforme des retraites, on avait pu constater que les enseignants, qui avaient massivement voté Macron en 2017, étaient en passe de devenir les dindons de la farce puisque le gouvernement entendait précariser leurs vieux jours. À présent, avec la réouverture annoncée des écoles, ils vont découvrir qu'ils sont traités exactement comme des camionneurs ou des caissières. On va les envoyer devant des classes sans les conditions de protection raisonnables. Une nouvelle fois, le Covid-19 ne fera qu'accentuer, dramatiser, les tendances antérieures.

Les Français, qui se méfiaient déjà de leurs classes dirigeantes, ont découvert avec stupéfaction leur niveau d'incompétence

Nos dirigeants n'avaient rien compris avant la crise. Il est peu probable qu'ils aient une illumination intellectuelle après. En revanche – et c'est là qu'une faible lueur d'espoir est permise –, la population, elle, ne peut plus se cacher la vérité sur ses dirigeants. J'en parlais plus haut. L'épidémie a fait office de révélation. Les Français, qui se méfiaient déjà de leurs classes dirigeantes, ont découvert avec stupéfaction leur niveau d'incompétence. Comme le dit Jérôme Fourquet : « L'exécutif est rentré dans la crise du coronavirus lesté d'une forte défiance. La façon dont il a géré cette crise (pénurie de masques, maintien du premier tour des municipales...) ne lui a pas permis, contrairement à ce qui s'est passé dans d'autres pays, de bénéficier d'un regain important de popularité sur le registre de l'union sacrée. » Le gouvernement de Boris Johnson comme celui d'Angela Merkel, dont l'un a réussi et l'autre raté la gestion de l'épidémie, jouissent tous deux d'une confiance des deux tiers de leurs concitoyens. Seul un tiers des Français fait encore confiance à Macron et à son gouvernement.

Une abolition de la démocratie ?

« Chaque courant de pensée idéologique a vu dans cette crise du Covid une validation de ses propres thèses et grille de lecture », poursuit Fourquet. « Le Rassemblement national a fustigé la disparition de nos frontières. Les écologistes ont fait le lien avec la destruction des écosystèmes et la multiplication des flux de marchandises sur la planète. Les collapsologues y ont vu la répétition générale du grand effondrement systémique. Les socialistes ont pointé du doigt l'insuffisance des budgets alloués aux services publics et notamment à la santé. Les libéraux, quant à eux, ont souligné que les pays du sud de l'Europe, endettés et mauvais gestionnaires, affichaient un bilan humain beaucoup plus lourd que les vertueux Allemands et Autrichiens. » Peut-être. Ce qui est certain, c'est que, si chacun est tenté de persévérer dans ce qu'il croit, alors on peut s'attendre au pire de la part du groupe qui nous gouverne. L'épisode des Gilets jaunes a dévoilé ses penchants autoritaires. Il a débouché sur une alliance objective entre macronisme et Rassemblement national (ce que j'ai proposé d'appeler le « macro-lepénisme »), puisque le pouvoir a réprimé les manifestants avec l'appui d'une police votant à 50 % pour Marine Le Pen. Dans l'atmosphère de désordre et de peur du Covid-19 qui va s'installer durablement, une franche sortie de la légalité républicaine n'est plus exclue.

Une franche sortie de la légalité républicaine n'est plus exclue

Le gouvernement et, en particulier, son chef, Édouard Philippe, parlent sans arrêt de la nécessité de respecter les formes démocratiques. Or il faut toujours se méfier des gens qui évoquent de façon intempestive ce qui tombe sous le sens ou répondent à des questions qu'on ne leur a pas posées. Il est évident que nos dirigeants, qui aux mesures sanitaires qu'exige le contrôle de l'épidémie, mêlent le souci affiché de la préservation de la démocratie, expriment par là leur désir plus ou moins conscient de restreindre celle-ci. En un sens, comment les en blâmer ? Ils doivent bien sentir que dans un pays démocratique, après ce qu'ils ont fait, leur place est devant un tribunal, sinon en prison.

Logique de l'honneur contre logique de l'irresponsabilité

Quel contraste entre, d'un côté, cette impéritie de notre classe dirigeante, qui ne voit qu'un surcroît d'autoritarisme comme moyen de fuir ses responsabilités et, de l'autre, le comportement admirable de notre personnel hospitalier. Martyrisé pendant des décennies, il protestait, à la veille de la crise, contre ses conditions de travail épouvantablement dégradées. Depuis le début de l'épidémie, il a incarné la part glorieuse de la culture française. Dans son livre, *La Logique de l'honneur* (Seuil, 1989), Philippe d'Iribarne décrivait le fonctionnement de trois usines semblables d'un groupe international, situées respectivement aux États-Unis, aux Pays-Bas et en France. Les Américains avaient un fonctionnement très bureaucratique – contrairement à ce qu'on pense parfois, les Américains sont un peuple du règlement. L'usine française, elle, tournait très bien, mais de façon assez mystérieuse : personne ne respectait le règlement mais il y avait une logique de l'honneur – un honneur du métier ; les ouvriers accomplissaient leur travail à côté du règlement. Voilà ce qu'on a vu à l'œuvre dans nos hôpitaux et qui se retrouve dans d'autres secteurs, au sein du corps enseignant notamment, soucieux de sauver ce qui peut l'être du système éducatif en dépit des persécutions gouvernementales.

Que va-t-il ressortir de ce face-à-face entre, d'un côté, une classe dirigeante discréditée et, d'un autre côté, une population d'un certain point de vue admirable ? Les Japonais ont une élite qu'ils respectent et qui les respecte. Ils ne peuvent donc pas imaginer ce qui se passe en France. Nous avons une élite qui méprise le peuple et un peuple qui méprise l'élite. Pendant la crise, les Français ont eu des nerfs d'acier : ils ont respecté le confinement et appliqué les consignes venues de l'État, tout en sachant que leurs dirigeants étaient une bande d'incapables, un petit milieu anarchique et corrompu. Les Français ont fait montre d'un sang-froid extraordinaire, mais que se passera-t-il quand ils seront confrontés au pire choc économique depuis 1929, géré par une incompétence aussi éblouissante de leur groupe dirigeant ?

Retour de la lutte de classes

Avant l'épidémie, nous assistions à une montée en puissance des luttes de classes. Le mouvement des Gilets jaunes les avait remises en marche de façon éclatante. Il est difficile de ne pas penser qu'elles vont s'exacerber. Mais sous quelles formes ? Les Gilets jaunes, s'ils ont ouvert un cycle nouveau de l'histoire de France, qui n'est pas près de se refermer, se sont heurtés à l'atomisation de la société et à leur propre manque d'organisation.

Un climat d'insécurité d'un genre tout à fait particulier risque de s'installer

L'une des hypothèses serait qu'au milieu du marasme récessif à venir, la population soit tellement « sonnée », tellement désorientée et inquiète pour ses conditions d'existence, qu'elle se tienne « à carreau ». Cette éventualité n'est envisageable que si le système économique résiste à peu près, si on reste autour de 10 % de chômeurs et si la proportion de ceux qui ont faim ne dépasse pas 2 à 3 %. Or, nous n'avons pas cette certitude.

Ce que, pour ma part, je sens venir, ce sont plutôt des affrontements. Une société maintenue de force dans le silence et dans l'appauvrissement est une société explosive, où de plus en plus de jeunes – et je ne parle pas là des jeunes des banlieues, mais des jeunes diplômés du supérieur – seront tentés par la violence. Un climat d'insécurité d'un genre tout à fait particulier risque de s'installer. Pendant les débats sur la réforme des retraites, déjà, des permanences de députés LREM ont été attaquées. Je tiens ici à éviter tout malentendu. Si le retour d'une lutte de classes civilisée me semble un événement positif et sain, la perspective de la guerre civile me fait horreur. Menées, comme je le souhaite, de façon négociée, les luttes de classes sont précisément ce qui permet d'éviter les guerres civiles. Elles ne signifient pas la haine aveugle de l'élite, mais la recherche d'un meilleur équilibre entre peuple et élite. Il est normal pour un pays d'avoir une classe dirigeante. Nous avons besoin d'un État organisé, de règles. Encore faut-il que le groupe dirigeant soit compétent et respecté.

Qu'ils s'en aillent !

Lorsqu'on étudie les processus révolutionnaires, on se rend compte qu'en règle générale les phénomènes de lutte de classes ne suffisent pas, à eux seuls, à les déclencher. Il faut aussi un échec patent de la classe dirigeante, incapable de protéger son peuple de menaces venues du monde extérieur. Très souvent, la révolution suit la défaite militaire. La Révolution russe de 1917 aurait été impensable sans la défaite militaire face à l'Allemagne, la Révolution allemande de 1918 sans celle face aux Alliés. Même la Révolution française a suivi, avec un petit délai de seize ans, un échec géostratégique majeur : la défaite française lors de la guerre de Sept Ans, face à l'Angleterre. Le cas archétypal est la Grande Jacquerie de 1358, qui suit d'assez peu la bataille de Poitiers de 1356, au cours de laquelle le roi Jean II est fait prisonnier par les Anglais.

Avec l'épidémie de Covid-19, nous avons de nouveau une classe dirigeante qui vient de subir une défaite majeure, une humiliation, donnant la preuve à tout le monde qu'elle n'est pas capable de protéger son peuple. Je suis convaincu qu'elle n'a même pas en elle les ressources morales pour ressentir la honte. Si les prestations télévisées de Macron, Édouard Philippe, Jérôme Salomon et Olivier Véran m'ont appris une chose, c'est bien que, pour eux, plus que jamais, gouverner c'est mentir, y compris peut-être à soi-même. Ils ne semblent absolument pas se rendre compte de ce qu'ils ont fait.

Nous retrouvons l'un des dilemmes éternels de la France. Comparons-la une dernière fois à l'Angleterre qui, certes, n'est pas un pays idéal. On a vu que, face à l'épidémie, elle fait encore moins bien que nous. Le National Health Service, qui était l'une des grandes institutions britanniques, est dans un état de délabrement pire sans doute que celui du système de santé français. Mais l'Angleterre a une capacité qui nous manque cruellement : celle de renouveler ses élites. Il suffit de regarder le gouvernement conservateur actuel : y sont représentés des gens fort bruns d'origine pakistanaise ou indienne. Tandis que de notre côté, nous avons atteint, grâce à l'ENA, un rétrécissement maximal du groupe dirigeant. Concrètement, les deux années qui nous séparent de 2022 s'annoncent très incertaines sur le plan politique. Le gouvernement n'est plus guère légitime. L'insécurité épidémique interdit toute dissolution et le gouvernement entend bien en profiter. Il semble d'ailleurs consacrer plus d'énergie à étoffer son parc de drones et à perfectionner une législation répressive qu'à construire les usines capables, pour les cinquante ans qui viennent, de fabriquer masques et respirateurs.

Que va-t-il sortir du déconfinement ? L'asthénie, le soulagement, la révolte ? On ne sait pas ce que les Français ont dans la tête. Le peuple est un mystère. En revanche, nos dirigeants, s'ils n'ont pas honte, ont certainement très peur. Et, à mon avis, pour une fois, ils ont raison ●

ET

AVEC LA COLLABORATION DE
Baptiste Touverey

Je m'énerve pas, mais tu m'avais parlé d'un truc pour réinventer nos vies !!!
Production Théâtre Dijon Bourgogne Centre Dramatique National
© Jean-Charles Massera - 2015

Speed Reinventing
(Biennale de Québec - Manif d'Art 8 / L'Art de la joie - Commissaire d'exposition : Alexia Fabre)

Speed Reinventing
(Biennale de Québec - Manif d'Art 8 / L'Art de la joie - Commissaire d'exposition : Alexia Fabre)

ON COMMENCE PAR QUOI ?

TABLE RONDE

Jézabel Couppey-Soubeyran
Gaël Giraud
Xavier Ragot

Relocalisation, biens communs mondiaux, redéfinition de l'entreprise, dettes publiques, revenu universel... Trois économistes débattent des réponses à donner à la crise et s'interrogent sur les outils de la tranformation vers un monde plus soutenable.

La pandémie a très vite alimenté une mise en cause du processus de mondialisation. En effet, Wuhan, d'où s'est diffusé le coronavirus, est une mégapole qui doit une partie de sa croissance urbaine à la place centrale qu'elle occupe dans la production mondialisée de l'industrie automobile. Par ailleurs, les ruptures de livraisons de certains produits en provenance de Chine se sont multipliées alors qu'ils étaient décisifs dans la lutte contre le Covid-19. Est-ce un mauvais procès fait à la mondialisation ?

Gaël Giraud Un mouvement de dé-globalisation était déjà amorcé avant même cette pandémie. Le grand circuit mondial qui a consisté, à partir des années 1990, à faire de la Chine l'atelier de la planète, donnait la possibilité à l'Occident d'être trois fois gagnant : nous achetions des gadgets bon marché grâce aux salaires de misère des ouvriers chinois ; en délocalisant, nous nous donnions bonne conscience en termes de réduction des émissions de CO_2 sur notre territoire ; et, surtout, la minorité des Occidentaux qui accapare la rente des marchés financiers récupérait notre argent puisque les excédents commerciaux chinois étaient réinjectés à la City et à Wall Street. Le *krach* financier de 2007-2008 a conduit le pouvoir chinois à mettre fin à ce jeu et à relocaliser sa production en direction des bassins chinois et du sud-est asiatique. Cela a conduit Pékin à laisser filer les salaires sur la côte est, de sorte que les délocalisations n'y apparaissent plus « intéressante ». La balance commerciale chinoise avec l'Occident est d'ailleurs à peu près nulle aujourd'hui. Nous ne sommes donc plus dans la situation du début des années 2000. Cela pose une question de taille : où sera le prochain atelier du monde pour les Occidentaux ? À mon sens, le sud de l'Europe doit se réindustrialiser.

D'autant plus que la pandémie révèle l'extrême fragilité des chaînes de valeur internationales. Les difficultés d'approvisionnement dans une série de secteurs cruciaux, comme le secteur pharmaceutique, sonnent le glas d'une certaine forme de globalisation marchande construite sur des flux tendus et la séparation des lieux de production et de consommation. Cette dé-globalisation marchande se distingue d'une dé-mondialisation tous azimuts. Comme le rappelle Alain Supiot, le contraire de la mondialisation, c'est ce qui est *im-monde (in-mundus)*. Or lutter contre une pandémie exige une coordination de tous les États : ce n'est que lorsque *tous* les pays de la planète ont mis en œuvre une campagne efficace de vaccination contre la variole que le monde s'en est enfin débarrassé dans les années 1970. La coordination est tout aussi impérative dans le domaine de la biodiversité et du climat. Réapprendre une coopération politique – le multilatéralisme onusien est à l'agonie – et relocaliser une partie de notre industrie sont les défis des prochaines décennies.

Jézabel Couppey-Soubeyran Les volontés de puissance qui s'expriment depuis quelques années vont complètement à l'encontre de la coopération dont on a besoin. La crise sanitaire, à laquelle nous sommes confrontés, est un problème global, tout comme le réchauffement climatique. Et nous aurons besoin de solutions globales à ces problèmes globaux. Repensons la mondialisation et nos interdépendances – cette crise nous donne l'occasion de le faire – en prenant garde toutefois au mouvement de balancier : l'ouverture reste largement préférable au repli. Pour autant, certaines questions doivent trouver des réponses. Tout d'abord, comment réguler la mondialisation ? Il y a clairement eu un défaut d'adaptation de la régulation à la mondialisation. C'est flagrant dans sa dimension financière : la régulation est restée à la traîne de la finance devenue globale.

Par ailleurs, on a pu observer que la mondialisation pouvait engendrer des gains, mais ceux-ci ne se répartissent pas bien spontanément – c'est peu de le dire. Il faut donc absolument des États qui veillent à corriger cette inégale répartition. Une autre question est celle du rééquilibrage des mobilités. Cette crise nous fait prendre conscience qu'il est impératif de privilégier des circuits courts pour certains produits, qu'on pense à l'alimentation ou à la santé. Mais une relocalisation des chaînes de production fera inévitablement augmenter les coûts de production. Qui paiera ? Qui acceptera de supporter ce surcoût ? Les consommateurs ? Les salariés ? Les actionnaires ? Si, par exemple les consommateurs paient les produits plus chers, les salaires doivent suivre afin que le pouvoir d'achat ne s'effondre pas. Et pour que les salaires suivent, il faut un partage de la valeur ajoutée…

Si les consommateurs paient les produits plus chers parce que certaines productions ont été relocalisées, les salaires doivent suivre afin que le pouvoir d'achat ne s'effondre pas. Et pour que les salaires suivent, il faut un partage de la valeur ajoutée

GG La nouvelle mondialisation qu'il importe de penser aujourd'hui, c'est celle des biens communs mondiaux. On vient de comprendre que la santé d'une riche famille chinoise qui mange du pangolin le soir à Wuhan nous concerne tous, de la même manière que la santé d'un paysan guinéen atteint par Ebola dans les forêts de Nzérékoré. Or, quelles institutions internationales peuvent prendre en charge nos communs mondiaux, tels la faune halieutique, le climat, et la santé donc ? Pour cette dernière, on a vu combien l'Organisation mondiale de la santé n'était pas écoutée. Elles sont à imaginer pour la plupart.

Certaines existent déjà toutefois, notamment le DNDI (*Drugs for Neglected Diseases Initiative*) qui concerne précisément la santé. C'est un objet international bizarre, hybride, créé il y a une quinzaine d'années par des médecins français. Il réunit autour de la table le secteur pharmaceutique privé, les États et les ONG de la société civile. Tous les trois, dans une collaboration dont ils ont inventé la grammaire, ont réussi à proposer, dans un certain nombre de pays du Sud, des thérapies contre les maladies négligées par le secteur pharmaceutique privé, par manque de demande « rentable ». En Égypte, par exemple, le traitement contre l'hépatite C est vendu 400 dollars par le DNDI, contre 2 000 à 3 000 dollars en Europe.

Xavier Ragot La crise du Covid-19 montre d'abord que ce que l'on appelle souvent la mondialisation a été une période, en fait, assez courte. Après la première période d'intensification des échanges internationaux, qui se termine en 1914, une seconde commence avec l'insertion de la Chine dans le commerce mondial, puis se consolide avec la disparition de l'URSS. On assiste en ce moment à la fin de cette seconde période par une remise en cause politique des équilibres internationaux par les États-Unis. Cette évolution a déjà été amorcée sous la présidence de Barack Obama, dont l'administration a plutôt souligné les risques du commerce international pour les États-Unis ; les choses se sont accélérées après l'élection de Donald Trump. Si la crise sanitaire donne à ce dernier un prétexte pour désigner un ennemi – le « virus chinois » –, la tendance à la remise en cause de la mondialisation remonte donc en effet à plusieurs années.

Ces remarques impliquent deux choses. Premièrement, il y a un discours qui affirme que la mondialisation est la domination de l'économie sur le politique. Cela me semble naïf. La structure du commerce international est le produit d'une hiérarchie géopolitique et géo-économique entre des puissances qui deviennent antagonistes. Le second point est que, pour éviter un retour au « choc des puissances », il faut de puissants acteurs sociaux et politiques dépassant les égoïsmes nationaux pour un bien commun international. Et c'est bien là que je suis sceptique quant au projet de gestion des biens communs mondiaux avancés par Gaël Giraud : quels acteurs politiques sont capables de le porter ? La crise du Covid-19 montre la permanence du fait national. Regardez les différences de diffusion du virus entre les pays. Certains s'en sortent bien mieux que d'autres, en Asie du Sud ou en Allemagne, chacun avec des stratégies très différentes. D'autres s'en tirent misérablement comme les États-Unis ou le Brésil. Ainsi, la crise du Covid-19 révèle les nouvelles tendances plus qu'elle ne les change.

À défaut de sortir de la mondialisation, ne devrions-nous donc pas plutôt faire nos adieux au capitalisme et en finir avec la croissance ?

XR Je me méfie d'un usage aussi général du mot capitalisme. Il charrie des débats sans fin (la Chine est-elle capitaliste ? etc.). On observe une grande diversité des capitalismes entre la Suède et les États-Unis. Cette diversité est le résultat de choix politiques qui ont modelé les économies de marché. Une approche historique le rappelle.

Je suis tout aussi dubitatif sur le discours qui affirme que le capitalisme maximise la croissance. Cela me semble être un contresens. Quel est le changement majeur au sein de nos sociétés depuis le XIXe siècle ? C'est la division par deux de la durée du travail entre 1900 et 2020. L'économie qui maximisait la croissance par l'investissement et le travail intensif, en la figure de Stakhanov, était celle de l'URSS. Le fait évident est que le capitalisme a inventé la société de loisirs de masse. Bien sûr, cette évolution n'est pas le résultat de « lois » du capitalisme, mais des luttes sociales et des choix politiques. L'économie est un sous-compartiment du social, dominé par des choix politiques, ce que cache l'utilisation abstraite du mot capitalisme. Cela dit, si le capitalisme a su répondre, à peu près, à la question sociale, pourra-t-il répondre à la question environnementale ? Cela dépendra des volontés politiques, et non d'une impossibilité économique.

GG On aime se bagarrer en France sur la sortie ou non du capitalisme. Le problème est que personne n'est d'accord sur ce qu'est « le » capitalisme. Une première définition pourrait être celle proposée par l'anthropologue David Graeber : elle repose sur la séparation du lieu de production du lieu de consommation, à laquelle je faisais allusion. Si c'est cela, alors la pandémie actuelle pourrait provoquer une certaine fin du capitalisme à la faveur des relocalisations.

Si le capitalisme a su répondre, à peu près, à la question sociale, pourra-t-il répondre à la question environnementale ? Cela dépendra des volontés politiques, et non d'une impossibilité économique

Une deuxième interprétation conçoit le capitalisme comme l'hégémonie de la propriété privée qui va de pair avec l'accumulation du capital comme projet social. Or les externalités entre humains sont tellement fortes que la propriété privée comme telle ne peut pas être la catégorie sociale ultime qui gère nos relations entre nous et avec le monde. Privatiser la santé rend les soins payants et cela signifie que les plus modestes n'y auront pas accès. Ils transmettront donc plus largement le virus (celui-ci ou le prochain). Le meilleur moyen pour les nantis de se protéger est de financer des soins de santé pour les plus modestes – ce qui est incompatible avec la marchandisation. C'était déjà la leçon d'Adam Smith, lui-même relu par l'économiste Amartya Sen. L'après-Covid sera-t-il l'occasion d'élaborations institutionnelles nouvelles fondées sur le modèle du pair-à-pair, les *commons*, l'économie contributive, plutôt que sur l'extraction de la rente que favorise la privatisation du monde ?

Et puis, le troisième aspect, souvent confondu avec le capitalisme, c'est l'économie de marché. Le marché tel que nous l'avons construit peu à peu depuis le XIIIe siècle et l'étatisation de la société à la manière soviétique conduisent l'un et l'autre à une bureaucratisation massive de nos sociétés. Avez-vous remarqué que rien ne ressemble tant à une administration publique que la bureaucratie d'un grand groupe privé ? Ce qui se passe aujourd'hui en France révèle l'échec de cette tendance : si l'on n'est même pas capable d'avoir des enzymes pour faire des tests ou de fabriquer puis stocker des masques, c'est aussi parce que la bureaucratie française est devenue incapable d'anticiper l'avenir et de prendre des décisions rapides pour s'adapter aux défis de l'Anthropocène.

JCS Le capitalisme est d'une plasticité sans pareil. Il est capable de s'adapter à tous et même de capitaliser sur ce qui le met en danger. À peine dénonce-t-on le forfait écologique, social et éthique du capitalisme, qu'il se drape de vert, de responsabilité sociale et d'éthique pour étendre toujours plus le domaine de la marchandise. Cela me semble constituer un facteur explicatif important de sa permanence. Il faut insister aussi sur sa diversité, et mettre en avant le fait que le capitalisme des cinquante dernières années est un « capitalisme financiarisé » (je reprends ici une expression de l'économiste Michel Aglietta), où l'intérêt primordial est celui des actionnaires. Par l'instabilité économique et financière qu'il engendre, ce capitalisme financiarisé est vraisemblablement en train de s'autodétruire. Ce ne sera pas la fin du capitalisme, mais la fin de ce capitalisme financiarisé des cinquante dernières années. Il aura été bien plus socialement et écologiquement destructeur que celui qui s'est mis en place aux lendemains de la Seconde Guerre mondiale quand existait un État régulateur fort.

Certes, aujourd'hui encore, cet État est plus protecteur en France qu'ailleurs, mais je ne suis pas sûre que la tendance soit à sa préservation. Il permettait pourtant des rapports de force un peu moins déséquilibrés dans le partage de la richesse entre les salariés et les actionnaires. Rappelons que le capital n'est pas le seul facteur de production ; le travail en est un autre, et il a été de moins en moins bien servi. La nature est également un facteur de production, sans compter tout un ensemble de facteurs communs tels que l'éducation, la santé, tout aussi indispensables. Cela signifie que la production doit partager ses fruits entre l'ensemble de ces facteurs si on veut faire émerger un nouveau capitalisme, plus soutenable.

XR La notion de capitalisme financiarisé est utile, mais au fond assez spécifique au capitalisme anglo-saxon. Quel pays sort renforcé de cette crise ? L'Allemagne, un pays qui a réduit, pour la finance agressive, la possibilité de rachat de ses entreprises, grâce à des institutions comme les fondations ; un pays où les salariés siègent dans les conseils d'administration, où les syndicats sont très puissants et s'insèrent dans un consensus national. Avec la grille de lecture du capitalisme financiarisé, à laquelle l'Allemagne n'a pas adhéré, on ne perçoit pas cette différenciation des économies de marché et les aspects progressistes de certaines d'entre elles. Pour ma part, je suis très favorable à l'importation du modèle de cogestion allemande et au fait de faire de la transformation de l'entreprise la question centrale.

La reconstruction du capitalisme sera l'extension de notre réflexion de l'État-providence dans d'autres sphères du social, notamment dans l'entreprise. Il faut penser celle-ci comme un lieu collectif de compromis, où on intègre les questions sanitaires, écologiques, sociales. Bien sûr, il faut en changer la gouvernance. L'illusion d'un certain capitalisme financiarisé est de croire que le conseil d'administration ne devrait que maximiser la valeur actionnariale, et donc devrait se désencastrer du social. Au contraire, on voit à présent qu'il faut ré-encastrer les entreprises dans le social et faire de celles-ci des porteurs décentralisés d'intérêt collectif. Il est nécessaire de « désétatiser » l'intérêt collectif et de le concevoir dans les collectifs de production des entreprises. C'est selon moi l'enjeu principal de la rénovation du capitalisme français.

Mais peut-on compter sur les entreprises pour engager la transformation vers des modes de production qui ne détruiraient pas la planète ? Là où la pandémie a réussi à arrêter l'économie, le réchauffement climatique n'y est jamais parvenu. Comment engager concrètement la bifurcation vers un *Green New Deal* ?

JCS Lorsque l'on s'interroge sur le *Green New Deal*, il faut oser faire le parallèle avec le *New Deal* de Roosevelt dans les années 1930. Un levier important en avait été la transformation profonde de la finance par des réformes structurelles, ainsi que la modification de gouvernance des entreprises. La politique économique, notamment en matière budgétaire, avait changé aussi fondamentalement. Il est intéressant de transposer tous ces éléments pour imaginer ce que pourrait être un *Green New Deal*. Si j'insiste sur la régulation de la finance, c'est qu'en dépit des réformes réalisées après la crise de 2007-2008 les structures n'ont pas changé ; on n'a pas touché aux modèles d'activité des banques notamment. Je n'ai jamais été complètement convaincue par les propositions de séparation entre activités de banques de dépôt et d'investissement, car l'essentiel est avant tout de décourager les activités de marché spéculatif. Remettre la finance au service de l'économie implique de recentrer les banques sur le financement des entreprises et de l'investissement, et sans doute également de réduire leur taille. Il faut aussi qu'elles soient en capacité d'absorber les pertes éventuelles. La crise sanitaire s'est transformée en une crise économique qui pourrait déboucher sur une crise bancaire et financière parce que les banques n'ont pas une capacité d'absorption très importante – bien que l'on entende les banquiers centraux et les superviseurs prétendre l'inverse pour rassurer tout le monde.

Il est nécessaire de réécrire certains articles du Code civil afin de conditionner l'activité d'une entreprise à son utilité locale et au fait qu'elle ne nuise pas d'un point de vue écologique

Par ailleurs, est-ce que le profit peut rester le seul moteur ? Plus largement, la dette peut-elle rester le carburant essentiel ? J'y tiens et me répète : il faudra en passer par une redéfinition de la richesse, et par un partage différent. Tout cela implique de mobiliser l'État, la finance et – j'en viens au *green* – de réaliser des investissements d'infrastructures indispensables pour économiser l'énergie et changer les modes de production et de consommation.

GG Je suis certain, au contraire, de la nécessité de séparer les banques d'affaires des banques de dépôt et de crédit. C'est l'étau dans lequel se trouve l'État depuis la fin des années 1990. À partir du moment où une banque cumule les deux activités et parce que l'État est incapable de garantir publiquement les comptes des dépôts (cela coûterait beaucoup trop cher), il ne peut pas prendre le risque de la faillite d'une banque mixte dont la taille de bilan équivaut à son PIB. Pour sauver les dépôts des Français, le voilà obligé de sauver la banque tout entière toutes les fois que la partie « banque d'affaires » accuse des pertes sur les marchés financiers. Sachant que ces derniers connaissent en moyenne une crise grave tous les quatre ans depuis quarante ans, le département « dépôt et crédit » sert essentiellement de coussin de sécurité au département « marchés », et fournit un alibi récurrent pour contraindre l'État à sauver la banque. Il est d'autant plus nécessaire de mettre fin à ce chantage que l'Union bancaire européenne ne protège pas le citoyen français. Le fonds de résolution des crises bancaires de 55 milliards, qui sera prêt en 2023 (c'est-à-dire trop tard), n'est pas à l'échelle de la gravité du sujet.

Le changement de statut des entreprises constitue en effet une urgence. Le rapport de 2018 « Entreprise et intérêt général » conduit par Nicole Notat et Jean-Dominique Senard ne va pas assez loin ; il a été en partie « émondé » par l'actuel gouvernement. Il est nécessaire de réécrire les articles 1832 et 1833 du Code civil afin de conditionner l'activité d'une entreprise à son utilité locale et au fait qu'elle ne nuise pas d'un point de vue écologique : mettre en place des comités d'entreprise et des conseils d'administration où les salariés peuvent être partie prenante des décisions au sens de la *Mitbestimmung* [« participation »] allemande et, pourquoi pas, devenir copropriétaires de l'entreprise. Une entreprise, ce n'est pas une boîte noire destinée à cracher du *cash* pour les actionnaires : c'est une communauté constituée autour d'un projet. Et, même si le profit est nécessaire dans le secteur privé, la maximisation du profit ne peut pas être son unique boussole.

XR L'enjeu est systémique. La question environnementale doit changer l'économie en profondeur : cela va de la comptabilité publique, privée, au droit social ou des affaires, à l'investissement public, etc. Il faut aussi être pratique. Sur le plan le plus économique, le coût social de la destruction de l'environnement – la pollution, l'anéantissement de la biodiversité – doit être davantage inséré dans le prix de chaque produit. Aujourd'hui, le prix du carbone sur les marchés s'est effondré. Il faut revoir l'ensemble de sa tarification en fixant un prix « plancher » (qui n'existe pas pour l'instant !) et un plafond – ce qu'on appelle un corridor de valeur. Au niveau plus structurel, comment faire pour imposer aux entreprises des critères écologiques ? Cela peut déjà commencer par l'actionnariat et l'investissement publics. Au niveau européen, initions un mouvement avec une taxe aux frontières de l'Europe sur certains biens facilement mesurables comme le ciment ou l'acier lorsqu'ils sont très producteurs de gaz à effet de serre. Sur tous ces aspects, le consensus politique n'est pas loin – c'était un axe du discours d'Ursula von der Leyen à la Commission européenne.

Le risque est grand d'assister à une opposition du social et de l'écologie – les organisations patronales l'ont exprimé d'ailleurs avec une maladresse touchante... Il faut donc traiter massivement la question sociale pour qu'on puisse accepter d'imposer, au nom de la transition énergétique, des contraintes sur les entreprises impliquant des coûts sociaux

Mon trouble vient de ce que je ne perçois pas de base de mobilisation en faveur de la question écologique équivalente à celle de la question sociale. Trump a été élu. Tout comme Bolsonaro, Boris Johnson, les frères Kaczynski... Le risque est grand d'assister à une opposition du social et de l'écologie – les organisations patronales l'ont exprimé d'ailleurs avec une maladresse touchante...... Il faut donc traiter massivement la question sociale pour qu'on puisse accepter d'imposer, au nom de la transition énergétique, des contraintes sur les entreprises impliquant des coûts sociaux. En tant qu'économiste, je ne veux pas avoir l'air de dire qu'on sait tous ce qu'il faut faire – ce n'est pas vrai, loin de là –, mais, tout de même, de nombreuses pistes sont déjà à explorer. La question reste celle de la mobilisation politique pour y arriver.

GG Quelle base démocratique pour l'écologie aujourd'hui ? La jeunesse ! Ce qui me rend très optimiste. La jeune génération sait que nous sommes en passe de lui livrer une planète inhabitable. La bonne nouvelle est que les plans de transition pour les pays comme la France sont connus : nous en avons décortiqué près d'une dizaine au sein du comité des experts pour le débat national sur la transition, en 2013. Ils passent tous par les mêmes cases : la rénovation thermique des bâtiments publics et privés, la mobilité verte, le verdissement de l'industrie et de l'agriculture. Ainsi n'y a-t-il aucun motif de continuer à construire des voitures thermiques, d'autant que les normes européennes nous obligent à passer à la voiture électrique très rapidement. Évidemment, l'enjeu est beaucoup plus vaste qu'un simple problème de batterie électrique automobile : il concerne le réaménagement du territoire français avec des petites villes denses, de la poly-agriculture autour des villes (donc des circuits courts) et du train (donc du fret ferroviaire) pour acheminer la nourriture dans les centres commerciaux à proximité des gares. Tout cela est connu des urbanistes depuis dix ans, et c'est un chantier qui va nous occuper pendant cinquante ans. Va-t-on le mettre en œuvre avec ce gouvernement ?

Pour mettre en œuvre la reconstruction écologique, il faut faire notre deuil de l'idéologie du libre-échange qui n'a aucun fondement scientifique, et nous résoudre à un certain type de protectionnisme intelligent aux niveaux français et européen sans lequel aucune ré-industrialisation verte du pays n'est possible ; il faut non seulement revenir sur les privatisations mais consentir à l'entrée de l'État dans le capital d'un certain nombre d'entreprises et à des dépenses publiques massives pour financer les investissements verts indispensables ; remettre en place une fiscalité carbone aux frontières dont les grandes entreprises polluantes ne soient plus exemptées, accompagnée d'un chèque énergie substantiel pour les ménages piégés par la hausse du prix à la pompe. Je l'ai dit : le profit ne peut pas être le seul moteur de l'entreprise.

La politique pour gérer la crise sanitaire n'est pas très différente de celle qui a été menée pour gérer la crise de 2008. Or ce sont des politiques qui créent une énorme vulnérabilité financière

Aujourd'hui, le capitalisme ouest-européen exige de l'État la prise en charge des coûts fixes des infrastructures, mais privatise tous les secteurs, même stratégiques (télécommunications, énergie, etc.). Là aussi, il faut redéfinir l'État non plus comme celui qui socialise les coûts fixes de manière à ce que le privé puisse faire des marges, mais comme le sujet qui participe à une vraie stratégie globale. Quant au coût social de la reconstruction écologique, il est réel, mais l'alternative coûte encore beaucoup plus cher. D'ici 2040, on risque des pertes de 40 à 80 % de l'eau pluviale accessible en Espagne, en Italie, au sud de la France. C'est demain matin. Si le coût de l'action est substantiel, celui de l'inaction est bien pire encore.

JCS Quand on réalise l'importance des services publics, on se rend compte de la nécessité des dépenses publiques et donc de leur financement. Cette question nous amène à celle des impôts et de la dette. En ce qui concerne les impôts, rappelons cette évidence qui ne l'est pas toujours pour certains ; chaque individu, chaque entreprise doit payer sa contribution et la payer à hauteur de sa capacité. Cela implique de lutter fermement contre l'évasion fiscale et de veiller à ce que l'impôt soit suffisamment progressif. Là encore, les propositions pour un impôt redistributif et correcteur des inégalités existent en nombre. Quant à la dette, est-ce toujours le bon moyen de financement ? Certains grands investissements d'avenir ne pourront ou ne devront pas passer par l'endettement. Je m'explique. La dette n'est pas un mal en soi. C'est un bon instrument de financement quand celui qui emprunte n'aura pas besoin de compter sur une dette future pour rembourser sa dette passée. Et c'est un bon instrument quand cela permet de financer un investissement qui engendre des revenus et qui crée les conditions du remboursement de la dette.

Nous ne sommes, hélas, pas du tout dans cette situation. Dans les semaines de confinement qui viennent de s'écouler, on n'a pas financé des investissements, mais comblé des pertes et des manques à gagner. La politique pour gérer la crise sanitaire n'est pas très différente de celle qui a été menée pour gérer la crise de 2008. Or ce sont des politiques qui créent une énorme vulnérabilité financière. Il faudrait, selon certains, ne pas s'inquiéter du niveau de la dette au motif que le taux d'intérêt est bas. Cela me semble un aveuglement assez dangereux. Nous allons au-devant d'un problème d'insoutenabilité de la dette, et donc potentiellement au-devant d'une crise des dettes souveraines dans le cadre de la zone euro. Si on veut libérer la dépense sans s'exposer à un risque d'insoutenabilité, une solution pourrait être la monétisation, soit un transfert de monnaie centrale aux États pour gérer la crise. Il s'agit d'un mode de financement qui relie directement la banque centrale aux trésors et qui se traduit par un transfert de monnaie centrale sans remboursement, et donc sans élévation de la dette.

Est-il judicieux de s'appuyer sur la Banque centrale européenne (BCE) quand on voit les difficultés à trouver un accord à l'échelle européenne et l'arrêt du 5 mai 2020 de la Cour constitutionnelle allemande au sujet du programme d'achat des dettes d'État par la BCE ?

JCS La monétisation peut être un cordon de financement dans cette période de gestion de crise, et dans le cadre, aussi, de la transition écologique, pour permettre aux États de réaliser les investissements d'infrastructures nécessaires. Le problème est moins aigu aux États-Unis : les bons du Trésor états-uniens resteront toujours la valeur refuge tant qu'il n'y en a pas d'autre. En revanche, une nouvelle crise des dettes souveraines pourrait être fatale à la zone euro. De ce point de vue, bien qu'elle soit interdite par le traité, la monétisation serait une solution alternative bien meilleure.

Certes, des pays européens y sont hostiles, tels l'Allemagne ou les Pays-Bas, et on me rétorque qu'il est ridicule d'évoquer des solutions hors traité. Il me semble au contraire que la situation actuelle légitimerait tout à fait un amendement des traités pour permettre une monétisation indispensable à la préservation de l'intégrité de la zone euro à moyen terme. Jusqu'à présent, le schéma de financement des États dans la zone euro est le suivant : ils se financent sur les marchés en émettant des titres sur les marchés primaires, et la BCE intervient sur le compartiment secondaire pour acheter des titres aux investisseurs qui veulent bien les vendre. C'est un financement qui n'est pas direct. Et, surtout, c'est un financement par achat de dette, qui ajoute donc de la dette à la dette. Cela étant, si l'on considère vraiment le risque d'insoutenabilité de la dette, peut-être s'accordera-t-on sur des solutions intermédiaires comme l'émission d'une dette perpétuelle proposée par l'Espagne, ou au moins l'émission d'une dette mutualisée via des *eurobonds* ou des *coronabonds* (il faudra trouver le nom de baptême).

XR Je ne suis pas d'accord pour dramatiser la question des dettes publiques. Depuis 2008, la demande de dette publique a augmenté plus vite que l'endettement des États, qui a crû de 30 % de la richesse mondiale. Les épargnants veulent de la dette publique. Il n'y a donc pas de problème de financement des dettes publiques pour les dix à vingt ans qui viennent. Ne nourrissons pas un faux débat consistant à créer une inquiétude illégitime susceptible de provoquer de mauvais réflexes, comme l'austérité. On va donc passer à 110-120 % d'endettement en France durant cette crise, mais on l'absorbera avec des taux d'intérêt faibles ; s'il le faut même, on mettra en place des réglementations pour que les taux d'intérêt le restent. Les États savent le faire et c'est ce que le FMI appelle la répression financière.

Cela dit, tous les pays ne sont en effet pas sur la même échelle dans la perception qu'en ont les marchés. Aujourd'hui, les Européens acceptent que l'État italien paie des taux d'intérêt 2 % plus élevés que les taux d'intérêt allemands. L'un des pays les plus touchés par la crise du Covid-19 paie donc plus cher sa crise économique. C'est un manque de solidarité politique et non un manque de tuyauterie économique. Le vrai problème des Italiens est que, depuis trente ans, ils oublient d'inventer la productivité du travail. L'Italie est un pays qui est en train de sortir de l'Histoire, comme l'Argentine au début du XXe siècle. Et nous, Européens, laissons un pays voisin s'appauvrir quand il faudrait au contraire l'aider à retrouver le chemin d'une prospérité partagée.

GG La dette publique ne devrait pas être un problème, mais comme elle sert constamment de prétexte à la mise en place de politiques d'austérité, on est obligé de la réduire pour limiter la portée de cet alibi. Que l'on aille vers une crise des dettes souveraines, cela me semble évident et s'explique notamment par le dogme de l'indépendance de la BCE et l'obligation faite aux États d'emprunter sur les marchés : 60 % de la dette publique française proviennent des intérêts de la dette versés aux spéculateurs privés. L'annulation des dettes publiques détenues par la BCE devrait être une solution. C'est un tabou, mais elle ne pose aucun problème technique. La Banque des règlements internationaux (BRI) – la banque centrale des banques centrales – a d'ailleurs publié un rapport en avril 2013 pour rappeler qu'une banque centrale peut très bien avoir des fonds propres négatifs. Cela permettrait à la France de gagner 400 milliards de dettes, et fournirait une bouffée d'oxygène budgétaire colossale.

L'annulation des dettes publiques détenues par la Banque centrale européenne devrait être une solution. C'est un tabou, mais elle ne pose aucun problème technique

Cela dit, si nous sommes capables de vivre avec 250 % de PIB de dette publique, comme le Japon, sans en prendre prétexte pour faire des coupes claires dans les dépenses publiques, cela me va très bien ! À cela près que 95 % de la dette publique nippone sont détenus par des Japonais. En France, c'est un tiers seulement. Le surendettement est donc *a priori* plus problématique chez nous.

Au demeurant, le mécanisme actuel mis en place par la BCE qui rachète uniquement sur le marché secondaire est extrêmement bénéfique aux banques qui empochent une marge sans risque, et maintient la dépendance des États à l'égard des marchés. Je ne connais aucune justification analytique sérieuse à l'indépendance de la BCE. La monnaie n'est pas neutre, ni à court, moyen ou long terme : comment a-t-on pu imaginer un jour que cela aurait du sens de séparer la politique monétaire de la politique budgétaire ? C'est une extension de la phobie antidémocratique des Alliés à l'égard des Allemands. En fait, les Alliés en 1919 et 1945 ont imposé l'indépendance de la banque centrale allemande par défiance à l'égard du pouvoir politique allemand. On a cru dans les années 1970 y voir le secret du « miracle allemand » des Trente Glorieuses, et les élites occidentales se sont convaincues qu'il fallait généraliser ce dispositif à tout le monde, avec de pseudo-arguments économiques qui n'ont aucun sens.

JCS Le fait de constater que le taux d'intérêt est bas et qu'il va le rester longtemps ne suffit pas à dire que la dette publique ne sera pas un problème structurel dans les années à venir. Il y a quand même pour certains pays une remontée des taux à dix ans (pour l'Italie notamment). Gérer cette crise en ajoutant de la dette à la dette amènera certains à affirmer qu'il faut de l'austérité parce qu'on est allé trop loin dans la dégradation des finances publiques. C'est précisément pour se mettre à l'abri de l'austérité, pour ne pas réduire la dépense publique dont on a besoin pour gérer cette crise sanitaire (et demain pour gérer la crise climatique), qu'il faut envisager une autre façon de financer cela. Annuler des dettes est éventuellement une solution, mais la question est de savoir si la banque centrale en détiendra suffisamment. Même si la BCE en vient à détenir 40 % de la dette publique, que se passera-t-il pour les 60 % autres, en cas de problème sur certains pays ? Quelles seront les réactions des investisseurs ? La BCE s'engagera-t-elle à étendre toujours plus loin sa détention ? On a tort aujourd'hui de fermer les yeux sur ce problème.

La monétisation est actuellement le meilleur moyen d'articuler très fortement politique monétaire et politique budgétaire. Et c'est le meilleur moyen de mettre la banque centrale au service des trésors pour qu'ils puissent conduire de façon très libre leur politique budgétaire. Cela étant, je ne suis pas certaine que cela conduise à remettre en question l'indépendance de la banque centrale, notamment par rapport à leur objectif de stabilité monétaire. L'indépendance est nécessaire de ce point de vue.

XR Mais les banques centrales ne sont pas indépendantes ! La banque centrale appartient aux États qui fixent son mandat, autrement dit ses objectifs. La BCE a une indépendance opérationnelle, c'est-à-dire la liberté de créer des outils pour atteindre son mandat, qui est défini par les États. Nous avons choisi de lui donner un mandat qui est la stabilité des prix. Aux États-Unis, le mandat de la banque centrale est de stabiliser les prix, de minimiser le chômage et les fluctuations des taux d'intérêt. Je pense qu'il faudra changer le mandat de la BCE à un moment donné, pour y placer la stabilité économique. Mais je ne suis pas sûr que son indépendance opérationnelle soit un problème.

Qu'apporterait le transfert direct de monnaie centrale – ce qu'on appelle la « monnaie hélicoptère » – dans notre contexte ?

JCS Quand on en parle, on a en tête cette parabole de l'hélicoptère qui déverse des billets sur la collectivité. Ce qui aurait du sens dans la phase d'urgence, c'est de transférer de la monnaie centrale aux États, aux trésors, pour libérer la politique budgétaire sans s'exposer à un risque d'insoutenabilité de la dette. Dans un deuxième temps, afin de réamorcer l'activité, le transfert de monnaie centrale aux ménages et aux entreprises serait également intéressant. Cela permettrait de maximiser les effets de la politique monétaire, de les transmettre directement à l'économie réelle en s'affranchissant des canaux bancaires et financiers qui fonctionnent très mal.

La politique de rachat massif des dettes par la banque centrale – ce qu'on appelle le *quantitative easing* – fait en effet augmenter les prix des actifs financiers et baisser le niveau des taux d'intérêt longs. Est-ce que cela permet d'avoir un investissement plus fort dans l'économie réelle ? La réponse est non. Certes, on ne pratique véritablement le *quantitative easing* européen que depuis 2015, mais on n'a pas observé des effets d'entraînement forts. Si on veut compléter la relance budgétaire par de la relance monétaire, la monnaie hélicoptère permettrait de distribuer très rapidement et de manière très uniforme les effets de la politique monétaire. Cela n'a pas vocation à être pérenne. Il y aurait donc deux temps à distinguer. Le premier serait la monétisation des dépenses publiques, et le deuxième serait le ré-amorçage de l'activité avec du transfert de monnaie centrale aux entreprises et aux ménages. Le coût serait pour la banque centrale. Ses fonds propres deviendraient négatifs, mais cela, on l'a dit, ne l'empêcherait pas de fonctionner. Et si on ne veut vraiment pas que les fonds propres de la banque centrale soient négatifs, parce qu'on se dit que ce serait mauvais pour la crédibilité de son action, on peut très bien inscrire une créance *ad hoc* à l'actif de son bilan, comme une sorte de dette perpétuelle. Dans ce cas, les fonds propres resteraient positifs.

Le transfert de monnaie centrale permettrait de maximiser les effets de la politique monétaire et de les transmettre directement à l'économie réelle en s'affranchissant des canaux bancaires et financiers qui fonctionnent très mal

XR La monnaie hélicoptère n'est ni un outil magique ni un problème majeur. Je comprends le souci de transférer du revenu aux ménages. Dans certains cas, la monnaie hélicoptère rend plus efficace la politique monétaire, en effet. Normalement, celle-ci achète des dettes sur les marchés financiers et donne de la monnaie aux acteurs des marchés financiers (les banques) qui utilisent cette monnaie pour faire des crédits à d'autres personnes. La monnaie hélicoptère permet de toucher des tas de gens qui sont déconnectés du monde financier et bancaire, et donc de donner du revenu aux plus pauvres, qui ont les propensions à consommer les plus élevées, et cela relance l'économie. Par rapport au rachat de la dette sur les marchés, la monnaie hélicoptère a d'incontestables qualités. Cela multiplie l'efficacité des canaux de la politique monétaire. Dont acte.

Nos parlements ont été créés pour gérer l'impôt : c'est à eux de jouer. Pour absorber les dettes, il faut une taxe temporaire élevée sur la richesse !

Je pense toutefois que c'est donner trop de pouvoir aux banques centrales. Il faut repolitiser l'économie et ne pas économiciser la politique. Pour gérer les niveaux de revenus dans nos États, l'instrument reste la fiscalité. Je préfère que l'État distribue du revenu et qu'il se finance par achat de la dette publique à travers la banque centrale. Cela me semble plus sain pour la vie démocratique que de demander à la banque centrale de donner elle-même du revenu. Car à qui le distribuer ? Comment ? Quel montant ? Le même pour tous ? Ce serait alors très inégalitaire !

Je rappelle que nos parlements ont été créés pour gérer l'impôt : c'est à eux de jouer. Pour absorber les dettes, il faut une taxe temporaire élevée sur la richesse ! C'est ce que nous disent les modèles hyper-standards de fiscalité optimale. Plutôt que de traîner des dettes publiques et des questions compliquées sur l'impôt futur, mieux vaut le gérer une fois pour toutes : on fait une taxe massive sur la richesse hors instrument de travail et on privatise les pertes sociales de la gestion de la crise, au lieu de socialiser les pertes privées.

GG Il y a la nécessité de remettre en place une fiscalité progressive du patrimoine, des revenus du travail et des rentes, dont les successions. Plus généralement, c'est l'ensemble de notre système fiscal qui doit être rendu transparent et repensé. D'accord aussi sur la nécessité de ré-encastrer l'économie dans le politique : cela suppose un État stratège qui prenne réellement en charge l'intérêt général et aménage les conditions de possibilité juridiques, sociales, culturelles pour que la société civile puisse inventer les communs de demain : monnaies locales, éco-villages, entreprises coopératives, etc. Mais je maintiens que la BCE a été rendue indépendante du pouvoir politique. Certes, c'est le politique qui en a décidé ainsi, mais n'est-ce pas le paradoxe de toute démocratie que de pouvoir mettre démocratiquement fin à elle-même ? Re-politiser l'échelon européen suppose une instance politique démocratiquement désignée – la fameuse « seconde jambe » qui fait défaut aux institutions communautaires depuis quarante ans, la première étant celle du marché unique – devant qui la BCE soit redevable. Le Parlement européen ne suffit pas : il faut aussi un exécutif européen, démocratiquement élu, qui remette la Commission à sa place, celle d'une administration au service des peuples et non pas d'un pouvoir supra-étatique inféodé aux *lobbies*. Cette re-politisation du projet européen est de plus en plus compromise par les effets dévastateurs des failles de la zone euro, qui accélère la divergence entre les économies, alimente le ressentiment et fait le lit des zélateurs antidémocratiques d'extrême droite.

Ne voyez-vous aucune pertinence à la mise en place d'un revenu de base ou revenu universel ?

JCS Certains ont de la sympathie pour la monnaie hélicoptère parce qu'ils y voient les prémices d'un revenu universel, mais cela n'a rien à voir. Le revenu universel serait, dans l'esprit de certains, ce qui viendrait se mettre en place parce que l'on craint une évolution de plus en plus chaotique des salaires, ou un changement de nature du travail. Si la plupart des gens dans un avenir plus ou moins proche ne parviennent plus du tout à vivre de leur salaire, on sera bien obligé de trouver un revenu de substitution au salaire. En est-on là ? Imaginons que nous soyons à nouveau confinés pendant encore plusieurs mois à l'automne, que certaines entreprises mettent la clé sous la porte, que le chômage explose partout, les conditions seraient alors réunies. De même, si on faisait un super saut technologique et que, pour produire tout et n'importe quoi, on n'ait plus besoin des humains. Mais nous n'y sommes pas ! La priorité est plutôt de repenser le partage de la valeur ajoutée ou de faire en sorte qu'une plus grande part de la richesse créée au sein de l'entreprise aille aux salariés.

GG Il faut distinguer entre deux types de revenu universel. L'un, « de droite », a vocation à se substituer à toutes les aides publiques et à devenir une sorte de revenu minimal de subsistance pour tous. Le second, « de gauche », s'ajoute aux aides publiques déjà existantes et vise à protéger les citoyens en âge de travailler contre les dysfonctionnements du « marché du travail ». Le premier permet de maintenir en vie une « armée de réserve », contrainte de consentir à l'esclavage, tels les chauffeurs Uber, pour pouvoir faire mieux que survivre.

Je crois que la question de la création d'emplois verts par un État stratège est prioritaire. En tant que projet de société, elle n'induit pas le même rapport au travail que le revenu universel

Le second, c'est celui que le pape François recommande. La force de ce second type de revenu universel, c'est que, par nature, il fait l'économie de toute procédure administrative de sélection des ayant-droits, laquelle risque toujours de commettre des erreurs et de dissuader ceux qui devraient y avoir accès. Plus l'administration est défaillante, plus un tel dispositif est vertueux. Raison pour laquelle, comme le pape et quelques économistes, j'y suis très favorable pour un certain nombre de pays des suds, dont l'administration publique a été en partie détruite par les plans d'ajustement structurel imposés dans les années 1980-1990 à la suite de la (première) crise de la dette publique. Cela s'impose moins pour un pays comme la France, sauf pour les moins de 25 ans aujourd'hui. Pour les autres, je crois que la question de la création d'emplois verts par un État stratège est prioritaire. En tant que projet de société, elle n'induit pas le même rapport au travail que le revenu universel.

XR Sur le revenu universel, le sujet est parfois assez mal posé. Si on parle d'un revenu minimum pour tous les Français, c'est déjà le cas. Mais le fractionnement de différents revenus de substitution rend leurs versements complexes. Il y a matière à simplification et j'y suis favorable parce que le taux de non-recours au RSA est de 30 %. La question est ensuite de savoir quel est le niveau de ce revenu auquel on aspire. C'est un débat politique qui fait partie du contrat social. Ma seule vraie réserve est la suivante et rejoint ce qui a déjà été dit : je pense que l'actualité est de réinvestir l'entreprise. Le cœur du problème est d'avoir un salaire assez élevé et cela se décide dans l'entreprise. Quant à la question du revenu, il faudrait surtout que les entreprises ne puissent pas faire n'importe quoi et que l'État n'intervienne pas comme assureur, sinon on va laisser la société générer des tas d'inégalités que l'État va compenser. Les inégalités de revenus primaires, soit ceux avant redistribution, doivent être traitées dans l'entreprise ; le revenu universel court le risque de détourner le regard de cet enjeu.

La crise peut accentuer l'idée que l'économie devrait occuper une place beaucoup moins importante dans nos vies. De plus la parole des économistes peut paraître décrédibilisée puisque aucune modélisation n'a permis d'envisager ce qui nous arrive. Autrement dit, comment la science économique, qui a toujours peu intégré les incertitudes et où les controverses semblent légion, peut-elle vraiment convaincre qu'elle peut nous aider ?

XR Pour commencer, une des leçons de la crise du Covid-19 est de montrer qu'il y a autant de désaccords chez les économistes que chez... les médecins. Plus sérieusement, il faut vraiment séparer l'économie comme science sociale de l'utilisation politique du discours économique. Ce que l'on appelle néo-libéralisme est un projet politique pour mettre le marché au cœur de la société et l'État à sa périphérie. Friedrich Hayek a défendu ce projet avec un sens certain de la formule, en affirmant que « la justice sociale est le premier pas vers le totalitarisme », ce qui est aujourd'hui une position intenable.

De même la construction européenne a placé le marché unique comme moteur d'intégration politique. Tout cela relève de choix politiques. On entre maintenant dans un moment intellectuel exigeant, celui d'une redéfinition du lien entre économie et politique, et c'est pourquoi il nous faut prendre de la hauteur pour utiliser tous les blocs pertinents – l'institutionnalisme, la régulation, mais aussi le keynésianisme, le néo-keynésianisme, voire certains courants néo-classiques, l'agrégation des préférences par Condorcet, etc. – avec le souci de ne pas accepter que l'économie serve de substitut au projet politique. L'économie comme discipline sera en revanche un allié efficace pour trouver les moyens d'un projet politique commun.

On entre maintenant dans un moment intellectuel exigeant, celui d'une redéfinition du lien entre économie et politique

JCS Il y a peut-être un point plus spécifique que souligne la crise actuelle. Il me semble que, dans les débats autour de la monnaie hélicoptère, de la politique monétaire, du financement des dépenses publiques, nous sommes vraiment à l'articulation du monétaire et du budgétaire. Or il y a quand même chez la plupart des économistes une méconnaissance des mécanismes monétaires, sinon au moins une tendance (voire une tradition) à laisser de côté les aspects relatifs à la circulation et à la création monétaires. Je pense que si les propositions de monnaie hélicoptère sont si peu considérées ou regardées d'un peu haut, c'est précisément parce que beaucoup d'économistes ignorent le mécanisme de la création monétaire. Il y a des sujets qui sont un peu tabous pour eux, des zones d'ombre, comme des trous noirs, et la monnaie en fait partie. La monnaie et, plus largement peut-être, la politique monétaire sont des sujets qui ne sont paradoxalement pas suffisamment bien explorés par les économistes, et donc ils n'entrent pas dans le débat public, faute de personnes pouvant les expliquer.

GG Jusque dans les années 1920, il ne serait jamais venu à l'esprit de quelqu'un de « sérieux » de demander son avis à un économiste sur le sort des peuples. Mais la Grande Dépression et la guerre (gagnée autant grâce à la reconversion de l'industrie américaine en industrie de guerre que par la tactique guerrière) ont érigé les économistes en champions des ressorts ultimes de notre histoire collective. Avec l'énorme dépression économique qui s'abat sur la plupart des économies à cause du confinement (et non pas du virus), je ne suis pas sûr que la demande sociale à l'égard des économistes se tarisse prochainement.

En revanche, on pourrait assister à une remise en cause des pathologies néo-classiques que sont l'austérité budgétaire et le creusement des inégalités par les bulles financières et immobilières. Les néo-keynésiens sont des néo-classiques déguisés : s'ils ne transforment pas leur *credo*, ils seront tout autant discrédités que les autres. Cela dit, le keynésianisme lui-même n'est plus ajusté à notre époque : le Keynes de la *Théorie générale* est malheureusement resté très ambigu sur la monnaie (peut-être par tactique, pour se rendre audible de ses auditeurs néo-classiques) et, bien sûr, étranger à la problématique écologique. Il nous faut désormais une économie monétaire post-keynésienne et écologique, capable d'intégrer les contraintes thermodynamiques qui structurent nos sociétés comme tous les êtres vivants complexes

JCS / GG / XR

PROPOS RECUEILLIS PAR
Vincent Casanova

LE TRAVAIL À INÉGALES DISTANCES

PAR
Antonio A. Casilli

Entre ceux qui ont « réussi » leur quarantaine en télétravaillant et ceux qui ont été contraints de choisir une précarité plate-formisée, les inégalités du monde du travail se révèlent encore davantage.

L'adoption de mesures de confinement par les pays touchés par la crise sanitaire du Covid-19 a eu pour conséquence, prévisible, la consolidation de l'hégémonie économique et culturelle des plates-formes numériques. Dans un contexte de « distanciation », les intermédiaires sociaux, tels les applications de messagerie, les médias numériques et les services de visioconférence ont vu une explosion de leur usage. Les liens familiaux, les sociabilités amicales, les relations amoureuses, les loisirs au temps du coronavirus semblent désormais passer presque exclusivement par WhatsApp, Skype, ou Netflix. Toutefois, la croyance en un « effet de déplacement » de l'interaction en présence au profit de l'interaction à distance, par l'intermédiaire de technologies numériques, est une idée fallacieuse.

Depuis les années 1990, plusieurs études sur les sociabilités connectées ont montré qu'il est erroné d'envisager les interactions en présence et celles sur Internet comme des solutions mutuellement exclusives. Contrairement à une idée reçue, ce n'est pas parce que nous passons du temps face à un écran que nous négligeons nos relations en face-à-face[1].

Sous le confinement, cette tendance s'est confirmée. Les personnes qui ont davantage de contacts en présence sont aussi celles qui communiquent par une variété de canaux numériques avec le plus de monde. Et ceux qui entretenaient déjà davantage de liens forts (proches, amis, voisins) se sont trouvés à devoir faire de la place aux collègues, connaissances et famille

1. Antonio A. Casilli, *Les Liaisons numériques. Vers une nouvelle sociabilité ?*, Paris, Seuil, 2010.

éloignée – c'est-à-dire aux liens faibles leur réclamant des séances de vidéoconférence ou des emails à toute heure – plus souvent. Pour d'autres (personnes âgées, isolées ou vivant en situation de handicap), l'absence d'interactions au quotidien n'a été compensée qu'imparfaitement (ou pas du tout) par les relations à distance.

Télétravail, un triomphe illusoire

Dans le monde professionnel, la crise du Covid-19 a été saluée comme le triomphe du « travail intelligent » *(smart working)*, dont le télétravail représente la manifestation la plus visible. Fini le bureau à distance un ou deux jours par semaine, avec l'intranet de son entreprise et un téléphone pour tout équipement. Le temps est aux bricolages informatiques qui combinent des outils souvent fournis par des sociétés tierces et adoptés à la dernière minute pour « faire office de bureau » et maintenir la vision idéalisée d'un lieu de travail où les interactions autant formelles qu'informelles contribuent à la productivité : un fichier partagé Google Docs se substitue au travail en collaboration, Slack permet la gestion de projets, Skype autorise les apéros entre collègues, un tournoi de Mario Kart vaut pour un séminaire de consolidation d'équipe.

Dans la période où les pays de l'hémisphère Nord entraient en confinement, on a pu observer les performances boursières du logiciel de vidéoconférence Zoom, ainsi que l'augmentation du trafic sur une vaste gamme de services de communication numérique. Peut-on pour autant considérer ces indicateurs comme les signes d'un déplacement massif vers des intermédiaires numériques capables d'assurer la continuité de toute activité productive en période de blocage ? Ce serait faire fi des vastes divergences qui caractérisent les secteurs industriels, professions et groupes sociaux.

Un fichier partagé Google Docs se substitue au travail en collaboration, Slack permet la gestion de projets, Skype autorise les apéros entre collègues, un tournoi de Mario Kart vaut pour un séminaire de consolidation d'équipe

Tout d'abord, le télétravail n'est pas aussi répandu que ce que l'on imagine. Avant la crise sanitaire, le travail à domicile, plusieurs jours par semaine, n'était choisi que par 7 % des actifs aux États-Unis[2]. Pendant les périodes de confinement, on estime que le travail quotidien à domicile ne concerne qu'environ 25 % des travailleurs en France[3]. Le taux varie en fonction de la classe sociale : confinement ou pas, le télétravail assisté par plate-forme reste plus courant dans les tranches de revenus supérieures[4].

Un marché du travail à fractures multiples

De plus, les personnes auxquelles est offerte la possibilité de travailler à domicile n'épuisent pas toutes les configurations présentes sur le marché du travail. Une première ligne de partage se dessine entre ceux qui peuvent télétravailler et ceux dont les occupations ne peuvent pas être transposées en distanciel. Parmi ces derniers, nombreux sont ceux qui sont confrontés directement au chômage. En

2. « Work-at-Home After Covid-19. Our Forecast », publication prévisionnelle ayant suivi le sondage « Global Work-from-Home Experience Survey 2020 » du Global Workplace Analytics.

3. « Lutte contre le Covid-19. Réactions des Français à l'allocution d'Emmanuel Macron et face au confinement », sondage d'Odoxa, avec Dentsu Consulting, 25 mars 2020.

4. Richard V. Reeves et Jonathan Rothwell, « Class and Covid. How the less affluent face double risks », Brookings Institution, 27 mars 2020.

mars 2020, la France a assisté à un bond de 7 % du nombre de demandeurs d'emploi, alors que les États-Unis ont enregistré trente millions de nouveaux chômeurs.

Or, ce sont les personnes de classes populaires et de milieux modestes qui réalisent la majeure partie de ces activités impliquant une proximité physique importante, de plus grands risques sanitaires en temps de pandémie, et offrant rarement des mesures de protection sociale adaptées

Les personnes qui, tout en restant en activité, ne peuvent pas télétravailler, constituent la troisième tranche du marché du travail. Ils travaillent, mais dans des conditions plus difficiles, s'exposant à des formes de précarité et des risques accrus. Ce sont les personnels soignants, ou ceux de la grande distribution, du nettoyage, ou encore ceux qui sont engagés dans les services de secours. Autant de travailleurs jugés désormais « essentiels », au point que la survie du système économique et du bien-être des autres citoyens dépend du fait que leur activité ne soit pas interrompue. Or, ce sont les personnes de classes populaires et de milieux modestes qui réalisent la majeure partie de ces activités impliquant une proximité physique importante, de plus grands risques sanitaires en temps de pandémie, et offrant rarement des mesures de protection sociale adaptées[5].

Précarité plate-formisée

À ceux-là s'ajoute un autre groupe de travailleurs, plus petit et moins visible, mais essentiel. Ce sont tous ceux qui, pris au piège entre inactivité et précarité plate-formisée, s'orientent partout dans le monde vers le travail du « dernier kilomètre ». Il s'agit notamment des travailleurs occasionnels qui s'occupent de livraison, de logistique et de tous ces autres métiers au bout de la chaîne d'approvisionnement. Ils fournissent une main-d'œuvre « tâcheronnisée » et « datafiée ». Ils livrent, ils transportent, et par la même occasion entraînent des algorithmes qui font fonctionner les GPS, les publicités ciblées, les systèmes de tarification dynamique[6].

Leur sort est étroitement lié à celui des professionnels de la santé, de la grande distribution et de l'industrie agroalimentaire. Comme les employés de ces secteurs, ils sont contraints de travailler hors domicile. Cependant, ils le font en dehors du cadre salarial. Précaires, ils sont plus exposés aux risques sanitaires, d'autant plus que leurs contrats sont atypiques, peu rémunérateurs, dépourvus de congés maladie et de remboursement pour d'éventuels frais d'hospitalisation. C'est sur ces « faux indépendants » qu'il faut se pencher pour comprendre comment de nouvelles opportunités de visibilité et d'anciennes menaces d'invisibilisation pèsent sur les métiers qui vont survivre au confinement.

INTERMEZZO #1
STALINGRAD

Milan, épicentre de la pandémie européenne en avril 2020. « Milan comme Stalingrad », d'après un slogan sur un mur, rue Visconti di Modrone. La nuit, ceux qui n'arrivent pas à s'endormir sortent sur leur balcon, donnant sur les

5. Lazaro Gamio, « The Workers Who Face the Greatest Coronavirus Risk », *New York Times*, 15 mars 2020.

6. Antonio A. Casilli, *En attendant les robots. Enquête sur le travail du clic*, Paris, Seuil, 2019.

avenues désertes. Rideaux serrés, feux de circulation HS. Seuls les coursiers à vélo tracent dans le noir, tantôt seuls, tantôt en flottille, chaque minute ou presque. Ils livrent à ceux qui aspirent à la menue consolation d'un sushi ou d'une glace, mais aussi aux apeurés qui n'osent plus sortir de chez eux, aux « symptomatiques » n'ayant plus accès aux supermarchés qui prennent la température des clients à l'entrée. Dispersés, frénétiques, les *riders* convergent en fin de soirée à la gare Domodossola pour prendre le dernier train de banlieue et rentrer chez eux. Terminus : les anciens quartiers ouvriers de Cesate, Seveso, Comasina. Quand le train entre en gare, quand il découvre sur la voie des dizaines de coursiers à vélo qui attendent de monter dans les rames, le conducteur serre les dents comme quelqu'un à qui on crève une ampoule. À part eux, personne. Pas de couples, pas de citadins en sortie. Rien que leurs sacs isothermes multicolores avec les logos Uber Eats, Glovo, Deliveroo.

Le dernier kilomètre de la logistique

La visibilité inattendue des travailleurs du dernier kilomètre est une caractéristique des temps du confinement, dans le Nord comme dans le Sud. Dans la presque totalité des pays concernés par des mesures de restriction de la circulation, les plates-formes du dernier kilomètre ont vu une augmentation du nombre de travailleurs inscrits et une hausse de la demande de services[7]. Uber et Lyft ont compensé la baisse de la demande de VTC en lançant de nouveaux services spécialisés, comme des transports à prix réduit pour le personnel de santé, ou en se réorientant rapidement vers la livraison de colis entre professionnels et particuliers.

Toutefois, cette augmentation de la visibilité des livreurs et des chauffeurs dans les villes fantômes du coronavirus a été contrebalancée par les efforts déployés par les plates-formes pour les dissimuler, avec un discours sous-estimant leur vulnérabilité face aux risques sanitaires. Plusieurs plates-formes internationales ont commencé à présenter leur service comme une « livraison sans contact » *(contactless delivery)* où les coursiers sont tenus de ne pas remettre les repas en main propre aux clients[8]. Cela réduit le risque d'infection de ces derniers, alors que les premiers doivent toujours interagir avec le personnel des restaurants, circuler dans les espaces publics, toucher des surfaces potentiellement contaminées, ce qui rend le « sans contact » largement illusoire.

Plusieurs plates-formes internationales ont commencé à présenter leur service comme une « livraison sans contact »

Parfois, après des condamnations en justice, les plates-formes à la demande ont dû reconnaître la multiplication des risques sanitaires. Elles se sont alors empressées d'offrir à leurs travailleurs des équipements (gants, masques, gel hydroalcoolique). Sur 120 plates-formes, dans 23 pays, plus de la moitié ont ainsi mis en place des primes et des indemnités de maladie[9]. Mais, selon les syndicats, ces mesures ne sont que des opérations de façade, voire du « *fair-washing* », ayant une faible efficacité dans l'atténuation des risques pour la santé des travailleurs. En

7. Ritujay Ghosh, « Coronavirus Leads to Surge in Online Delivery : 5 Top Gainers », Yahoo Finance, 16 avril 2020.

8. Doris Yu, « Deliveroo to launch contactless delivery in Asia amid Covid-19 outbreak », TechInAsia, 16 mars 2020.

9. « The Gig Economy and Covid-19 : Fairwork Report on Platform Policies », Fairwork Foundation, avril 2020.

l'absence de tests généralisés de Covid-19, il était pratiquement impossible pour les travailleurs de réclamer leurs indemnités.

Le dernier kilomètre de l'automation

Enfin, il existe une dernière famille de travailleurs essentiels mais invisibles : ceux qui effectue ce que Mary L. Gray et Siddharth Suri[10] appellent le « dernier kilomètre de l'automation ». Elle est constituée de tous les travailleurs précaires de plates-formes sur lesquelles s'effectuent des micro-tâches où l'intelligence humaine est nécessaire au bon fonctionnement des intelligences artificielles. Ces métiers de back-office consistent à collecter, trier, annoter des données. Dans le domaine médical figurent, par exemple, comme type d'activités, l'étiquetage des enregistrements audio de différents types de toux, le détourage des éléments d'imagerie médicale, ou le classement des diagnostics de cliniciens pour développer des applications qui reconnaissent des pathologies.

Ces travailleurs du clic sont aussi recrutés pour vérifier les résultats des algorithmes[11] : ils comparent par exemple un diagnostic obtenu à l'aide de méthodes de *deep learning* à celui d'un vrai médecin, ou encore s'assurent qu'une caméra intelligente ne sous-estime pas la distance sociale entre personnes dans un espace ouvert.

Comme ces micro-tâches peuvent généralement être effectuées à domicile, elles paraissent atteindre le juste équilibre entre la flexibilité du travail recherchée par les entreprises et l'atténuation des risques pour la santé nécessaire pour les travailleurs en temps de Covid-19. Certaines plates-formes ont saisi l'occasion de l'épidémie pour élargir la gamme de leurs services, notamment dans la préparation de données pour des applications liées à la santé. Mais les effets sur l'équilibre entre l'offre et la demande et sur les salaires ne sont pas encore clairs.

Comme ces micro-tâches peuvent généralement être effectuées à domicile, elles paraissent atteindre le juste équilibre entre la flexibilité du travail recherchée par les entreprises et l'atténuation des risques pour la santé nécessaire pour les travailleurs en temps de Covid-19

Les données de l'indice du travail en ligne d'Oxford nous aident cependant à dégager en creux une tendance vers l'externalisation. Les entreprises qui au début de la phase de confinement avaient limité l'embauche de sous-traitants en ligne ont rebondi de manière spectaculaire à la fin du mois d'avril[12] en recrutant presque exclusivement des développeurs. Pas des micro-travailleurs, mais des informaticiens qui aident les entreprises à délocaliser des processus métiers en les confiant à des micro-travailleurs. Là où il y avait le service comptable ou la direction de la communication d'une entreprise, il y a maintenant une plates-formes qui fragmente des micro-tâches et les alloue à des travailleurs sous-payés en Europe ou en Afrique… Et c'est là que des géants du recrutement de micro-travailleurs, comme les sociétés Lion-

10. Mary L. Gray et Siddharth Suri, « The Humans Working Behind the AI Curtain », *Harvard Business Review*, 2017, n° 9, vol. 2-5.

11. Paola Tubaro, Antonio A. Casilli et Marion Coville, « The trainer, the verifier, the imitator : Three ways in which human platform workers support AI. Big Data & Society », à paraître, 2020.

12. Fabian Stephany, Michael Dunn, Steven Sawyer et Vili Lehdonvirta, « Distancing Bonus or Downscaling Loss ? The Changing Livelihood of US Online Workers in Times of Covid-19 », SocArXiv, 19 April 2020.

bridge ou Appen, proposent leurs services à ces entreprises. Dans le même temps, elles promettent des opportunités de gain à distance aux licenciés et aux laissés-pour-compte des secteurs lourdement touchés par la crise.

INTERMEZZO #2
SANS FILTRE

À la radio, l'entretien d'un sémiologue émérite qui, il y a quelques années, avait commis un livre sur la méchanceté à l'ère numérique. Pour le journaliste, son propos est aujourd'hui d'autant plus actuel qu'on assiste à une déferlante d'agressions et de propos violents sur Internet. Signal de la frustration des emmurés du Covid-19 ? Le sémiologue y voit plutôt une résurgence du mécontentement politique, des conflits entre les classes sociales, incarnés juste avant le confinement par les Gilets jaunes. Il en veut pour preuve ce tweet : la photo d'un bâtiment de Barcelone sur lequel trône une banderole en espagnol « La romantisation de la quarantaine est un privilège de classe ». Ce tweet, je le connais, car c'est moi qui l'ai publié. Ce n'était qu'un simple commentaire social, décorrélé de toute incitation partisane. L'incompréhension, hélas, ne vient pas tant de l'analyse du sémiologue, mais de l'angle choisi par le journaliste qui l'interviewe. Ce n'est pas vrai que davantage de messages virulents sont émis par les usagers des médias sociaux ; en revanche, davantage de ces messages circulent. Ce paradoxe apparent se comprend pour peu que l'on se penche sur les conditions de production des contenus des plates-formes sociales. Des usagers doivent bien les publier, mais, en principe, des modérateurs doivent les filtrer sans délai. Face à la crise sanitaire, les équipes de modérateurs ont réduit leur activité, au grand dam des propriétaires des plates-formes. YouTube, par exemple, affiche depuis le début de la crise un message révélateur : « IMPORTANT : À cause du Covid-19, nous allons conduire moins de modération humaine pour protéger la santé de nos effectifs. »
Le chaos s'ensuit. Les intelligences artificielles, livrées à elles-mêmes, ne filtrent plus efficacement tous les messages que les modérateurs humains, retenus en quarantaine, auraient sans aucun doute retirés . Surtout ceux qui relèvent de dynamiques interpersonnelles complexes, de références culturelles partagées, de l'ironie… Si vraiment le ton monte sur les médias sociaux, c'est aussi parce que les équipes de modération européennes sont installées en Irlande et en Espagne, pays en confinement. Tout à coup, on a l'impression que les usagers se sont mis à parler « sans filtres », alors que ce sont les plates-formes qui fonctionnent désormais avec moins de filtrage.

L'indispensable modération

La modération de contenu commercial est un autre type de travail numérique du « dernier kilomètre[13]. Les plates-formes sociales sous-rémunèrent des travailleurs pour qu'ils effectuent des tâches où le « jugement humain » est mobilisé : départager une image pornographique d'une œuvre d'art, une menace d'une simple blague, une vidéo parodique d'une *fake news* de propagande. Ce sont des détails qui échappent à l'évaluation des algorithmes, lesquels filtrent de manière rudimentaire des contenus problématiques allant de la propagande terroriste à l'automutilation. En raison de la nature sensible de ces tâches, et des accords de non-divulgation imposés par leurs donneurs d'ordres, les modérateurs ne sont presque pas autorisés à travailler à domicile. Ils sont pourtant tellement indispensables que, si, au début du confinement, Facebook

13. Sarah T. Roberts, *Behind the Screen. Content Moderation in the Shadows of Social Media*, Londres, Yale University Press, 2020.

les décourageait de travailler depuis chez eux, quelques semaines plus tard, l'entreprise désignait ceux d'entre eux qui avaient préféré renoncer à leur rémunération pour éviter toute contamination comme prioritaires pour revenir travailler au bureau.[14]

Demain

En distinguant les travailleurs géographiquement situés qui réalisent des missions localement, et ceux qui peuvent effectuer leurs tâches autant en ligne que depuis un bureau, on aurait pu s'attendre à ce que la crise mondiale de Covid-19 perturbe l'activité des premiers, tout en stimulant celle des seconds.

C'est finalement, au moins en partie, un autre scénario qui émerge. Les livreurs et autres travailleurs à la demande ont continué à travailler, dans la mesure où leur activité se déroulait hors-domicile. D'autres professionnels, qui auraient pu normalement aspirer à profiter du télétravail, ont dû faire face au chômage ou bien se transformer en petites mains de l'automation, lesquelles, avec les modérateurs, s'avèrent des contributeurs irremplaçables – même si leur quantification demeure complexe.

Se déclenchent du même coup de nouvelles dynamiques de reconnaissance qui passent par des différentiels de visibilité, y compris à l'intérieur de la force de travail plate-formisée, avec le succès, encore relatif, des luttes et des revendications des livreurs et des modérateurs. Les scénarios futurs comprennent déjà le recours aux actions syndicales pour accroître la reconnaissance et améliorer les conditions de travail des travailleurs du dernier kilomètre. Partout, aux États-Unis, en Amérique latine et en Europe, depuis mars 2020, les travailleurs des plates-formes à la demande ont lancé des appels à manifestations et des grèves pour exiger des mesures sanitaires ou pour protester contre les réductions de leurs rémunérations. En solidarité, des « marches virtuelles » ont été organisées par les travailleurs du secteur des technologies chez Amazon.

Les plates-formes sociales sous-rémunèrent des travailleurs pour qu'ils effectuent des tâches où le « jugement humain » est mobilisé : départager une image pornographique d'une œuvre d'art, une menace d'une simple blague, une vidéo parodique d'une *fake news* de propagande

Ainsi, le choc de la crise sanitaire sur nos vies personnelles ou professionnelles semble lié à de complexes lignes de fracture, qui sont avant tout des critères de stratification et d'intégration sociales. Les classes moyennes et supérieures possédant des emplois stables continuent de réaliser à domicile leurs activités. Quoiqu'elles soient confrontées à des difficultés de gestion entre sociabilités distancielles et présentielles, leur situation diffère largement de celle des milieux modestes exposés à la précarité plate-formisée hors-domicile. Pour ces derniers, la survie est subordonnée à l'inscription aux agencements socio-techniques de nature automatique ou logistique, qui font d'eux une main-d'œuvre essentielle et sacrifiable à la fois. Ce sont ces travailleurs qui, localement ou à distance, assurent la dernière portion du travail humain. Malgré les efforts des chaînes de production pour invisibiliser leur contribution, ils sont apparus sous nos yeux, depuis la crise du Covid-19

AAC

14. Sam Biddle, « Facebook Contractors Must Work in Offices During Coronavirus Pandemic – While Staff Stay Home », The Intercept, 12 mars 2020.

VIES NUMÉRISÉES ET SOCIÉTÉS VIRALES : LES MÉCOMPTES DU (DÉ) CONFINEMENT

PAR
Yves Citton

Avec les chiffres des victimes qui augmentent jour après jour, la vie semble avoir triomphé des profits. Comme rien n'est moins sûr, et que l'après ne l'est pas plus, on peut essayer d'apprendre du virus comment devenir soi-même virus.

De nombreuses analyses ont souligné à quel point ce qui avait été déclaré inimaginable pendant des années d'hégémonie néolibérale s'est soudainement avéré possible pour faire face au Covid-19. Austérité budgétaire, réduction des déficits publics, néo-management compétitif des hôpitaux : tout cela est apparemment passé à la trappe du jour au lendemain, pour laisser place à des expérimentations réputées utopistes et saugrenues il y a quelques mois à peine. Les États-Unis pratiquent une monnaie-hélicoptère avec envoi de chèques dans les boîtes aux lettres ; les gouvernant·e·s réquisitionnent les usines pour produire des ventilateurs ou des masques, quand ils ne nationalisent pas les grandes compagnies ; certains pays européens mettent en place un schéma de revenu universel d'existence ; des hôtels vides de touristes accueillent des sans-abri.

Il est certainement tentant – et partiellement juste – d'y voir un retournement des affects communs qui, sous les menaces de mort que véhicule la pandémie, contraint les gouvernements à s'écarter (provisoirement ?

durablement ?) de dogmes austéritaires dont les dommages collatéraux deviennent patents en temps de crise sanitaire et sociale. Il serait certainement indécent de se réjouir de ce qui, déjà, a causé tant de morts prématurées. Le Covid-19 pourrait toutefois être crédité d'avoir réussi, en quelques semaines, le tour de force d'imposer le slogan que des générations de manifestant·e·s altermondialistes se sont époumonné·e·s à chanter sans grand succès au cours des vingt années précédentes : malgré les résistances originelles des gouvernants les plus pro-*business* (Trump, Bolsonaro, Johnson), le confinement met en acte le principe selon lequel « nos vies valent mieux que leurs profits ».

Un tel retournement fournit à l'évidence un point de levier important pour réorienter ce qu'il est convenu d'appeler « les politiques de l'après ». Nos affects communs redirigés vers le soin de nos vies, plutôt que vers la maximisation des points de croissance, fournissent la base de transformations majeures – qu'il faut encore élargir jusqu'à inclure les vies des populations souffrant de la poursuite de la colonisation par d'autres moyens (globalisés), ainsi que les êtres et les milieux vivants autres qu'humains. La pandémie du Covid-19 procède comme un révélateur des iniquités systémiques du capitalisme globalisé, tandis que le confinement agit comme un accélérateur potentiel des mutations nécessaires à nous en émanciper.

Mais – sans aucunement vouloir refermer la porte qui s'est entrouverte au cours des dernières semaines, dont personne ne peut prédire sur quoi elle débouchera – il convient aussi de remettre en question certaines prémisses de l'analyse sommairement résumée ci-dessus. Les pages qui suivent se demanderont dans quelle mesure « la vie » censée triompher de « leurs profits » est en réalité un avatar de ces derniers, dans quelle mesure il est illusoire de parler d'un *après*, et dans quelle mesure le virus est à concevoir comme un régime de socialité plutôt que comme une crise sanitaire.

Nos vies numérisées

Le fait que bon nombre de cadres, d'enseignant·e·s, de journalistes, d'intellectuel·e·s se trouvent télé-travailler depuis deux mois à travers des écrans et des plates-formes comme Zoom, tandis que les mêmes (ou d'autres) commandent leurs achats sur Amazon au lieu de les trouver dans leurs magasins de quartier, tout cela justifie sans doute de voir dans le confinement un puissant accélérateur, nous poussant dans les bras d'un « capitalisme numérique ». Le risque est en effet grand de voir s'imposer un monde où se conjuguent la concurrence sauvage des plates-formes californiennes et la surveillance totalitaire du communisme chinois. Les conditions et les conflits de travail dont font l'objet les entrepôts d'Amazon ou les livreurs d'Uber Eats laissent bien voir à quel point ce capitalisme numérique continue à reposer sur l'exploitation des corps, tout autant que sur celle de l'intelligence commune des esprits.

Nos vies sont proprement *numérisées* par ce décompte des survies physiques, qui risque le mécompte quant à ce que valent nos vies relationnelles

Outre le fait d'accélérer l'instauration de nouveaux circuits de matérialisation de nos échanges, le confinement conduit toutefois à une autre forme, moins nouvelle mais non moins inquiétante, de numérisation de nos vies. Comment les grands médias de masse « traitent-ils » l'information quotidienne qui construit notre imaginaire commun de la crise sanitaire ? Essentiellement sur la base de quelques *chiffres* – la fluctuation du nombre de décès quotidiens – scandés rituellement lors du téléjournal, commentés par les politiciens et les éditorialistes, nourrissant les peurs et les indignations qui fluent et refluent sur les médias sociaux.

Quels sont ces chiffres ? Non pas ceux « des morts » de la journée, mais ceux de la *surmortalité* due au Covid-19. Ces chiffres de morts n'incluent à l'évidence pas les centaines de millions d'animaux conduits à l'abattoir. Ils ignorent les 30 000 enfants de moins de cinq ans qui meurent *chaque jour* de maladies parfaitement soignables (diarrhées, choléra, paludisme), mais dont les remèdes sont répartis très inégalement entre populations colonisatrices et populations colonisées[1]. Le décompte des morts terriblement sélectif qu'affiche en permanence CNN sur la partie droite de son écran ne concerne ni les enfants mal-nourris, ni les paysans exposés aux pesticides de l'agro-industrie, ni les femmes battues à mort par leur mari, mais les victimes de la seule pandémie de Covid-19 (en grande majorité des personnes âgées, blanches et plutôt mâles).

Épidémies et pandémies relèvent d'une épidémiologie qui aborde les peuples *(demos)* en termes de nombres, de calculs, de variations significatives, de courbes d'accélération, de plateaux, d'infléchissements. Voilà bien le vocabulaire dans lequel nous baigne le décompte quotidien de ce qu'il conviendrait d'appeler les « sur-morts » – pour distinguer la surmortalité due au Covid-19 des victimes d'autres pathologies passées sous silence.

L'épidémiologie est une science précieuse, qui doit absolument informer nos décisions politiques. On peut néanmoins être sensible aux dangers de la *numérisation* qu'elle impose aux réponses mises en place pour faire face aux crises sociales en cours. Ces approches statistiques – nécessaires, mais qui noient nos singularités en les considérant depuis une prémisse d'abstraction surplombante – méritent d'être contrebalancées par la considération de cas particuliers, envisagés dans leur profondeur existentielle.

1. Attac et Civic City, *Notre monde à changer !*, Zurich, Lars Müller, 2017, p. 110.

Un cas parmi des milliers d'autres : Rosemary, 87 ans, vit dans un EHPAD très bien équipé, en phase avancée de sénilité qui l'empêche de converser. Elle reconnaît encore ses proches lorsqu'ils lui rendent visite, elle sourit en les voyant s'approcher, et son visage s'illumine quand ils l'embrassent ou lui prennent la main. La réglementation en vigueur encadre strictement les visites autorisées dans son EHPAD, de façon à minimiser les risques d'y introduire le Covid-19. Seules des rencontres de trente minutes, dans le jardin ou sous une tente, sont autorisées, en maintenant une distance minimale de deux mètres entre visiteurs et patients.

Il est donc insuffisant de se réjouir qu'enfin « nos vies valent plus que leurs profits », sans reconnaître que « nos vies valent plus que nos survies »

Tout le personnel fait un travail admirable pour assurer sa survie et la garder de bonne humeur. En profitant d'un aussi bon encadrement matériel et thérapeutique, Rosemary est privilégiée parmi les privilégiés. Mais une logique hygiéniste, tout à fait rationnelle dans le but de réduire au maximum le nombre de sur-morts, a pour conséquence pratique d'amputer dramatiquement la qualité de sa vie. Cette logique sacrifie à sa survie physique ce qui faisait le sel de sa vie relationnelle (une intensité supérieure apportée par le baiser d'un proche). Nos vies sont proprement *numérisées* par ce décompte des survies physiques, qui risque le mécompte quant à ce que valent nos vies relationnelles.

Le cas de Rosemary est très particulier, mais les dommages collatéraux du confinement touchent toute une série d'existences moins favorisées, dès lors, par exemple, qu'elles dépendent de l'économie dite « informelle », ou qu'elles tentent de subsister par des pratiques artistiques. Faut-il fermer tous les théâtres et tous les lieux de concert pour épargner des vies humaines ? En principe, il faudrait bien entendu le faire, puisque rien n'est plus précieux que « la vie », et qu'aucun spectacle ne vaut le sacrifice d'« une vie ». Mais n'est-on pas ici dans une abstraction irréfléchie ? On peut reconnaître que vivre est risqué, sans aucunement verser ni dans l'économisme qui sacrifie la vie à la Bourse, ni dans le fascisme du « *Viva la muerte* ». L'intensité existentielle apportée par un baiser ou par un concert vécu en *live* sont irréductibles au décompte hygiéniste actuellement prévalent.

Il est donc insuffisant de se réjouir qu'enfin « nos vies valent plus que leurs profits », sans reconnaître que « nos vies valent plus que nos survies ». Cette numérisation de la survie n'est que l'envers du calcul des sur-morts. Il est donc sans doute bien trop tôt pour célébrer la fin du primat du calcul économique abstrait sur les besoins de l'existence concrète. Le confinement, qui a constitué la réponse principale apportée par nos sociétés à la pandémie du Covid-19, pourrait bien emblématiser, au contraire, l'acceptation générale d'une numérisation de moins en moins contestée de nos vies.

Et s'il n'y avait pas d'après ?

Ne voir la crise actuelle qu'à travers la lorgnette très étroite du nombre (quotidien ou cumulé) des sur-morts n'est en fait qu'un avatar de l'habitude que nous avons prise de nous orienter dans notre réalité sur la base du chiffre trimestriel des prévisions de croissance. Les deux font d'ailleurs très bon ménage depuis que l'accent se déplace progressivement sur les conséquences économiques de la crise sanitaire. Dans un pays comme les États-Unis, où les individus sont exposés de façon terriblement brutale aux retournements de la conjoncture économique (perdant leur assurance maladie, leur logement, et souvent leur famille, dès lors qu'ils perdent leur emploi), certains membres précarisés des classes moyennes inférieures n'hésitent pas à clamer bruyamment que leurs (maigres) profits valent mieux que leur vie – pour la terrible raison que, faute de filet de sécurité socialisé, leur vie n'est soutenue dans l'existence que par leurs petits profits. Le même dilemme prend en tenailles en Europe celles et ceux qui ont dû recourir à l'auto-entreprenariat, chauffeurs Uber et livreurs Deliveroo. Chassez l'économie par la porte, elle revient par la fenêtre, avec les conséquences sanitaires de l'arrêt brutal de certains flux d'approvisionnements au sein des populations les plus exposées (en Inde comme en Seine-Saint-Denis).

Les conflits déjà bien engagés entre confineurs et déconfineurs nous condamneront à osciller entre deux réductions symétriques, qui ont en commun d'amputer nos vies de ce qui en fait davantage que des performances économiques et des survies physiques

Faute d'un mouvement social largement réuni autour de revendications radicales comme le revenu d'existence, le dividende universel ou le salaire à vie, les conflits déjà bien engagés entre confineurs (privilégiant les chiffres de surmortalité) et déconfineurs (privilégiant les chiffres de la croissance) nous condamneront à osciller entre deux réductions symétriques, qui ont en commun d'amputer nos vies de ce qui en fait davantage que des performances économiques et des survies physiques.

Le premier et principal danger, auquel nous exposent non tant le Covid-19 lui-même que les réactions auxquelles il donne lieu, est à situer dans ce que nos mesures de protection risquent d'étouffer parmi ces alternatives déjà existantes

Dès lors, rien n'assure qu'il y ait un *après*-pandémie, significativement différent de l'*avant*[2]. Quelle que soit la rapidité avec laquelle les laboratoires pharmaceutiques parviennent à commercialiser un vaccin contre le Covid-19, les virus, celui-ci ou un autre, sont voués à revenir menacer nos existences de plus en plus souvent, comme les sécheresses, les canicules, les inondations et les ouragans. Même si les pandémies affectent les populations humaines et accompagnent la mondialisation depuis bien longtemps (peste noire, disparition des peuples amérindiens à la suite de l'invasion européenne), elles sont appelées à faire partie intégrante de nos économies, dès lors que celles-ci détruisent la biodiversité qui constituait jusqu'à présent notre meilleur (quoique déjà très imparfait) rempart contre leur déferlement[3].

Plutôt que d'espérer en un après qui réussisse à inverser les logiques écocidaires de l'avant – car ces logiques sont profondes et mobilisent d'énormes intérêts, qui lutteront puissamment pour persévérer dans l'être –, mieux vaut peut-être nous efforcer d'adopter un autre point de vue, une autre perspective sur ce que nous avons d'ores et déjà sous les yeux. Des alternatives au capitalisme, à l'économisme et aux abus destructifs de nos milieux de vie coexistent déjà à l'intérieur du présent. Le premier et principal danger, auquel nous exposent non tant le Covid-19 lui-même que les réactions auxquelles il donne lieu, est à situer dans ce que nos mesures de protection risquent d'étouffer parmi ces alternatives déjà existantes. Qu'il s'agisse de la vie culturelle, de la vie associative, de la préservation des biens communs, des réseaux de solidarité, des mouvements de revendication, dans tous ces domaines, préserver et renforcer les ressources du présent est aussi important qu'annoncer des révolutions à venir.

Non moins que des ressources, le présent nous fournit aussi des besoins. Prendre le temps d'écouter ces besoins peut aider à réfuter les mécomptes qui numérisent nos vies pour les sacrifier sur l'autel des statistiques de survie. Les politiques immunitaires actuelles – qu'il ne s'agit nullement de démoniser, mais bien plutôt de comprendre – nous parlent de risques à contrôler, de contacts à diminuer, de flux à gérer, de données à collecter, tout cela au nom de la nécessité de sauvegarder notre santé physique. Il y a une dizaine d'années, des mouvements sociaux nés en Guadeloupe se sont réclamés du *liyannaj* (c'est-à-dire de la capacité à tisser des liens et des lianes qui tout à la fois nous aident à tenir ensemble et nous protègent sous leur canopée) tout en dénonçant la *pwofitasyon* (c'est-à-dire les captures de profits s'accumulant aux dépens de nos vies). Un collectif d'intellectuels antillais a publié à cette occasion un *Manifeste pour des « produits » de haute nécessité*, au rang desquels poésie et solidarité, activisme et étude, dialogue et écoute, exaltation et respect étaient déclarés plus importants que taux d'emploi et retours sur investissements[4].

Plutôt que de prophétiser l'après, écoutons les besoins qui travaillent d'ores et déjà nos situations actuelles, et ouvrons cette écoute à des voix venues d'ailleurs pour féconder notre ici et maintenant. Faisons du *liyannaj* collectif une valeur de plus haute nécessité

2. Voir Marie-José Mondzain et Dominique Quessada, « Pas de trêve des confineurs », 4 mai 2020, sur le site Diacritik.

3. Sur ces questions, voir entre autres Frédéric Keck, *Les Sentinelles des pandémies. Chasseurs de virus et observateurs d'oiseaux aux frontières de la Chine*, Bruxelles, Zones sensibles, 2020.

4. Ernest Breleur *et alii*, *Manifeste pour les « produits » de haute nécessité*, Éditions Galaade-Institut du Tout-Monde, 2009.

que la prolongation d'une vie réduite à ses fonctions organiques. Faisons de l'*ubuntu*, pratiqué et théorisé par la commission Vérité et réconciliation de l'Afrique du Sud post-apartheid, un principe supérieur à la concurrence libre et non faussée, nous rappelant qu'« une personne est une personne à travers les autres personnes[5] ».

La vision épidémiologique, qui domine notre médiatisation de la crise sanitaire, décompte les sur-morts à partir d'une position de surplomb. Elle nous en donne la vérité en écrivant ses chiffres par-dessus *(epi-)* le peuple *(-demos)*

Ni la quantification, ni la *datafication*, ni les statistiques ne sont des ennemis à combattre. Ce sont des outils dont nous avons tendance à faire des divinités (pour le plus grand profit de certains prêtres et marchands). Ici non plus, la question n'est pas de se projeter dans un après qui nous aurait débarrassé·e·s de leurs illusions, mais d'apprendre à mieux faire avec eux d'autres choses que ce qu'ils nous imposent actuellement.

Perspectives endémiques en sociétés virales

Ce qu'appelle la situation actuelle est un changement d'échelle, d'attente et de ton. La vision épidémiologique, qui domine notre médiatisation – et donc nos perceptions communes – de la crise sanitaire, décompte les sur-morts à partir d'une position de surplomb. Elle nous en donne la vérité en écrivant ses chiffres par-dessus *(epi-)* le peuple *(-demos)*. Cette position de surplomb est aussi celle qu'a adoptée cet article dans son énonciation. Conformément à un certain discours universitaire et à un certain positionnement intellectuel dominants, j'emploie des tournures qui prétendent implicitement avoir assez de recul et de hauteur sur notre situation pour en mener une analyse objective, à partir de laquelle décréter souverainement des solutions que chacun serait appelé à reprendre à son compte (*il faut…*, *il convient de…*, *mieux vaudrait…*). Mon ton a lui aussi été, jusqu'ici, autant « épi-démio-logique » que la vision numérisante qu'il critique : cet article discourt *(logos)* par-dessus *(epi-)* la tête des peuples *(demos)*, comme s'il savait mieux qu'eux quel devrait être leur souverain bien (*liyannaj*, *ubuntu*).

Pire : cette posture de surplomb nie activement la position éminemment particulière d'où je considère « notre situation commune ». En réalité, ce « nous » (fréquemment affiché) que projette mon « je » (invisibilisé) n'est qu'une fiction des plus fumeuses. Il n'y a pas vraiment de « situation commune » entre un professeur d'université comme moi, qui continue à recevoir son salaire mensuel sur son compte en banque, et la caissière requise au travail pour moins que le SMIC, ou l'étudiant qui ne peut faire face à ses dépenses de nourriture après avoir perdu son petit boulot de serveur, ou le chef de PME qui perd le sommeil à l'idée de faire faillite et de devoir licencier ses collaborateurs, ou le musicien dont toutes les sources de revenus se sont évaporées en quelques jours, ou encore le migrant qui se fait repousser à la frontière gréco-turque au nom de la sécurité sanitaire des populations européennes.

Qui suis-je donc pour affirmer que le coronavirus a été plus efficace que celles et ceux qui s'époumonent depuis vingt ans à crier que « nos vies valent mieux que leurs profits » ? Si

5. Sur la notion de « *liyannaj* », voir Dénètem Touam Bona, « Lignes de fuite du marronnage. Le "lyannaj" ou l'esprit de la forêt », *Multitudes*, n° 70, 2018. Sur l'« *Ubuntu* », voir Nicole Koulayan, « Mondialisation et dialogue des cultures : l'*ubuntu* d'Afrique du Sud », *Hermès*, n° 51, 2008. Pour un cadrage plus général, voir l'ouvrage important de Malcolm Ferdinand, *Une écologie décoloniale. Penser l'écologie depuis le monde caribéen*, Paris, Seuil, 2019.

les dogmes du néolibéralisme apparaissent aujourd'hui dans toute leur inanité, n'est-ce pas précisément parce que des milliers et des milliers d'activistes se sont mobilisé·e·s pour des manifestations inégalement suivies, mois après mois, année après année ? Descendre de ce trône épidémiologique d'où parlent le genre de discours que je tiens ici invite peut-être à adopter une perspective *endémique*, qui ne parle pas par-dessus *(epi-)* les peuples, ni en leur nom, mais bien *en* eux[6].

Les vingt dernières années ont vu se développer un foisonnement de discours faisant de la contagion virale un idéal recherché

Autant dire : le mieux que je puisse faire, au sein de la situation présente – plutôt qu'à prêcher des visions d'avenir censées frayer les voies de l'après –, est d'apprendre du virus *comment me faire virus moi-même*. Davantage qu'un ennemi contre lequel nous aurions à nous mobiliser par une déclaration de guerre, davantage qu'un allié capable de renverser la tyrannie de l'économie et à sortir du Capitalocène, j'aimerais faire du coronavirus un maître à penser pour adopter une perspective et une efficience endémiques.

Comme l'a bien suggéré Thierry Bardini, la viralité pourrait nous aider à comprendre la socialité passablement schizophrène dans laquelle nous vivons en ce début de XXIe siècle. Cela implique de voir en elle une conception de (et une opérationnalité sur) « la vie » conçue au point de convergence entre : a. code génétique ; b. code informatique ; et c. code médiologique[7]. Si les SRAS, MERS et autres H5N1 ont préparé le terrain aux bouleversements spectaculaires que le Covid-19 déclenche à travers les différents continents, et si, à chaque vague successive, ces entités microscopiques font l'objet de frayeurs apocalyptiques, les vingt dernières années ont vu se développer en parallèle un foisonnement de discours faisant de la contagion virale un idéal presque universellement recherché. *Going viral* est précisément ce qu'ambitionnent tous les slogans scandés par les manifestant·e·s qui crient dans les rues. Loin de n'être que des causes de maladies et de morts, les virus ont été nécessaires à notre formation en tant que fœtus, et ils continuent à assurer notre santé quotidienne en peuplant notre microbiote intestinal.

Les mécomptes du (dé) confinement sont à resituer au sein d'un *capitalisme viral* articulé par la superposition des trois strates de viralité que sont : a. une agro-industrie plantationnaire dont la monoculture et les manipulations génétiques (végétales et animales) nous exposent à des contagions plus virulentes que jamais[8] ; b. une gouvernance sécuritaire qui nous piste par des moyens informatiques comme si nous étions toutes et tous des virus en puissance (ennemis dans un état de guerre intérieure permanent, proies dans une logique de compétition consumériste tous azimuts) ; c. une médialité en réseaux qui diffuse des affections à des vitesses et des échelles inédites selon d'incontrôlables contagions virales.

Mais sous – ainsi qu'entre, à côté, voire au cœur de – tous les différents appareils de capture et d'influence mis en place par ce capitalisme viral, on peut aussi bien voir se développer de multiples socialités alternatives, dont le principe de contagion repose lui aussi sur des dynamiques virales. Les hackers commencent à peine à explorer les arts de la subversion informatique des pouvoirs en place, grâce à

6. Peter Szendy propose une riche discussion des contrastes entre pandémie, épidémie et endémie dans son article « Les temps du virus », 24 avril 2020 sur le site AOC.

7. Voir son article sur le « Covid-19 et capitalisme génétique », du 6 avril 2020, sur le site AOC, ainsi que « *Vade retro virus*. Numéricité et vitalité », *Terrain*, n° 64, 2015, p. 104-121. J'ai discuté et utilisé ses travaux dans « Panique virale. Comment ne pas rater la catastrophe ? », 7 avril 2020, sur AOC.

8. Voir notamment Anna Tsing, « Résurgence holocénique contre plantation anthropocénique », *Multitudes*, n° 72, p. 77-87.

leur maîtrise des viralités logicielles (Aaron Swartz, Julian Assange, Edward Snowden[9]). C'est plus largement dans des *sociétés virales* que nous devons apprendre à vivre – pour le pire mais aussi pour le meilleur.

Mais sous les différents appareils de capture et d'influence mis en place par ce capitalisme viral, on peut aussi bien voir se développer de multiples socialités alternatives, dont le principe de contagion repose lui aussi sur des dynamiques virales

Plutôt qu'en termes de guerre, d'ennemi et de lutte, les sociétés virales invitent à penser en termes d'*hôtes* – à partir de l'étonnante ambiguïté que ce mot présente en français, où il désigne aussi bien celui qui accueille *(the host)* que celui qui est reçu *(the guest)*. Que le confinement ait pour effet de fermer les « hôtels », afin de ne pas saturer les « hôpitaux », tandis qu'on laisse mourir les réfugiés sous prétexte de ne pas laisser entrer un virus déjà endémique – voilà qui dit assez à quel point hôtes et hospitalités constituent un point de torsion central de notre époque. La viralité est en-*démique* parce qu'elle existe et se reproduit comme une « population » : un virus n'existe jamais de façon individuelle, il subsiste par multitudes. Mais la viralité est *en*-démique également parce qu'elle ne vit que « dans » une population, au sein de laquelle elle se multiplie.

Comment mieux caractériser le développement des cultures humaines que par leur dynamique à la fois endémique et virale ? Comment imaginer cette dynamique de façon plus évocatrice que par leur capacité à insérer des bouts de codes *(guests)* au sein d'autres bouts de codes *(hosts)* ? Cette dynamique culturelle se voit aujourd'hui considérablement redimensionner et reconfigurer par nos réseaux et nos computations numériques. Elle est toutefois porteuse d'inerties qui nous viennent du fond des âges. L'axiomatique capitaliste, qui s'obstine à faire préférer les profits de certains humains aux vies d'autres humains et non-humains, n'est elle-même qu'un bout de code qui a progressivement colonisé des zones de plus en plus larges de la planète. C'est une nouvelle culture de symbiose « viropolitique » qui est en train de s'installer parmi nous à l'occasion du (dé) confinement, sans forcément causer de discontinuité majeure avec les évolutions précédentes de l'axiomatique capitaliste. « La symbiose a commencé dès l'instant où la propagation du coronavirus est devenue pandémique, où l'attention mentale et médiatique à cet événement s'est elle-même mondialisée et viralisée, en même temps que les techniques de sécurité de la communauté démunie[10]. »

Le surplomb épidémiologique permet de cartographier et, dans le meilleur des cas, d'expliquer causalement l'extension que prend une viralité au fil d'un processus temporel. La propagation endémique, quant à elle, aspire à sentir et à faire sentir depuis l'intérieur la vitalité dynamique de mutations culturelles en train de se faire. Les deux perspectives sont bien davantage complémentaires que rivales. Les mécomptes du (dé) confinement tiennent à ce que nos appareils médiatiques et politiques focalisent une attention épidémiologique démesurée sur les viralités numérisées de nos corps souffrants, sans accorder assez d'égards aux vitalités endémiques de nos viralités culturelles ●

YC

9. Christophe Hanna mettait déjà la viralité au cœur de ses théorisations de l'opérationnalité esthétique et littéraire dans *Poésie action directe*, Romainville, Al Dante, 2003 – ouvrage qui mérite d'être relu aujourd'hui à la lumière du Covid-19.

10. Frédéric Bisson, *Virus couronné. Prolégomènes à toute viropolitique future qui voudra se présenter comme une science*, Paris, Questions théoriques, 2020, p. 1 (en libre accès sur http://questions-theoriques.blogspot.com/).

L'EUROPE

TERRAIN DES LUTTES DÉMOCRATIQUES

PAR
Céline Spector, Jean-Yves Pranchère
et Justine Lacroix

*La crise sanitaire met l'Europe à nu.
Il n'y a pas de raison pourtant de penser que les États-nations sont la planche de salut pour faire avancer les politiques sociales ni que l'Union européenne est condamnée à décevoir.*

Le Covid-19 sera-t-il notre nouveau Roosevelt ? La référence faite à la « guerre » pour décrire la lutte contre l'épidémie relève sans aucun doute d'une rhétorique déplacée, s'il s'agit de comparer le respect des mesures sanitaires avec le sort de populations exposées aux massacres et aux bombardements. Cependant, on pourrait aussi entendre, dans le choix de ce vocabulaire, une résonance « rooseveltienne », renvoyant au souvenir des mesures de type « socialiste » prises aux États-Unis dans les années 1940. « Guerre » signifierait alors : suspension de la soumission à un ensemble de dogmes économiques ayant acquis valeur quasi constitutionnelle. Bien sûr, il se peut que les nouveaux discours « sociaux » ne soient qu'une façade rhétorique, sans qu'ils débouchent sur des conséquences pratiques. Il est trop tôt pour le dire ; l'expérience de la crise économique et financière de 2008 devrait inciter à la prudence.

Mais il n'est pas acquis non plus que l'Union européenne (UE) et ses traités seront la « cage de fer » que certains ne cessent de dénoncer en l'accusant d'être cause de chacun des maux qui frappent les États membres. Après de regrettables tergiversations, la Commission européenne a débloqué un milliard d'euros afin d'émettre des garanties pour encourager les banques et autres bailleurs de fonds à octroyer des liquidités aux petites et moyennes entreprises (PME). Elle a également décidé, le 2 avril 2020, d'activer l'aide d'urgence de l'UE pour soutenir les systèmes de soins de santé des États membres dans leur lutte contre la pandémie. Le 23 avril, les vingt-sept États membres se sont accordés sur la nécessité d'un budget pluriannuel revu à la hausse, quoique les dirigeants divergent sur l'utilisation de ces nouvelles ressources : là où l'Italie, l'Espagne et la France défendent la formule d'emprunts européens souscrits par la Commission, laquelle reverserait les fonds sous forme de subventions aux États membres, les Pays-Bas, l'Allemagne et l'Autriche préconisent des prêts contractés par les États, mais garantis par le budget européen. Cette dernière proposition permettrait aux États les plus endettés d'emprunter à moindre coût sans les exonérer des remboursements ni des taux d'intérêt.

Il faut promouvoir une vision sociale de l'avenir de l'Union, allant beaucoup plus loin que les « politiques de cohésion » actives depuis la chute du mur de Berlin

Certes, il n'y a là nulle révolution, et pas davantage de mutation idéologique. En activant de nombreux fonds d'urgence (protection civile, rescUE contre les catastrophes naturelles, fonds de solidarité étendu) et en mettant en place un dispositif d'aide au maintien de l'emploi, la Commission et le Conseil ont seulement tenté d'éteindre le feu. Mais, sans mauvais jeu de mots, il y a bien ici une opération « bas les masques » : l'Union apparaît pour ce qu'elle est, soit une structure d'opportunité aux mains des États-nations, qui peuvent jouer des rapports de force pour faire basculer ses politiques dans le sens de leurs préférences. Le feu vert de la Commission pour revenir sur les règles de concurrence strictes qui régissent le marché intérieur et limitent l'interventionnisme des États ne doit pas surprendre : comme les États membres, la Commission a considéré que la situation de force majeure justifiait des aides d'État exceptionnelles aux entreprises en péril. S'il faut sauver le capitalisme, le soldat Keynes peut encore servir.

La situation actuelle ne présage rien. La levée du dogme de l'orthodoxie budgétaire et la suspension du Pacte de stabilité et de croissance, afin de lutter contre les effets de la crise sanitaire, en sont le signe : tout comme la Banque centrale européenne (BCE), la Commission peut être moins dogmatique que ne l'affirment ses détracteurs. Si les débats sur la création de « *coronabonds* » permettant de mutualiser la dette restent houleux, il faut reconnaître un changement de stratégie. Les orientations politiques de l'UE ne dépendent pas d'un « logiciel néolibéral » qui serait inscrit dans le marbre du projet européen lui-même, mais résultent d'abord des volontés des États-membres, de leurs rapports de force *et de coopération*. C'est pourquoi, malgré les blocages des « fourmis » germaniques, opposées aux « cigales » latines (des « fourmis » d'un genre assez particulier, puisqu'elles sacrifient les investissements pour l'avenir à la protection de leur épargne, et qu'elles ne doivent leurs excédents qu'aux dépenses que font en leur faveur des « cigales » très travailleuses), il faut promouvoir une vision sociale de l'avenir de l'Union, allant beaucoup plus loin que les « politiques de cohésion » actives depuis la chute du mur de Berlin.

Car si l'UE jouit d'une marge de manœuvre réduite dans le domaine des politiques de santé, qui demeure la prérogative des États-membres, elle peut s'engager au-delà de la coordination entre les politiques nationales :

outre l'activation des mécanismes contre les menaces transfrontalières graves pour la santé mis en place en 2013 après l'épidémie de H1N1, et celle du Système d'alerte et de réponse pour la prévention et le contrôle des maladies transmissibles, outre le soutien qu'elle apporte au système de crédit par le biais du Mécanisme européen de stabilité (MES), et son appui au financement de l'économie, l'UE doit mettre en œuvre une véritable politique sociale et faire de la solidarité son nouveau *telos* – après la sécurité et la prospérité.

Mais, pour ce faire, deux préalables théoriques s'imposent : résister aux fausses évidences d'un souverainisme national devenu la tentation majeure en temps de crise ; démystifier l'affirmation récurrente selon laquelle l'Europe est vouée à n'être que le cheval de Troie du néolibéralisme.

L'Europe fantôme des souverainistes

De nombreux intellectuels, en France notamment, affirment le rôle démocratique indépassable de l'État-nation. Il serait le seul moyen de conjurer le « nationalisme » étroit et « l'impérialisme ». La démocratie serait donc menacée par la construction européenne : l'Europe signifierait la dépolitisation, par dénationalisation, de la vie des peuples européens, c'est-à-dire leur réduction systématique aux activités de la société civile et aux mécanismes de la civilisation – soit à l'économie et à la culture[1]. Pierre Manent distingue ainsi deux sens du concept de démocratie : la démocratie peut se concevoir soit comme protection des droits individuels, soit comme souveraineté du peuple – droit à se gouverner soi-même, autonomie collective. Or la construction européenne est porteuse d'un double effet : d'un côté, elle renforce la protection des droits et donne de nouvelles opportunités – de mobilité notamment – à l'*individu* ; de l'autre, elle semble restreindre les pouvoirs du *citoyen*. Aux vertus de la délibération publique à l'échelle nationale, aussi conflictuelle soit-elle, l'Europe a substitué l'ambiance feutrée de la technocratie bruxelloise. N'y a-t-il pas ici déni de démocratie ? D'où ce désir réitéré de *reprendre le contrôle* qui nourrit l'europhobie. Telle serait la « raison des nations[2] ».

Cette voix est loin d'être isolée. Pour Dominique Schnapper, l'idée de nation est l'autre face de l'individualisme moderne : seule la nation est capable d'assurer l'existence d'une *société d'individus* en lui donnant la forme *politique* d'une « communauté de citoyens » ; elle est l'unique lien social possible entre des individus authentiquement individualisés, c'est-à-dire détachés de leurs appartenances communautaires et de leurs enracinements locaux. Car, pour agir en citoyen, l'individu doit surmonter ses intérêts particuliers (les intérêts de sa classe, de sa famille, de sa communauté religieuse, de son quartier ou de sa région, etc.) et adopter le point de vue de l'intérêt général. Cela suppose, objectivement, que l'intérêt général de la collectivité soit identique à l'intérêt *général* de l'individu en tant que tel (c'est-à-dire en tant que pur individu qui sait que ses intérêts ne sont pas ceux de ses appartenances, mais ceux de la liberté qu'il doit avoir de changer d'appartenance) ; et cela suppose, subjectivement, que l'individu identifie son intérêt proprement individuel à l'intérêt général de la communauté des individus dont il fait partie. Or, ces deux conditions ne seraient remplies que par la nation : d'une part, celle-ci égalise les individus en tant que nationaux qui partagent un même intérêt national, identique à leur intérêt général d'individus par opposition à leurs intérêts particuliers de classe ou d'appartenance ; d'autre part, elle offre aux individus un pôle d'identification affective qui leur permet d'éprouver, dans l'immédiateté des sentiments, l'identité de l'intérêt général et de l'intérêt individuel

1. Pierre Manent, *Cours familier de philosophie politique*, Paris, Gallimard, 2001, p. 106-107.

2. Pierre Manent, *La Raison des nations. Réflexions sur la démocratie en Europe*, Paris, Gallimard, 2006, p. 46.

(l'identité nationale devenant la substance de la fierté individuelle) en même temps que l'égalité de tous en tant qu'également nationaux (ce qui permettrait de surmonter l'égoïsme au profit de la solidarité).

Seule la nation permettrait donc de dépasser, par l'universalisme du citoyen, les particularismes de l'homme privé et de la société civile, d'organiser les passions, de satisfaire en les civilisant les besoins identitaires, et de donner une forme sociale et politique concrète aux aspirations démocratiques. Race, langue, religion ou culture doivent être invoqués afin de créer et d'entretenir le sentiment national : selon Dominique Schnapper, « les nations ont toujours inventé un ensemble de mythes et de valeurs ethniques, elles ont besoin d'un territoire sacré, de héros et d'âge d'or, bref elles suscitent une forme d'ethnicité, qui nourrit chez les nationaux le sentiment de leur appartenance au collectif[3] ».

Il n'est pas *évident* que la réponse à la crise sanitaire illustre le caractère indépassable de la souveraineté nationale comme source ultime de l'autorité

Ainsi les eurosceptiques invoquent-ils souvent l'impossibilité, pour l'Europe, de fournir le contexte adéquat de la « condition politique ». À l'instar de Raymond Aron, qui insistait sur l'incapacité du mécanisme d'intégration économique à déboucher sur une véritable fédération politique[4], de nombreux intellectuels doutent des théories fonctionnalistes qui attribuent au marché intérieur un pouvoir d'engrenage. Mais ce doute, en lui-même légitime, prend chez eux une tournure radicale qu'elle n'avait pas chez Aron : il ne s'agit pas seulement de constater que l'intégration économique ne peut pas être, à elle seule, le principe d'une intégration politique et que celle-ci a besoin du ressort d'un approfondissement transnational de la démocratie ; il s'agit de présenter le marché intérieur comme un projet de dissolution des nations qui serait incompatible avec l'exercice d'une puissance politique.

C'est ainsi que, pour Marcel Gauchet, l'Europe devrait exprimer le « potentiel politique des nations », qui ne portent pas seulement un principe de division et de destruction, mais aussi « la possibilité d'un universalisme non impérial ». Dans un premier temps, le « complot des élites » qui a mené la construction européenne aurait eu son mérite en promouvant la paix et la coopération entre les nations ; mais il se serait finalement fourvoyé en voulant déposséder ces mêmes nations au profit d'un « grand marché » exclusivement régulé par le droit[5]. Cette destitution des autorités politiques par le droit ne permettrait pas d'autre patriotisme que l'abstraction froide et désincarnée du « patriotisme constitutionnel » promu par Jürgen Habermas, que d'autres auteurs, dans la même veine, accusent d'être une « songerie philosophique » en « état d'apesanteur[6] », par opposition à la chaleur de l'attachement à une histoire vécue à la fois comme un destin et comme un projet ou une mission. Les billets libellés en euros seraient l'emblème de cette dévitalisation : dépourvus de figures ou de devises, « illustration fantomatique d'un *no man's land* incorporel » selon Régis Debray, l'euro ne nous raconterait aucune histoire et serait incapable d'évoquer le moindre paysage ou la moindre spiritualité – trahissant ainsi une absence d'*ethos* et de *telos*[7]. Le coronavirus

3. Dominique Schnapper, *La Communauté des citoyens. Sur l'idée moderne de nation*, Paris, Gallimard, 1994, p. 81.

4. Raymond Aron, *Paix et guerre entre les nations*, Paris, Calmann-Lévy, 1962.

5. Marcel Gauchet, *La Condition historique*, Paris, Gallimard, 2005, p. 412-413, et *La Condition politique*, Paris, Gallimard, 2005, p. 466 et 481.

6. Régis Debray, *L'Europe fantôme*, Paris, Gallimard, « Tracts », 2019, p. 17.

7. *Ibid.*

jetterait ainsi une lumière crue sur nos illusions transnationales en nous montrant que la souveraineté n'est pas « une fiction abstraite ». Elle correspondrait à une exigence fonctionnelle à laquelle une « technocratie stratosphérique », qui n'a guère d'autre utilité que « l'échange d'information et d'harmonisation des règles[8] », serait incapable de répondre.

Le retour du Léviathan?

Malgré la rhétorique martiale adoptée par certains gouvernements, il n'est pas *évident* que la réponse à la crise sanitaire illustre le caractère indépassable de la souveraineté nationale comme source ultime de l'autorité. Comme le souligne Édouard Dubout, la crise peut aussi bien être analysée sous la forme d'une « dépolitisation du pouvoir », voire comme une mise en échec de la volonté souveraine. Ceux qui, tels le Royaume-Uni ou les États-Unis, ont tenté de répondre à la crise par un choix politique ou idéologique ont vite été rattrapés par la réalité de l'épidémie. Ceux qui prédisent aujourd'hui, des semaines à l'avance, des dates précises de déconfinement sont confrontés à l'imprévisibilité qui est désormais notre sort à tous : « En ce qu'elle s'impose tant au plan juridique qu'au champ politique, la crise sanitaire ne laisse en définitive que peu de latitude, au point qu'il soit difficile d'y voir une réelle marque de souverainisme[9] ». Si on y ajoute, d'une part, la dimension globale de l'épidémie et, d'autre part, le fait que les réponses sur le terrain doivent se moduler à une échelle régionale, en fonction de foyers d'infection, il est difficile de prétendre que la crise nous ramènerait à la nation comme seul lieu politique significatif[10].

D'où la nécessité de lever la confusion, devenue omniprésente, qui conduit à faire de la « nation » une forme politique en soi, voire la seule forme politique qui resterait à notre disposition après la disparition de la cité et de l'empire[11]. Les nations furent d'abord le résultat non intentionnel de l'affirmation de la souveraineté monarchique (en vue de sa propre puissance). L'unité nationale, du XVIe au XXe siècle, s'est réalisée au moyen des persécutions, des expulsions, des guerres de religion, des guerres de conquête, des purifications ethniques, des crimes du colonialisme et de l'impérialisme où les nations démocratiques elles-mêmes voyaient les conditions de leur indépendance. Comment la nation peut-elle être une « forme politique » alors qu'elle peut se réaliser aussi bien dans la démocratie que dans la monarchie absolue, voire le despotisme ? Comment peut-elle *s'opposer* à l'empire alors qu'elle peut se *composer* avec lui ? On ne saurait en effet oublier que, jusqu'à une date récente, la nation a le plus souvent été un *centre impérial*. Les États-nations historiques se sont construits en même temps qu'ils construisaient des empires coloniaux, quand ils n'éliminaient pas physiquement les peuples autochtones, comme ce fut le cas aux États-Unis. La construction même de la nation française à partir d'un foyer de souveraineté monarchique s'est effectuée comme le rayonnement d'un centre sur une périphérie dépendante. L'empire napoléonien fut un moment décisif de cette construction.

La nation n'est pas une forme politique, mais une unité historiquement constituée

Peut-être répondra-t-on qu'il faut distinguer la nation démocratique de la nation impériale. Mais la difficulté ne fait alors que rebondir : la

8. Marcel Gauchet, « Avec le coronavirus, on redécouvre la souveraineté », *Le Point*, 17 mars 2020.

9. Édouard Dubout, « La fin du droit ? Droit, politique et expertise scientifique en période de crise sanitaire », JP Blog, le blog de Jus Politicum, 21 avril 2020. http://blog.juspoliticum.com/2020/04/21/la-fin-du-droit-droit-politique-et-expertise-scientifique-en-periode-de-crise-sanitaire-par-edouard-dubout/

10. *Ibid.*

11. Voir Justine Lacroix et Jean-Yves Pranchère, recension du livre de David Djaïz, *Slow Démocratie*, in *Tocqueville 21*, 2020.

nation n'est pas le nom d'une forme politique, mais bien le nom d'une réalité largement informe – une *homogénéité quelconque fondatrice d'une identité collective* –, qui ne reçoit sa forme que du type d'État qui lui donne consistance. La nation est un *élément* d'homogénéité qui peut entrer dans différentes formes politiques, d'où elle tire son caractère (ethnique ou civique, par exemple, selon qu'elle est ou non subordonnée au principe, extérieur à elle, des droits de l'homme). Ce qui décide du sens politique de la nation n'est pas le type de « nationalité », ou d'identité nationale, mais bien le mode d'égalité et de liberté qui lui donne sa forme ouverte ou fermée, intégrative ou excluante, agressive ou pacifique. *La nation n'est pas une forme politique*, mais une unité historiquement constituée – qui peut entretenir avec sa propre histoire un rapport d'identification mythique ou au contraire d'héritage critique –, un état de société qui est susceptible d'entrer dans des formes politiques diverses : républicaines ou monarchiques, fédérales ou autarciques, despotiques ou impériales.

C'est pourquoi il est pour le moins inquiétant d'identifier le patriotisme, que Montesquieu et Rousseau après lui définissaient comme « l'amour des lois » et « l'amour de l'égalité », à une sorte de passion irrationnelle (et sacrificielle) de l'identification. L'amour des lois et de l'égalité qui nourrit la pratique démocratique n'a rien d'un débordement émotionnel ni d'une disposition aveugle à approuver son pays quoi qu'il fasse ; c'est un sentiment indissociable de la pratique des droits et de l'acceptation des règles de la délibération rationnelle et informée.

Le discours souverainiste, qui se présente comme une défense de la démocratie, procède en fait d'une matrice conceptuelle qui n'est pas celle de la démocratie, c'est-à-dire d'un régime qui assure l'égalité et la liberté de tous par la garantie de leurs droits. Le subterfuge souverainiste consiste à effacer les conditions sociales de la démocratie, qui sont celles du pluralisme, sous le fantasme d'une unité du peuple dont l'unité de la volonté souveraine serait l'expression, voire la condition d'existence. Le cœur doctrinal du souverainisme est le mythe de *l'unité* d'un pouvoir souverain dont la seule volonté fait loi, et qui peut affirmer son droit absolu par-delà la séparation des pouvoirs. La démocratie ne serait pas l'élaboration délibérative d'une rationalité collective ou d'une « pensée sociale » dont l'État serait « l'organe » (comme le voulait Durkheim lorsqu'il théorisait la république sociale), mais l'affirmation du droit de la volonté majoritaire (c'est-à-dire des pouvoirs élus !) à prévaloir jusque dans son arbitraire, parce qu'elle exprime une grandeur et une âme nationales plus essentielles que les désirs individuels.

Le subterfuge souverainiste consiste à effacer les conditions sociales de la démocratie

Ce fétichisme de la souveraineté confond la notion d'un pouvoir suprême (le pouvoir souverain comme pouvoir qui n'est subordonné à aucun autre) avec la notion de puissance étatique (laquelle ne suppose pas la souveraineté, mais la définition des droits et des domaines d'intervention de l'État[12]) ; il confond de surcroît la définition juridico-politique des droits de l'État avec la question économique des moyens effectifs de la puissance publique (la souveraineté conçue de manière vague comme « maîtrise de ses propres conditions d'existence » ou comme « pouvoir politique sur l'économie »). Ces confusions produisent un mirage, qui fait apparaître la souveraineté nationale comme condition de la maximalisation de la puissance publique. Il s'agit là d'un leurre, qui non seulement est incompatible avec l'idée pleine de la démocratie, mais qui n'est pas même susceptible

12. Cette confusion, déjà présente chez Bodin, a été dénoncée par Raymond Carré de Malberg, *Contribution à la théorie générale de l'État*, Paris, Dalloz, 2003 (réimpression des éditions de 1920 et 1922), p. 70 *sq*.

de fournir les moyens du but qu'il affiche, à savoir une maîtrise politique de la mondialisation économique

L'Europe néolibérale des nouveaux critiques du capitalisme

Mais l'UE est également conspuée, sur la gauche, par des penseurs qui soutiennent que l'Europe a été le laboratoire privilégié de la rationalité politique néolibérale. Depuis l'origine, l'UE serait grevée par sa construction « ordolibérale » et allemande, ce pourquoi pour François Denord et Antoine Schwartz, par exemple, « l'Europe sociale n'aura pas lieu[13] ». À cet égard, plusieurs faits témoigneraient du péché originel de l'UE : certains Français réfugiés à Londres pendant la Seconde Guerre mondiale, proches de Jean Monnet, comme Hervé Alphand, Étienne Hirsch et Robert Marjolin, avaient esquissé, dès 1943, les contours d'une Union économique régionale, alors même qu'ils fréquentaient la haute société britannique. Robert Marjolin fréquentait assidûment le « très chic Reform Club », où il discutait avec des libéraux et des économistes anti-keynésiens de la London School of Economics comme Lionel Robbins et Friedrich Hayek. Tous auraient adhéré à la société fondatrice du néolibéralisme européen, la Société du Mont-Pèlerin (Mont Pelerin Society, MPS), lors de son congrès fondateur en avril 1947. Tous auraient défendu le marché européen, éventuellement assorti d'une union politique plus ou moins fédérale afin de mettre à bas les structures dirigistes nationales[14]. Tous auraient occupé dans les années 1950 des postes clés dans les mouvements chargés de propager la bonne parole[15]. Enfin, l'Acte unique européen n'aurait fait qu'aggraver les choses : sous couvert de cohésion, il aurait promu la seule concurrence « libre et non faussée ». L'économie sociale de marché serait opposée par principe à l'idée d'État social[16].

Dans le même esprit, Christian Laval et Pierre Dardot ont récemment souligné à quel point tous les principes de l'ordolibéralisme théorisé dans les années 1930 à 1950 s'étaient trouvés sanctuarisés depuis les traités de Rome dans une « constitution économique » de l'Europe. Cette *nouvelle raison du monde* portée par la démocratie chrétienne et avalisée par la social-démocratie inspire toutes les politiques européennes, de manière parfois inavouée[17]. À leurs yeux, l'*Ordnungspolitik* (l'« ordopolitique ») de Walter Eucken et de l'école de Fribourg entend créer un « cadre » permettant aux processus économiques de se dérouler de manière optimale. Grâce à ce cadre juridique, la coordination des plans des agents s'opère par le mécanisme des prix ; le keynésianisme inflationniste est proscrit ; les monopoles, les syndicats et les corporations sont considérés comme des perturbateurs de l'équilibre. L'économie sociale de marché accompagne alors une « démocratie de consommateurs » où le consommateur, plus encore que l'électeur, est « souverain » ; elle s'accommode d'une lutte ponctuelle contre l'exclusion, mais non de l'État social ou « Providence ». Le récit

13. François Denord et Antoine Schwartz, *L'Europe sociale n'aura pas lieu*, Paris, Raisons d'agir, 2009, p. 48-49.

14. *Ibid.*, p. 54.

15. Par exemple, Charles Rist, Jacques Rueff et Wilhelm Röpke animent la Commission monétaire de l'Union paneuropéenne du comte Coudenhove-Kalergie ; d'autres noms français apparaissent à des postes éminents, et tous fréquentent le Comité d'action économique et douanière de Jacques Lacour-Gayet, principal porte-parole du grand commerce français.

16. Cédric Durand (dir.), *En finir avec l'Europe*, Paris, La Fabrique, 2013. De façon intéressante, on trouvera dans le livre de John Laughland, *The Tainted Source. The Undemocratic Origins of the European Idea* (Londres, Warner Books, 1997), un récit symétrique et inverse, tout aussi linéaire et appuyé sur une sélection de faits historiques choisis *ad hoc*, mais inspiré cette fois-ci par la pensée hayekienne. L'Europe y est présentée comme une construction intégralement guidée par une idéologie uniformisatrice, incompatible avec les principes du véritable libéralisme de marché, qui suppose une bien plus grande liberté concurrentielle (impliquant la concurrence des monnaies) ainsi que le respect de « l'ordre naturel » des singularités nationales.

17. Pierre Dardot et Christian Laval, *La Nouvelle Raison du monde*, Paris, La Découverte, 2009, p. 328-352. Leur analyse se présente comme inspirée par le cours tenu en 1979 par Michel Foucault (*Naissance de la biopolitique*, Paris, EHESS-Gallimard/Seuil, 2004) ; elle est également débitrice des interventions de Pierre Bourdieu réunies dans *Contre-feux* et *Contre-feux 2* (Paris, Raisons d'agir, 1998 et 2001). Serge Audier (*Penser le « néolibéralisme ». Le moment néolibéral, Foucault et la crise du socialisme*, Lormont, Le Bord de l'eau, 2015) a fait remarquer que les analyses de Foucault sont bien plus ambivalentes à l'égard du néolibéralisme que ne le disent les auteurs.

démystifie la « légende dorée » opposant le modèle social européen à l'ultra-libéralisme anglo-saxon : bénéficiant d'un pouvoir exorbitant, les instances « apolitiques » imposant les « règles du jeu », comme la Commission et la BCE, auraient permis une véritable conversion de l'Europe au néolibéralisme, alors même que les alternatives gaulliennes ou sociales-démocrates s'épuisaient sans retour. Transports, télécommunications, énergie auraient dû se plier aux diktats de la Commission qui, tout en prétendant n'être qu'une instance « technique », a su imposer une véritable rationalité politique.

La critique de l'Union néolibérale pèche par son unilatéralisme

Le réquisitoire est implacable : l'ordolibéralisme est à la *racine du mal* et impose un déni de démocratie – une *dé-démocratisation*. Alors que l'État national reste soumis aux luttes sociales et aux affrontements politiques, le gouvernement des techniciens, des experts et des juges siégeant à Bruxelles ou à Luxembourg s'exerce à l'écart des arènes démocratiques[18]. Loin que le Parlement, donné comme grand vainqueur du Traité de Lisbonne (2007), l'emporte réellement, il se retrouve réduit au rôle d'« otage » des lobbyistes, et de témoin des actions d'instances non élues qui détourneraient le fonctionnement des institutions démocratiques[19]. Dans un contexte de fusion des élites économiques, financières, juridiques et administratives, ces instances « apolitiques » peuvent ainsi imposer de nouvelles règles du jeu contraignantes – comme le Traité sur la stabilité, la croissance et la gouvernance de 2012. La victoire idéologique de l'école de Fribourg est complète : depuis soixante-dix ans, les légistes de l'Europe s'emploieraient à réorganiser les sociétés européennes à partir d'un fondement dogmatique unique, grâce à une administration exclusivement dédiée à ce projet (instaurer la concurrence libre et non faussée, flexibiliser et déréguler les marchés[20]).

Or, sous couvert de démystifier ce qui n'est, pour partie, qu'une fable (le récit héroïque des Pères fondateurs[21]), la critique de l'Union néolibérale pèche par son unilatéralisme. Il est vrai que l'ordolibéralisme a bien triomphé des autres idéologies qui ont été à la source de la construction européenne ; il est vrai que Walter Lippmann, l'un des théoriciens du néolibéralisme états-unien, fut ami de longue date de Jean Monnet et fervent partisan de la construction du Marché commun[22] ; il est enfin vrai que l'Allemagne a réussi à imposer son « agenda » au point que nous vivons, pour un temps du moins, une Europe à l'heure allemande. Pourtant, rien n'oblige à y voir un destin inéluctable : la lecture téléologique omet les contingences de l'histoire. Les théoriciens de l'ordolibéralisme n'ont pas préparé en secret le projet d'intégration supranationale qu'on retrouverait formulé *in extenso* dans les traités de la Communauté européenne du charbon et de l'acier (CECA) et de la Communauté économique européenne (CEE)[23]. De même est-il réducteur de voir dans le colloque Walter Lippmann l'acte de naissance de la Communauté européenne. Bien au contraire, dans un premier temps du moins, les théoriciens de l'ordolibéralisme s'inquiétèrent du « col-

18. Pierre Dardot et Christian Laval, *Ce cauchemar qui n'en finit pas*, Paris, La Découverte, 2016, p. 134.

19. Antoine Vauchez, *Démocratiser l'Europe*, Paris, Seuil, 2014, p. 22. Il est à vrai dire assez difficile de comprendre en quoi les mêmes critiques ne pourraient pas être adressées aux démocraties nationales où des gouvernements soutenus par leur Parlement et par leur électorat mènent des politiques néolibérales qui ne leur sont pas demandées par l'UE.

20. Certains soulignent l'influence de Hayek. Voir Wolfgang Streeck, *Du temps acheté. La crise sans cesse ajournée du capitalisme démocratique*, Paris, Gallimard, 2014.

21. Voir Antonin Cohen, « Le "père de l'Europe". La construction sociale d'un récit des origines », *Actes de la recherche en sciences sociales*, 2007, vol. 1, n° 166-167, p. 14-29.

22. Jean Monnet, *Mémoires*, Paris, Fayard, 1988. Voir François Denord, et Antoine Schwartz, « L'économie (très) politique du traité de Rome », *Politix*, vol. 89, n° 1, 2010, p. 35-56.

23. Hugo Caniha, « (Néo-) libéralisme contre (néo-) libéralisme ? », *Trajectoires*, n° 10, 2016, https://journals.openedition.org/trajectoires/2087

lectivisme supranational » qu'ils décelaient derrière le projet d'intégration négocié par Monnet. Loin de libérer les puissances vitales de l'Europe, la Communauté européenne de la Haute Autorité était à leurs yeux le cheval de Troie d'un nouvel autoritarisme, celui des experts et des « économocrates ». La supranationalité communautaire risquait de servir d'alibi à un « super-État européen centralisé », ce qui conduisit Müller-Armack et Röpke à promouvoir un mode de coordination « souple » de l'Association européenne de libre-échange (AELE)[24]. De même, Ludwig Erhard, qui diffusa de fait les idées ordolibérales de Müller-Armack auprès d'Adenauer au début des années 1950, s'opposa publiquement à la signature du traité CECA dont il redoutait le « dirigisme supranational ».

C'est le ralliement des élites nationales à la doxa néo-libérale qui a été le facteur décisif de l'empêchement d'une Europe sociale

Enfin, le virage institutionnel de l'Europe vers le néolibéralisme dans les années 1980 et 1990 a aussi été motivé par la primauté de la politique intérieure, brisant le contrat social entre le capital et le travail hérité de l'après-guerre. Le triomphe de l'ordolibéralisme n'a pas été le vecteur exclusif de cette mutation, qui relève plutôt de rapports de forces politiques : Laurent Warlouzet a montré comment, durant les années 1980, la victoire des idées néolibérales de la direction générale de la concurrence sur les idées néo-mercantilistes de la direction générale des affaires industrielles a tenu à la « situation d'équilibre non coopératif » entre la Grande-Bretagne, la France et la République fédérale d'Allemagne. C'est le ralliement des élites nationales (et en particulier des partis socialistes ouest-européens) à la doxa néo-libérale qui a été le facteur décisif de l'empêchement d'une Europe sociale aussi affirmative que l'Europe du marché unique[25]. Corrélativement, ce sont les élites postcommunistes de Sofia à Tallinn et de Bratislava à Bucarest qui se sont enthousiasmées de leur intégration à l'UE dans les années 2000 : l'adhésion à l'UE « n'a pas seulement répandu les forces du marché, mais aussi des centaines de milliards d'euros de fonds structurels et régionaux et l'accès à la masse croissante des crédits bancaires occidentaux[26] ». C'est au niveau du Conseil de l'Europe – et donc des gouvernements – que la décision d'imposer le Pacte de stabilité a été prise. Plus encore, c'est au niveau de l'Eurogroupe, apparu en 1998 mais monté en puissance depuis la crise de 2008, que réside le problème politique majeur : les ministres issus des gouvernements nationaux démocratiquement élus qui le composent ont imposé depuis des budgets conservateurs au reste de la zone monétaire. Nicholas Mulder souligne que les propositions d'Emmanuel Macron pour instaurer un budget autonome de la zone euro ne sont pas bloquées par la bureaucratie bruxelloise mais par un groupe de petits pays : les Pays-Bas, le Danemark, la Suède, la Finlande, les trois États baltes et l'Irlande – la nouvelle Ligue hanséatique – au moins autant que par l'Allemagne[27].

La crise grecque de 2010-2015 a incontestablement révélé un visage odieux des institutions européennes : institués sans légitimité juridique et politique, l'Eurogroupe et la Troïka ont asphyxié l'économie grecque en imposant une scandaleuse logique de privations et de privatisations. Allant jusqu'à prendre le contrôle des institutions démocratiques grecques et à instaurer un quasi-protectorat au service des créanciers, ils ont de fait utilisé

24. *Ibid.*

25. Laurent Warlouzet, *Governing Europe in a Globalizing World: Neoliberalism and its Alternatives Following the 1973 Oil Crisis*, Londres, Routledge, 2017.

26. Nicholas Mulder, « Aux origines du néolibéralisme », *Le Grand Continent*, 5 juin 2019, https://legrandcontinent.eu/fr/2019/06/05/aux-origines-du-neoliberalisme/

27. *Ibid.*

la dette comme levier de domination[28]. Il ne s'agit pourtant pas d'une nécessité inscrite dans l'origine et « l'esprit des institutions », mais d'une déviation liée aux rapports de force entre grands États européens. Il est peu éclairant d'y voir la mise en œuvre d'un « dogme » intangible ou d'une *ligne politique* associée de manière constitutionnelle à la « règle d'or » budgétaire, tout en se plaignant constamment de la non-prise en compte de la logique agonistique au sein des institutions européennes : c'est précisément cette logique conflictuelle qu'il convient de restituer, sans faire l'hypothèse d'un « logiciel » européen qui ne serait que l'expression constante des « intérêts oligarchiques » qui ont toujours gouverné l'Europe.

Avant d'être européen, le déficit politique est national et doit d'abord être combattu à ce niveau. Il importe de résister au mythe d'un « système » européen monolithique doté d'intentions assignables face auquel seule la politique « anti-système » pourrait changer la donne

L'« ordre européen » qui prévaut aujourd'hui n'est pas une création ex-*nihilo*. Il est le produit de la volonté des nations démocratiques qui composent l'UE et qui ont négocié, signé et fait ratifier au sein de leur espace public national les traités qui s'appliquent à elles aujourd'hui. Croire qu'il suffirait de prendre congé de l'Europe pour que ces règles économiques perdent leur statut d'évidences, et soient délibérées par une représentation parlementaire digne de ce nom, revient à inverser le problème. Avant d'être européen, le déficit politique (ou le déficit de réflexion politique) est national et doit d'abord être combattu à ce niveau.

Il importe de résister au mythe d'un « système » européen monolithique doté d'intentions assignables face auquel seule la politique « anti-système » pourrait changer la donne. Cette dernière est d'autant plus dangereuse que ce qui risque de triompher est un souverainisme aux tendances nationalistes et autoritaires, et non le renforcement de la démocratie ou des « communs » souhaités par Pierre Dardot et Christian Laval, qui ont très justement dénoncé dans un texte récent les illusions et les impasses de « la fiction de la souveraineté de l'État[29] ». Cette forme nouvelle d'autoritarisme existe déjà dans certains États, tels que la Hongrie ou la Pologne, qui n'ont pas hésité à se saisir de l'opportunité de la crise sanitaire du Covid-19 pour s'émanciper encore davantage des contraintes politiques, judiciaires et institutionnelles qui résultent de leur appartenance à l'UE. Aussi faut-il rétablir une vision plus nuancée des idéologies et des forces sociales et politiques à l'œuvre dans la construction européenne, sans oublier que la jurisprudence de la Cour de justice de l'Union européenne (CJUE) a contribué en son temps à l'émergence d'une « citoyenneté sociale », même si certaines décisions récentes témoignent d'une réelle régression par rapport à la dynamique initiale[30]. L'illusion souverainiste risque d'ici d'égarer les bonnes volontés, et d'empêcher les nécessaires mobilisations en faveur de politiques sociales et écologiques ambitieuses, lesquelles peuvent être menées

28. Voir les analyses d'Étienne Balibar, *Europe, crise et fin ?*, Lormont, Le Bord de l'eau, 2016.

29. Pierre Dardot et Christian Laval montrent que « la notion de services publics » n'appelle pas « celle de la souveraineté de l'État » : « les services publics relèvent du principe de la solidarité sociale, qui s'impose à tous, et non du principe de la souveraineté qui est incompatible avec celui de la responsabilité publique. » Contre, ils font valoir que « le souverainisme d'État, par son réflexe sécuritaire et son tropisme xénophobe, a fait la preuve de sa faillite. Loin de contenir le capital global, il en aménage l'action en exacerbant la concurrence » (« L'épreuve politique de la pandémie », Mediapart, 19 mars 2020).

30. Sandrine Maillard, *L'Émergence de la citoyenneté sociale européenne*, Aix-en-Provence, Presses universitaires d'Aix-Marseille, 2008 ; Amandine Crespy, *L'Europe sociale. Acteurs, politiques, débats*, Éditions de l'Université de Bruxelles, 2019.

sans sortir des traités, ainsi que l'a notamment proposé Gaël Giraud[31].

Face aux puissances impériales (Chine, États-Unis, Russie, pays où la nation continue à fonctionner comme ce qu'elle a toujours été, à savoir un centre impérial), il importe de dessiner la voie d'une confédération et d'une puissance publique européenne faisant part aux conflits sociaux et politiques. Car l'opposé de l'empire n'est pas la nation, mais la confédération. Penser l'Europe comme une « union cosmopolitique » (Jean-Marc Ferry) ou une « fédération plurinationale » (Hugues Dumont) suppose précisément de refuser que l'UE devienne une nouvelle « nation européenne », de laquelle les anciennes nations disparaîtraient. Le fédéralisme plurinational n'est donc en rien réductible à l'utopie d'un monde sans frontières. Être fédéraliste, c'est vouloir que la démocratie nationale se prolonge et se complique dans le *processus* d'une construction *transnationale* (plutôt que supranationale), approfondissant la dynamique démocratique des droits et de la citoyenneté en complétant la puissance publique nationale par une puissance publique européenne en interaction avec elle[32]. Des sociaux-démocrates conséquents ne peuvent espérer combiner un modèle européen solide et solidaire sans altérer les prérogatives nationales. Comme le disent les Anglais, « *you can't have your cake and eat it too* », à savoir : combiner les avantages d'une forme de fédéralisme européen et ceux d'une souveraineté nationale inaltérée. À cet égard, la réaction de l'UE au début de l'épidémie dans un domaine tel que la santé, qui reste du ressort quasi exclusif des États, a offert une expérience « grandeur nature » des limites d'une simple coordination intergouvernementale. Faute de procédures efficaces et contraignantes, faute de moyens financiers communs, les États se sont révélés « souverainement désordonnés » et incapable d'établir une solidarité de fait entre eux[33].

Le fédéralisme plurinational n'est donc en rien réductible à l'utopie d'un monde sans frontières

Il ne s'agit évidemment pas de dire ici que la Commission, la CJUE ou la BCE doivent rester à l'abri de la délibération démocratique. Les pistes esquissées par Antoine Vauchez dans son essai *Démocratiser l'Europe*[34] – qui envisage différents mécanismes pour ouvrir les institutions dites « indépendantes » de l'UE (BCE, CJUE…) à d'autres paradigmes que ceux du marché intérieur, et pour accroître leur représentativité – doivent notamment être explorées plus avant. Il s'agit de concevoir une puissance publique qui fasse une large part à des désaccords démocratiques, voire qui puisse être investie par des conflits sociaux et politiques. Rappelons que ce n'est pas un « sentiment national » harmonieux qui a produit les systèmes de sécurité sociale qui sont devenus, à partir de 1945, le trait commun des nations d'Europe de l'Ouest. L'État social est bien plutôt le résultat de la lutte des classes inlassablement menée par les mouvements ouvriers en réponse à l'exploitation capitaliste. Plus encore, ils s'élevèrent sur la défaite du fascisme, qui avait rallié à lui une part importante des populations européennes : ils procédèrent non pas d'un consensus national pacifique, mais bien

31. Gaël Giraud propose que la Banque européenne d'investissement (BEI) puisse prêter aux collectivités et aux États centraux l'argent nécessaire aux « investissements verts » (la BCE, qui n'a pas le droit de financer directement les pouvoirs publics, refinancerait la BEI), et que la Commission décide, comme les traités le permettent, d'exclure les investissements verts du calcul des déficits publics sans modifier la règle des 3 % de déficit public par rapport au PIB. Voir la note qu'il a rédigée avec Nicolas Dufrêne et Pierre Gilbert, « Comment financer une politique ambitieuse de reconstruction écologique ? », Institut Rousseau, 25 février 2020.

32. Jean-Marc Ferry, *Europe, la voie kantienne*, Paris, Cerf, 2005 ; *Les Voies de la relance européenne*, Fondation Jean Monnet, 2014, http://jean-monnet.ch/wp-content/uploads/2014/05/14-05-02_Fondation_Jean_Monnet_-_L_avenir_de_l_Europe_web-print.pdf.

33. Nathalie Brack, Ramona Coman et Amandine Crespy, « Face au coronavirus, le chaos de l'Europe intergouvernementale », *La Libre Belgique*, 19 mars 2020.

34. Antoine Vauchez, *Démocratiser l'Europe*, Paris, Seuil, « La République des idées », 2014.

d'une intrication entre guerres nationales et *guerres civiles*. De même, le Covid-19 nous fracture au moins autant qu'il nous unit. Au niveau national, il creuse brutalement les inégalités entre ceux qui peuvent faire du télétravail et ceux – médecins, infirmiers et infirmières, aide-soignant(e) s, livreurs, caissiers et caissières, ouvriers et ouvrières – qui restent en première ligne, entre ceux qui préservent leur salaire et ceux qui perdent leurs revenus. Au niveau européen, il accentue les failles entre les États, les régions, les territoires inégalement touchés par l'infection.

Il s'agit de concevoir une puissance publique qui fasse une large part à des désaccords démocratiques, voire qui puisse être investie par des conflits sociaux et politiques

Il est donc peu probable que le renouveau de l'État social résulte d'une sorte de communion nationale spontanée et encore moins vraisemblable que la construction d'une solidarité européenne résulte d'une coordination spontanée entre nos dirigeants. Elle sera le produit de luttes entre groupes sociaux *au sein* mais aussi *entre* les différents États, en vue d'infléchir nos politiques nationales et européennes en un sens plus conforme aux impératifs d'égalité et de fraternité. Un infléchissement qui n'a évidemment aucune chance d'aboutir si l'on feint d'oublier qu'il n'y a pas de solidarité qui vaille sans une imposition commune susceptible de financer les « biens communs » des Européens[35] ●

CS / JYP / JL

35. Voir Stéphanie Hennette-Vauchez, Thomas Piketty, Guillaume Sacriste et Antoine Vauchez, *Traité de démocratisation de l'Europe*, Paris, Seuil, 2017.

AU SEUIL D'UN MONDE SANS CONTACT

CONVERSATION

Geneviève Azam
Christophe Bonneuil
Pablo Servigne

L'émergence du Covid-19 est cet imprévu qui nous ébranle et nous oblige à réfléchir à notre condition de Terrestres. Car si son émergence et sa diffusion sont typiquement des phénomènes de l'Anthropocène, ils n'en sont pas moins déroutants.

Christophe Bonneuil Que diriez-vous si nous commencions par échanger sur la façon dont la survenue de l'épidémie – et la situation sanitaire, politique et existentielle qu'elle a suscitée – nous a questionnés et ébranlés dans nos certitudes d'avant février ? Désireux que nous étions depuis longtemps d'un arrêt de la course pour la croissance et le productivisme, convaincus que nous étions de la probabilité, dans le cas contraire, d'atteindre un possible point de bascule et d'effondrement, et de la nécessité d'une réorientation radicale de nos façons de vivre, travailler, consommer et habiter, nous avons cependant, reconnaissons-le, été surpris par ce qui est survenu et comment cela est survenu…

J'ai de mon côté été étonné par la facilité avec laquelle les dirigeants politiques (plus ou moins acculés par la situation et leurs opinions publiques) ont pu appuyer sur la pédale de frein de notre économie mondialisée capitaliste. Alors qu'on nous disait depuis des décennies que tout ralentissement de la mégamachine ou tout changement de cap était impossible, c'est advenu ! Et si cette récession aggrave les inégalités, elle renforcera bien des colères, ce qui ouvre de façon surprenante le champ des possibles. Pour la première fois depuis un demi-siècle, il redevient possible de concevoir d'autres mondes. L'imprévu a fait surface et mis au jour la farce des pouvoirs ; leur destitution et une révolution sociale post-productiviste n'apparaissent plus comme le moins vraisemblable des futurs possibles. L'histoire, dont on nous avait annoncé la fin, est-elle de retour ?

Pablo Servigne Il serait trop facile de dire « on vous avait prévenus » ! Ce coup de semonce, cette situation de basculement et d'effondrement (en tout cas, une récession économique et sociale peut-être jamais connue depuis 1929), comptait parmi les risques probables, mais elle nous a quand même surpris. Je dis « nous » en parlant des collapsologues avec qui je suis en contact pour nos recherches.

D'abord je dois reconnaître que, si nous soulignions l'importance de l'interconnexion des crises, le scénario de la pandémie proprement dit n'occupe que quelques lignes dans nos écrits, nous le considérions peut-être inconsciemment comme trop effrayant et improbable, trop « hollywoodien ».

Il serait trop facile de dire « on vous avait prévenus » ! Cette situation de basculement et d'effondrement nous a quand même surpris

J'avoue aussi que, début mars, je n'y croyais toujours pas ! L'effondrement systémique était un concept dont je m'étais emparé intellectuellement, dont je discutais dans des cercles avertis, mais je n'étais pas préparé à ce choc. Pendant les premiers jours du confinement, j'ai senti le chaos à ma porte. Personne n'avait les idées claires, et ces magasins vides... c'était en France, chez moi ! Ce n'était pas un effondrement abstrait à envisager au futur, ou dans une contrée lointaine, mais une disruption qui était là, ici et maintenant. Puis, j'ai plongé dedans, je me suis organisé, je me suis impliqué...

J'ai aussi été surpris par la résilience du système bancaire et financier : il a souffert, il s'est contorsionné, mais il n'a pas explosé. C'est grâce à la perfusion massive des banques centrales (un soutien qui aurait pu être tellement mieux utilisé pour les peuples et pour l'économie réelle, plutôt que pour sauver le capitalisme financier...).

J'ai aussi été étonné par l'obéissance des gens : non seulement la discipline des citoyens à respecter les règles sanitaires, mais aussi la docilité des élites économiques quand les politiques ont stoppé l'économie. Enfin, j'ai été surpris de constater que les deux mois de confinement de la moitié de la planète n'avaient finalement que peu fait baisser les émissions de gaz à effet de serre : il faudra donc bien plus que cela pour limiter le désastre climatique !

Geneviève Azam Comme bien d'autres, en pensant aux personnes qui devaient faire face dans l'urgence et très concrètement à des situations dramatiques dans les hôpitaux, j'ai bien sûr été saisie de colère devant ce qui relevait d'une légèreté et d'une impréparation des autorités politiques et sanitaires, devant le spectacle des conséquences de la longue casse du système de santé et de la suffisance des « experts » et « intellectuels » saturant les médias et les tribunes de leurs certitudes. Mais j'ai aussi ressenti assez vite une sorte de gratitude à devoir traverser ces événements, à vivre une expérience commune, sans me projeter dans un monde d'après ; à être déstabilisée, à éprouver l'irruption de quelque chose de plus qu'humain dans notre histoire humaine. Notre suffisance moderne à prétendre dominer la nature et l'occuper totalement était concrètement ébranlée. Comme me semblait réfutée la croyance en la capacité des mouvements contestataires intentionnels à « faire » seuls l'histoire, indépendamment des milieux.

En ce début de XXIe siècle, ce ne sont pas les luttes, pourtant renaissantes partout sur la planète, mais un microscopique virus qui a ouvert une brèche en empruntant les voies globalisées et métropolisées du capitalisme mondial. Ce qui avait été théorisé devenait concret. Comment ce non-humain, ici un virus, modifie notre manière d'habiter ce monde ? La réponse infantile et comique par la rhétorique guerrière en dit long sur le rapport à la nature. Le virus n'est ni ennemi ni ami, il fait partie de la toile de vie qui nous irrigue.

Nous sommes interdépendants et plutôt que de lui déclarer la guerre, après avoir démoli toutes les barrières qui nous en protégeaient, il faut nous demander quelle place accorder à ces interdépendances dans notre pensée des luttes. Par quelles alliances terrestres, à inventer, les mouvements sociaux peuvent-ils ajuster – à la fois plus modestement et certainement plus efficacement – leurs luttes aux « soulèvements » prévisibles et imprévisibles de la Terre[1] ?

Christophe Bonneuil Ces presque deux mois de confinement nous ont aussi fait goûter à quelques plaisirs, certes inégalement partagés selon la position sociale. De mon côté, cesser de parcourir la France pour donner cours et conférences m'a contraint à l'ancrage : construire un poulailler, agrandir le jardin, voir grandir mon enfant, m'engager dans un groupe local d'entraide, inventer des solidarités…

Geneviève Azam Cette épreuve m'a donné l'occasion de vivre jusqu'au bout, non plus comme idée abstraite mais comme ressenti profond, l'indisponibilité du monde. Dans les queues devant les magasins, où l'impatience n'était plus de mise pendant ces journées allongées, je pensais aux discussions que nous avions à propos de la nécessaire mise en place de rationnements équitables. Ce n'était plus pour un futur mais pour un présent plus juste.

Pablo Servigne Pour moi aussi, ce fut un vrai plaisir. Le fait de se lever le matin et de se poser la question, tous les jours : « Comment puis-je aider ? » « Comment s'organiser au mieux ? » « Comment améliorer les choses, qui a besoin d'aide ? » etc. Et quel plaisir aussi de ne plus entendre ces avions sillonner sans cesse le ciel, de constater le retour d'un air plus pur en Chine et un retour des populations sauvages, des rorquals, des dauphins, des oiseaux, des renards, etc.

Il ne faut toutefois pas surestimer la nouveauté du phénomène pandémique, qui sévit depuis 9 000 ans

Christophe Bonneuil Le Covid-19 est une « maladie de l'Anthropocène », ainsi que l'a noté Philippe Sansonetti, microbiologiste et professeur au Collège de France[2]. Il ne faut toutefois pas surestimer la nouveauté du phénomène pandémique, qui sévit depuis 9 000 ans. Le livre *Homo domesticus* de James C. Scott[3] raconte la « tempête épidémiologique » des zoonoses en Mésopotamie au néolithique : le regroupement d'un bétail domestiqué et des humains en de mêmes centres sédentaires a favorisé des épidémies dévastatrices.

La grande peste qui touche Marseille en 1347 et tue en cinq ans près du tiers de la population européenne trouve son origine dans l'expansion et la proto-mondialisation mongole mettant en contact rats et bacilles d'Asie du Sud avec l'Europe. La brutale conquête européenne du continent américain au XVIe siècle s'accompagne d'épidémies qui déciment 90 % de la population amérindienne. La massive mise

1. Sur la notion d'alliance, à distinguer de la toute-puissance moniste de l'« hybridation » ou de la (re) connexion, voir Léna Balaud et Antoine Chopot, « Suivre la forêt. Une entente terrestre de l'action politique », https://www.terrestres.org/2018/11/15/suivre-la-foret-une-entente-terrestre-de-laction-politique/.

2. Voir sa conférence du 16 mars 2020, « Covid-19 ou la chronique d'une émergence annoncée », https://www.youtube.com/watch?v=JKY1i7IpK3Y.

3. La Découverte, 2019.

en mouvement des populations au cœur de la forêt d'Afrique équatoriale, avec le rail, les mines et les plantations coloniales, sera le terreau d'émergence du sida dans les années 1920, qui a tué 36 millions de personnes ces dernières décennies. On constate donc que chaque bouleversement majeur des rapports sociaux aux vivants, *via* la concentration d'animaux d'élevage, la pénétration d'écosystèmes jusqu'ici moins densément peuplés et/ou l'essor des circulations à grande distance, ont provoqué leur lot d'épidémies.

Il serait donc inexact d'affirmer que ce serait la première fois que l'agir biologique d'un virus serait devenu indissociable des conditions sociétales et systémiques de son existence et de sa diffusion. On peut peut-être cependant parler de maladie du Capitalocène tardif. Depuis la fin du XXe siècle, on assiste en effet à un saut qualitatif du rythme d'apparition de nouvelles zoonoses : VIH ; virus NIPAH venu d'une chauve-souris en 1998 en Malaisie, en lien avec la déforestation pour planter du palmier à huile ; virus Zika au Brésil transmis par un moustique forestier lui aussi mis en contact avec les hommes du fait de l'urbanisation et de la déforestation sauvage de l'Amazonie ; grippe aviaire H5N1, qui refait surface périodiquement depuis 1997 et notamment en 2006 ; SARS en 2003 ; grippe porcine en 2009 ; MERS en 2012, virus Ebola prospérant en 2014 dans une zone d'intense déforestation en Côte d'Ivoire ; Covid-19 aujourd'hui…

Dans ce dernier cas, la rencontre de deux phénomènes, l'installation de fortes populations au contact d'une forêt en recul et l'élevage industriel, semble avoir fait synergie. Depuis les années 1990 l'essor de l'élevage industriel à grande échelle (poulets et porcs), en Chine, en particulier dans la région de Wuhan, est massif. Avec notamment la prise de contrôle du numéro 1 mondial de l'élevage porcin Smithfield Foods par un conglomérat agro-alimentaire chinois, la province de Hubei et les provinces avoisinantes sont devenues un vaste atelier d'élevage industriel, où Goldman Sachs comme la Deutsche Bank ont investi des centaines de millions de dollars dans des mégafermes.

Outre que ces fermes industrielles sont de gigantesques incubateurs à zoonoses, elles ont ruiné des milliers de petits éleveurs qui sont alors partis plus près des forêts créer les 20 000 fermes d'animaux sauvages qui ont fleuri depuis vingt-cinq ans[4]. Issu probablement de l'une de ses fermes, dont la multiplication n'est pas étrangère aux circuits du capital agro-industriel, et empruntant ensuite à grande vitesse le réseau de la mondialisation (mégapoles interconnectées par la mobilité aérienne de masse des marchandises, des cadres et des touristes), le virus Covid-19 et sa diffusion globale sont bien ainsi des phénomènes du Capitalocène tardif.

Le virus Covid-19 et sa diffusion globale sont bien des phénomènes du Capitalocène tardif

Des collègues, comme l'anthropologue Anna Tsing, préfèrent le terme de Plantationocène à celui de Capitalocène pour décrire la dynamique de dérèglement de la Terre des quatre derniers siècles, du modèle de la plantation esclavagiste à celui de l'élevage industriel et de l'agriculture de firme en passant par les révolutions vertes. Le fil conducteur est ici, d'une part, la violence de la mise au travail des humains et, d'autre part, la simplification et la standardisation des assemblages végétaux (ou animaux) en monocultures homogènes et régulières. Cette double violence combinant mise au travail et aliénation, faite à la fois aux êtres humains et aux êtres animaux ou végétaux devenus productions et marchandises, vise à rendre la vie « scalable » afin de

4. *Cf.* Rob Wallace et al., « Le Covid-19 et les circuits du Capital », https://www.terrestres.org/2020/04/30/le-covid-19-et-les-circuits-du-capital/.

régulariser, généraliser et rendre prédictible l'accumulation du capital.

Mais cette entreprise ne manque pas de susciter débordements et sabotages. Le marronnage et la rébellion furent des gestes posés par les esclaves ; l'apparition de zoonoses dans les élevages, ainsi que d'insectes, adventices ou champignons dévorant les monocultures sont les manifestations d'une « troisième nature », sabotant ou parasitant la seconde nature millimétrée et ultra-productive du capitalisme industriel[5]. Il est fécond de comprendre le Covid-19 comme l'un de ces débordements immanquablement générés par les logiques plantationnaires.

Geneviève Azam Je rejoins l'idée qu'il y a quelque chose d'attendu et de systémique dans ce virus qui nous frappe, mais je suis aussi sensible à son surgissement imprévu, et qui tient à l'écologie du capitalisme contemporain. C'est d'ailleurs ce qui me conduit à garder une distance avec les projections pour un « monde d'après », comme si ce que nous vivons n'était que passager, un accident de parcours regrettable, un moment à enjamber. J'y vois un refus de se confronter aux désordres de la terre, qui sont avec nous pour longtemps, une mise à distance de notre condition de Terrestres que j'ai tenté d'approcher avec la *Lettre à la Terre*[6]. Sans parler de la globalité de la catastrophe, qui exige de penser aussi globalement le monde d'après.

Vivre la situation sans la fuir, c'est réapprendre à accepter notre vulnérabilité plutôt que de s'accrocher à des récits de toute-puissance. Traverser pleinement ce qui arrive, pour l'éprouver et résister à toutes les formes d'effacement et de recherche éperdue de la sortie. C'est aussi vers l'entrée que nous devons remonter pour comprendre pleinement ce qui nous arrive. Si on peut penser et espérer qu'il y aura un répit dans la crise sanitaire, le délabrement social et écologique, dont nous ne mesurons peut-être pas l'ampleur à ce jour, et les menaces sur la démocratie sont notre condition présente.

C'est pourquoi, à la précipitation de nombreuses déclarations, j'ai préféré la proposition de Bruno Latour dans son texte « Imaginer les gestes barrières contre le retour à la situation d'avant-crise »[7]. Nous devons d'abord devenir « des interrupteurs de globalisation », écrit-il. Je comprends cette proposition comme une alerte, comme la nécessité d'une interrogation individuelle et collective, d'un inventaire de ce à quoi nous tenons en vue de déterminer ce qui, au vu de l'expérience d'arrêt partiel de la mégamachine et de ses répercussions locales et globales, nous semble devoir redémarrer. Et, inversement, de déterminer (d'abord sur notre territoire proche) les activités économiques et les modes d'organisation sociale et technique qui détruisent nos milieux, font exploser les inégalités, nous dominent et dont nous ne voulons plus.

La globalité de la catastrophe exige de penser aussi globalement le monde d'après

Passer directement à l'élaboration d'un programme général pour changer de civilisation, même s'il s'agit bien de cela, sacrifierait l'expérience partagée, inouïe et souvent douloureuse et dévastatrice de « l'arrêt de monde » et éloignerait la chance d'éprouver et de concrétiser notre condition terrestre. En d'autres termes, c'est ce que Simone Weil, la philosophe des années 1930, appelait l'expérience de la nécessité, de la matière du monde et de la Terre, de la limite, de la vulnérabilité.

Pablo Servigne La question de la vulnérabilité est centrale. Savoir l'accepter, la dire,

5. Anna Tsing, *Le Champignon de la fin du monde. Sur la possibilité de vivre dans les ruines du capitalisme*, La Découverte, 2017.

6. Seuil, 2019.

7. Bruno Latour, « Imaginer les gestes barrières contre le retour à la situation d'avant-crise », AOC, 30 mars 2020.

la partager, nous met dans une autre posture, celle de l'interdépendance, celle de l'appel à l'aide, celle de l'ouverture à l'entraide, des rapports horizontaux et donc de l'auto-organisation. Pour s'associer, il faut qu'il y en ait un qui descende de son piédestal. C'est la même situation qu'en famille, lorsqu'il y a une grande décision à prendre, ou un drame, et que les parents partagent leur vulnérabilité et leurs affects, immédiatement les enfants s'impliquent pour le commun, car ils sentent la connexion, l'empathie, l'authenticité : on ouvre la voie à une possible co-construction... Les verticalités, le pouvoir, l'arrogance, les dominations, etc., favorisent, au contraire, la compétition, les égoïsmes, les violences et les inégalités.

Les verticalités, le pouvoir, l'arrogance, les dominations, etc., favorisent, au contraire, la compétition, les égoïsmes, les violences et les inégalités

Sur l'organisation, je pense qu'il faut maintenir les deux approches, par le haut et par le bas : il faut prendre soin et écouter ce qui vient du bas, des lieux, des collectifs, des hétérogénéités, et il faut aussi savoir voir grand, voir de haut, voir global, et donc proposer des plans d'action. Tout dépend de la hauteur et de la posture ! Ce qui importe, c'est l'interaction entre les deux, la co-évolution, justement.

J'ai pratiqué la permaculture, qui est une méthode de conception de (socio-) écosystèmes qui s'appuient sur les principes du vivant. On doit y être attentifs aux détails, au terrain, aux *patterns* (aux formes), etc., mais on doit aussi savoir « dézoomer » pour voir l'ensemble, le global, et ainsi faire interagir notre plan global avec les aléas des détails, dans un aller-retour très dynamique, dans une spirale très fertile. Manquer l'un des deux processus (détail et global) mène à des échecs certains. Je veux dire par là qu'il est aussi important de répondre au questionnaire de Latour que de savoir proposer des politiques globales qui vont dans le sens des biens communs.

Trois principes clés (1. Prendre soin de l'humain ; 2. Prendre soin de la Terre ; 3. Redistribuer les surplus) peuvent nous guider dans ce contexte de créativité politique liée à cette crise, car ils aident à y voir plus clair dans le fouillis des hétérogénéités, dans les différences infinies des régions, des lieux, des cultures, des territoires, etc. Ce ne sont pas des règles strictes qu'il faut appliquer à l'aveugle, mais ce sont des principes pour guider nos choix, pour concevoir des politiques résilientes en faveur des biens communs, toujours en lien avec les détails et les gens.

Christophe Bonneuil Tant au plan politique que médical ou économique, l'épidémie de Covid-19 est loin d'avoir livré tous ses effets. Certains ont pu se réjouir de voir dans le virus un allié participant à l'insurrection contre la machine économique ou facilitant la future transition écologique... avant de s'apercevoir que seule une petite partie de la machine était finalement stoppée, que bien des salariés étaient mobilisés en première ligne, que bien des ouvrières et des ouvriers du monde étaient encore au travail, que la « e-economy » battait son plein, et que les émissions de gaz à effet de serre étaient à peine réduites. D'autres ont pu prédire un sombre avenir déjà joué à l'avance, consacrant l'alliance du modèle chinois et du néo-libéralisme : une post-démocratie d'États big-brother, endettés, et de nouvelles régressions des conditions de travail et d'existence. D'autres encore ont évoqué une vengeance de la nature...

Geneviève Azam Voir dans la pandémie un simple complot pour gouverner les populations et mettre les corps sous cloche est une façon de dénier la présence propre du virus. Y voir une vengeance de la nature est une autre façon de dénier l'altérité des êtres et processus autres qu'humains, cette « part sauvage du monde » que défend Virginie Maris[8], en leur prêtant une contre-intentionnalité dont nous, humains, restons le centre. La Terre et ses êtres ne se vengent pas, ils sont là en tant que puissance naturante qui nous dépasse. Le choc actuel relève à bien des égards de la « stratégie » du choc, telle que l'avait justement analysée et décortiquée Naomi Klein dans *Stratégie du choc : la montée du capitalisme du désastre*[9]. La catastrophe économique présente et à venir va renforcer certains secteurs du capitalisme, le capital numérique est aux aguets et la crise sanitaire légitime le contrôle des populations et accélère une approche biopolitique de la société. Cependant, plus de dix ans après, nous ne sommes plus dans la « montée » du capitalisme du désastre, nous sommes dans le désastre. L'espoir mis dans le capitalisme numérique, sans considération de son empreinte matérielle, corporelle et psychique, est une utopie macabre. L'épidémie a aussi montré les limites du télétravail, la déconfiture de la santé high tech et de la « continuité pédagogique » ! On a plus parlé de masques, de charlottes et de gants que d'algorithmes ! De caissières que des *bullshit jobs* épinglés par David Graeber ! Le néo-libéralisme n'est plus dans la position hégémonique qu'il occupait, ses promesses de paix, santé et prospérité sont à terre.

Quarante ans de ces politiques laissent des traces profondes, mais je ne crois pas percevoir la cohérence stratégique de sa phase conquérante des années 1960-1980, jusque dans les années 2000. Les élites me paraissent plutôt dans le sauve-qui-peut. Ce qui se donne à voir aujourd'hui, c'est plus la décomposition des pouvoirs et de leurs institutions, nationales et internationales, qu'une stratégie globale coordonnée et l'hégémonie culturelle du néo-libéralisme. Ce n'est pas plus rassurant pour autant, et la menace de la toute-puissance d'États big-brother et autoritaires est bien là, comme sont là les stratégies de repli nationalistes.

Le néo-libéralisme triomphant était alors admis par de larges couches de la société. Sans naïveté, appuyons-nous sur les contradictions et brèches actuelles, sur le choc de réalité qui est advenu.

Pablo Servigne Je comprends ta réticence, Geneviève. Néanmoins se référer à la stratégie du choc est intéressant parce que cela met en lumière un vide politique créé par une immense sidération Et le vide crée un appel d'air. De nouvelles politiques vont s'y engouffrer très rapidement, et le risque c'est de voir arriver toujours les mêmes, ceux qui sont organisés, qui ont des leviers de pouvoir, des think-tanks, un imaginaire dominant, etc. D'ailleurs on a bien vu comment ce vide a permis l'extension du domaine de la surveillance électronique et du drone. Dans une situation de crise ou de chaos, les acteurs qui déploient les premiers une stratégie peuvent marquer rapidement des points.

Le drame est que la crise semble faire avancer plus vite le zombie capitaliste, avec des banques centrales qui sauvent ce qu'on ne voudrait pas sauver

Le drame est que la crise semble faire avancer plus vite le zombie capitaliste, avec des banques centrales qui sauvent ce qu'on ne voudrait pas sauver, que les jeunes pousses bien vivantes mais encore fragiles qui tentent d'inventer d'autres horizons. Mais ces deux derniers mois, je pense que nous avons été nombreux à vivre autrement, à prendre conscience, à ressentir des affects nouveaux et à se sentir plus terrestres. La pandémie a

8. *La Part sauvage du monde. Penser la nature dans l'Anthropocène*, Seuil, coll. « Anthropocène », 2018.

9. Actes Sud, 2008.

touché l'intime, les cœurs, les corps. Il reste à traduire cela par de l'organisation ! Quant à l'interprétation de la pandémie comme une vengeance de la nature (quelque chose d'extérieur, qui attaque et qui force à se défendre, ou pire, à défendre notre mode de vie menacé !), je n'y adhère pas. En revanche, elle est bel et bien une conséquence de la politique de plantation, une suite logique. Notre mode de vie, disons l'industrialisme globalisé, a *ouvert la possibilité* que cette pandémie advienne sous cette forme, en déréglant les interactions entre des êtres vivants qui étaient là avant lui !

L'enjeu maintenant est de trouver quelles interactions avec ces êtres vivants permettront de vivre ensemble à nouveau sans que cela ne déclenche de victimes en masse... des deux côtés (humains et non-humains). Retrouver un équilibre complexe, c'est pour moi un horizon que je considère *terrestre*, pour reprendre un mot qui nous est cher. Comme tu disais, Geneviève, il faut apprendre à vivre avec, à s'hybrider. Quant à savoir si notre relation se convertira à long terme en parasitisme, en mutualisme ou en coexistence, les archéologues du futur le diront.

Christophe Bonneuil Nous nous rejoignons, je crois, pour refuser toute interprétation complotiste, mais il n'est pas difficile de discerner des choix de détricotage du droit du travail ou des régulations démocratiques et environnementales (ex. : antennes relais et zones de non-traitement aux pesticides) opéré par les ordonnances du gouvernement. Plus durablement encore, une véritable stratégie du choc met à profit la pandémie pour placer nos vies sous le régime d'un capitalisme toujours plus numérique, comme l'a récemment montré Naomi Klein[10]. Le cours des actions des GAFAM s'envole, la consommation culturelle fait la part belle à Amazon et Netflix, le télétravail fait travailler toujours plus tard des salariés pourtant parfois mis en chômage partiel, l'Éducation nationale se livre à l'école numérique, les applications de traçage, les apéros-chez soi ou la médecine en ligne deviennent de nouvelles normes, et la peur du virus accélère la suppression des guichets du service public.

Un appel récemment lancé nous exhorte à ne pas laisser s'installer un nouveau régime social sans contact ; non plus l'ancien « métro-boulot-dodo », mais un nouveau « du lit à l'ordi »[11]. Comme l'affirme l'appel : « Il nous semble juste de parler de stratégie du choc numérique, au sens où la crise sanitaire crée l'occasion de renforcer la dépendance aux outils informatiques, et de déployer des projets économiques et politiques préexistants : enseignement à distance, recours massif au télétravail, "e-santé", Internet des objets et robotisation, élimination de l'argent liquide au profit de la monnaie électronique, promotion de la 5G, smart city... »

Le télétravail fait travailler toujours plus tard des salariés pourtant parfois mis en chômage partiel

« Les humains sont des risques biologiques, les machines non » : ici s'exprime la métaphysique des dirigeants du capitalisme numérique[12]. À l'extrême on aurait, d'une part, l'espace des corps confinés et, d'autre part, une machinerie économique qui fonctionnerait presque sans corps, un État sans guichet. Entre les deux, il y a aujourd'hui l'intermédiation indispensable d'une classe de corps mobilisés, réquisitionnés en première ligne, aux prises avec la mort (dans les hôpitaux et les EHPAD), mais plus généralement voués à un travail toujours plus

10. Naomi Klein, « How big tech plans to profit from the pandemic », *The Guardian*, 13 mai 2020, https://www.theguardian.com/news/2020/may/13/naomi-klein-how-big-tech-plans-to-profit-from-coronavirus-pandemic?CMP=Share_iOSApp_Other.

11. https://www.terrestres.org/2020/04/27/ne-laissons-pas-sinstaller-le-monde-sans-contact/.

12. Le propos est d'Anuja Sonalker, PDG d'une société high tech, cité par N. Klein, « art. cit. ».

dangereux et sous-payé. Si nous n'y prenons pas garde s'installerait une société où nous serions confinés (même) en plein air, une société sans contact[13]. Outre les dangers politiques et anthropologiques d'une telle perspective, il faut ajouter que cela se ferait à l'ombre de réseaux électro-numériques qui représentent en outre une nouvelle course en avant dans le dérèglement de la planète et la consommation d'énergie. Des prospectives en faveur de l'économie numérique prévoient ainsi que le réseau des appareils connectés à Internet, qui émet aujourd'hui 3 % des gaz à effet de serre, verrait avec la 5G et de multiples objets connectés son trafic multiplié par mille et entraînerait ainsi un doublement de la consommation électrique mondiale d'ici la décennie 2030-2040[14].

Si nous n'y prenons pas garde s'installerait une société où nous serions confinés (même) en plein air, une société sans contact

Pourtant, comme l'a souligné Geneviève, ce qui nous a soignés et fait tenir pendant cette épidémie, ce n'est pas le télétravail des cadres sup ni la « continuité pédagogique » (qui fut un enfer et largement un échec), mais la mobilisation du travail bien corporel et vivant des soignants et soignantes, des caissières et caissiers, routières et routiers, paysanes et paysans et des ouvrières et ouvriers.

Geneviève Azam Alors que nous étions sommés de nous en remettre aux chefs de guerre, j'ai été impressionnée par l'organisation rapide et spontanée de l'entraide. C'est la base arrière de la résistance, notre logistique ! Et c'est la validation d'un échange social échappant au marché, désertant le marché. Les avions cloués au sol, les grands ports inactifs, les infrastructures du Grand Marché des néo-libéraux ont été à l'arrêt ou ralenties. Ce Marché qui prétend coordonner et ajuster spontanément les décisions rationnelles de millions de personnes grâce au système des prix, sans que les personnes participant à l'échange n'aient à se connaître ou à s'aimer, se plaisait à rappeler l'économiste néo-libéral Milton Friedman. Un échange sans contact, avec distanciation sociale. Un échange calculé « donnant-donnant », qui clôt la relation, qui efface la dette mutuelle, dirait Marcel Mauss.

Dans cette vision, l'entraide est une survivance, un refuge pour les bonnes âmes. Elle est surtout frein à la liberté (et donc à l'efficacité) en ce qu'elle empêcherait de se libérer d'obligations contraignantes à l'égard des autres. Or, précisément, c'est l'obligation qui s'est exprimée à travers les réseaux d'entraide. Et pas seulement là. Aussi chez toutes celles et ceux qui ont œuvré au-delà de leur « contrat » et de comptes d'apothicaire pour assurer ce qui n'a pas de prix, la dignité de la vie. La culture néo-libérale n'est pas venue à bout de cette exigence première. Elle n'a rien à voir avec le business philanthropique, avec le don unilatéral qui maintient la domination de celui qui donne, avec le marché du don. Elle a à voir avec l'interdépendance assumée entre les humains. Et aussi, comme nous le vivons à grande échelle, avec les autres que les humains. L'anthropocentrisme n'est plus de mise. La guerre au virus nous conduit à une débâcle certaine. Comme nous conduirait à d'autres débâcles sanitaires une conception individualisée de la santé, chacun sur son lit d'hôpital high tech, avec suivi individualisé à domicile et traçage à l'extérieur. Or, si je poursuis avec Marcel Mauss, la santé est un fait social total. Et au-delà de Mauss, ce fait social est enchâssé dans des milieux naturels, qui ne peuvent être habitables qu'à la condition d'une obligation d'en préserver à la fois l'interdépendance et l'altérité.

13. Frédéric Neyrat, « Commune absence », https://www.youtube.com/watch?v=XM3lJG4cIOI.

14. Fabrice Flipo, « L'inquiétante trajectoire de la consommation énergétique du numérique », https://theconversation.com/linquietante-trajectoire-de-la-consommation-energetique-du-numerique-132532.

Pablo Servigne Aujourd'hui, le Covid-19 et le dérèglement climatique sont des menaces globales. Mais plutôt que les appels à la guerre contre un virus ou un réchauffement, comment « lutter » contre ces menaces sinon en s'opposant à ceux qui les provoquent ? C'est-à-dire aux multinationales et aux gouvernements. Nos véritables adversaires sont ceux qui sapent les conditions de vie sur Terre, ainsi que les conditions de faire société. Ce sont des personnes, mais aussi des organisations, des idéologies, et un imaginaire. D'ailleurs, les hérauts de l'économie dominante ne lâcheront pas l'affaire facilement. Ils savent s'entraider au sein de leur classe pour garder leurs privilèges.

Les hérauts de l'économie dominante ne lâcheront pas l'affaire facilement. Ils savent s'entraider au sein de leur classe pour garder leurs privilèges

Nous n'avons donc pas d'autre choix que de retrouver le sens du collectif, les alliances stratégiques et de créer des rapports de force. Il faut fournir à l'ensemble de la population une trousse à outils conceptuelle pour mieux coopérer. Cela implique d'aller au-delà des étiquettes bien confortables que chaque petit groupe s'est constituées. Une fois les ego laissés au vestiaire, il s'agit de trouver un terrain commun, de mettre en avant des valeurs partagées et de travailler (ensemble !) à rendre constructives les réelles divergences.

L'idéologie de la compétition généralisée et le mythe de la loi de la jungle sont de très puissants récits qu'il nous faut déconstruire. Beaucoup restent persuadés que la nature – et par extension la nature humaine – est compétitive, égoïste et violente. Ils pensent que si les gouvernements disparaissaient, on retrouverait un état dit « sauvage », c'est-à-dire une lutte de tous contre tous. Mais ce que les sciences ont découvert ces dernières décennies, c'est que partout dans l'éventail du vivant l'entraide était et reste présente, des humains aux champignons, du phytoplancton aux arbres, en passant par les animaux et les bactéries. Notre société d'abondance l'a donc délaissée ou, plus précisément, rendue invisible. Car elle est là, sous nos yeux, en permanence : l'école, la Sécurité sociale, les coopératives, les syndicats, l'État, les hôpitaux, sont des institutions extrêmement puissantes d'entraide. On ne les voit plus, aveuglés que nous sommes par les œillères de la compétition, et ces institutions se fragilisent.

On pourrait croire que les temps qui arrivent – les catastrophes, les dégradations et autres pénuries – favoriseront les égoïsmes et la compétition. C'est effectivement un risque, mais ce risque est entretenu par la culture de la compétition. Même les milieux hostiles font émerger l'entraide, tout simplement parce qu'on a besoin de ses voisins pour survivre. Autrement dit, les individualistes sont les plus vulnérables. Seul le fait de vivre dans l'abondance permet le luxe de se passer de son voisin. L'individualisme est donc véritablement une idéologie de riches. Seule notre époque démesurément opulente grâce aux énergies fossiles a pu développer de tels niveaux institutionnels d'égoïsmes. Comme l'ont montré l'économiste Thomas Piketty et ses collègues, les grandes avancées en faveur d'une meilleure répartition des richesses ont été conquises après les grandes catastrophes du siècle, lorsque les industriels et la finance étaient à genoux et n'avaient plus les moyens d'imposer leurs exigences antisociales.

Ce qui sauve, ce qui fait traverser le temps long, c'est de se sentir en interdépendance avec les autres, reliés à une toile du vivant ; sentir que, sans les autres, nous sommes tous extrêmement vulnérabless ●

GA / CB / PS

LA COMPRÉHENSION DU LANGAGE DE TOUTES LES CRÉATURES Y COMPRIS LES VIRUS

UNE SÉRIE DE 5 POÈMES

PAR

Laura Vazquez

Puisqu'il n'y a plus personne pour prononcer mon nom,
il n'existe plus.
Marlen Haushofer, *Le Mur invisible*

— 1 —
COMMENT VIVRE DANS UN CERCLE LES JOURS ET LES NUITS
POÈME EN 33 LIGNES

avec une brume autour une chose
peut-être comme une lame
la maladie est un endroit

je dors je range mon visage dans un lit les draps sont des surfaces la bouche est une surface sur une peau le sommeil retire le contour des os la moelle est une surface sur une surface sur un monde arrêté

le sol est en miroir chaque chose tombera chaque oiseau chaque drap verre tous les ongles les yeux vont tomber ils toucheront le sol un jour une comète la planète tombera toutes les gouttes un poil les sons dirigés vers le sol la voix retombe les vibrations se tassent tombent des câbles tomberont le sol ressemble à tout

d'autres endroits du monde la glace brille ou bien des bœufs des langues noires comme une langue noire qui passerait sur nous

enfant je me levais la nuit je sortais je marchais vers la forêt vers les jardins je rentrais j'avançais dans le noir comme si j'ouvrais le ventre avec mes mains
on dirait que rien ne tremble comme moi dans le monde
chaque soir l'impression d'avoir fait sortir le soir
un soleil rouge et sans début
une nuit en forme de cuillère

j'ai vu un fantôme il vivait dans l'obscurité j'ai demandé : est-ce que les fantômes aussi tombent malades ? est-ce qu'ils sont à l'abri ? et j'ai senti une réponse

longue journée noire ou longue journée blanche ou
journée transparente et penchée couchée calme
pourquoi les bébés naissent encore ?
on ne divise pas les journées avec un couteau
le jour n'a pas d'avis
il n'a pas de force mais il n'a pas de faiblesse
il n'a pas de savoir mais il n'a pas d'ignorance
il n'y a que de l'air dans l'air qui nous sépare il n'y a que des
cubes comme des fusées des morceaux de glace
l'obscurité nous enveloppe mais elle ne touche pas les sons le jour ne mange pas de fruits comme le froid n'a pas d'ombre comme le chaud n'a pas d'ombre
chacun dans sa direction

— 2 —
COMMENT N'IMPORTE QUELLE JOURNÉE FAIT PARTIE DE L'ENSEMBLE
POÈME EN 47 LIGNES

quand on ne voit personne n'importe quel bruit est effrayant
on imagine le visage d'un son c'est une expression seule sans bord le bruit des assiettes d'un couteau le bruit des lèvres d'un tissu vieux le bruit du bruit lui-même un bruit vide comme un inconnu bizarre qui viendrait qui dirait : je suis capable de tout comme un inconnu seul dans une rue qui lèverait la tête et qui dirait : il y a quelque chose de noir et de vague ou de gris quelque chose de dur ou de rouge mais un rouge trop lent
dans une large attente
on dirait que la pluie ne transperce plus la terre
peut-être que la pluie transperce complètement
je vaccine mes mains
je vaccine une pierre
la pierre est vaccinée
la pluie me vaccine
la pluie m'a vaccinée
je règle chaque chose
j'empile un détail sur un détail

on mesure nos dimensions corporelles avec nos propres yeux
le sentiment de la cage
ou manger de la neige ou mettre de l'eau chaude sur les yeux d'un mourant
adresser la parole aux verres d'eau
l'ennui protège de l'horreur
de plaine en plaine une vague recouvre les villes
les personnes noyées parleront sous l'eau
une vieille femme coudra sous l'eau
les villes réduiront
les vagues ne disent rien mais les humains se parlent à travers les fenêtres
tranquillement ou dans le noir je parle en forme de tête je parle en forme de dents
la forme du soir les mains tendues vers n'importe quoi
épinglé dans la main
la mort est un ruisseau

le médecin a pris une fourchette pour la peser il décide d'utiliser l'outil pour sauver le monde il met son réveil au milieu de la nuit pour vérifier qu'il est lui-même il se réveille il l'éteint il dit : c'est toujours comme si je n'avais pas le même œil je me regarde une fois et mes yeux changent

une femme seule empêche son chien de dormir
toute une nuit
j'étais fou
on découvre une grotte à l'intérieur de soi
on trouve un fou dans la grotte on lui dit : parle
il dit : passez vos paumes sur la tête des enfants comme cette journée fait partie
de l'ensemble des journées depuis le début du monde comme cette nuit fait partie
de l'ensemble des nuits depuis que les nuits existent des choses dans les pensées
comme mythiques et inhumaines
comme de l'eau claire au creux d'une main
un genre de sacrifice face à des murs

— 3 —
COMMENT S'ÉLOIGNER DE SOI-MÊME PARLER POUR LES ABSENTS
POÈME EN 44 LIGNES

un squelette est une absence de personne
l'absence est maigre pas silencieuse en fait elle parle si haut elle parle dans la
hauteur on ne l'entend pas ses ongles sont si longs ils ne touchent rien ils vont
dans les ossatures dans les objets l'absence ne participe à rien mais elle sourit
elle participe à tout mais elle ne sourit pas
millions de têtes blanches éclairées par des rectangles
une chose comme affamée les ongles craquelés jaunes ou
presque mauves au final
on entendrait tomber un poil

la chaleur passe du corps aux draps
l'air fatigue il donne soif ou faim
on entendrait tomber une épingle

le monde allonge ses racines et rentre dans le cerveau où qu'on se trouve je
pourrais dire à la personne absente : tu clignotes dans mon esprit
le premier absent le deuxième absent le troisième absent invente une langue
pour son frigo ils parlent ils se répondent le quatrième absent découpe son tapis
le cinquième nomme ses doigts le sixième absent dépense son regard dans une
direction le septième absent le huitième absent répète son nom dans un couloir
le neuvième absent se souvient de l'odeur des avions le dixième absent le

onzième absent le douzième absent le treizième absent regrette un geste ancien
une vieille parole
on entendrait tomber un cil

j'ai rêvé d'un animal qui me parlait dans une langue d'animal il nous disait : ne vous inquiétez pas mais ses yeux s'enfonçaient dans son visage à la fin l'animal n'existait plus il coulait comme un jus dans la terre sa voix coulait dans la brisure

on se tourne on ne voit personne
personne est maigre presque chauve personne ne se présente pas
il n'a pas de prénom personne atteint toutes les douleurs
il fait des nœuds quand on se calme personne a tout créé comme si tout naissait de l'absence comme si tout venait d'elle les plantes les bébés les mamelles des vaches l'absence entoure les choses elle les borde elle les aime elle touche nos cheveux quand nous sommes endormis c'est la vérité l'absence transporte la lumière jusqu'à nous

des marches silencieuses un insecte des cercles en or toutes les choses que nous connaissons sont capables de disparaître si nous mourons aujourd'hui le monde disparaît il fond il ne fond pas il disparaît comme un ordinateur qu'on ferme tout est capable de disparaître les montagnes une par une ou toutes à la fois et les personnes surtout
une grande main nous touche peut-être
le ciel dure des heures des jours la vie se baisse
le chirurgien se lave les mains avec un produit rouge il dit : je ne sais pas de quoi se compose ce produit j'aime croire que c'est une pierre pressée une pierre rouge pressée pour se laver les mains
un tas de terre est calme

— 4 —
COMMENT LES MIROIRS NOUS SURVEILLENT
POÈME EN 58 LIGNES

si on mettait le masque sur nos yeux au lieu de le mettre sur notre bouche
nos bouches finiraient par voir

chez moi
je me promène avec une aiguille je perce tout ce que je trouve
c'est mon métier non
un morceau de cartilage dans la bouche d'un carnivore non
le miroir ajoute une image
il recouvre

le miroir empêche de voir
il gagne
même si la personne meurt le miroir saura refléter
il est bruyant et retiré c'est sa fonction dans le monde et c'est sa place dans la maison si je voulais toucher cette chose mes doigts trouveraient une surface lisse
chaque jour on vérifie qu'on est nous-même est-ce que cette bouche est toujours à sa place ?
nous ne sommes pas immobiles dans le miroir immobile car rien n'est immobile même enfermé même dans les cadavres les cadavres se défont je lave mes idées en regardant le passé devient de plus en plus long je n'ai pas un mouvement

si tu devais changer une seule partie de ton visage tu choisirais laquelle ?
nos visages bougent si lentement on regarde nos cheveux ils ne sont pas en train de pousser on regarde nos dents elles ne sont pas en train de tomber on reste dans ce moment et dans ce moment
je suis conseillée par l'air je me retourne je suis conseillée par le mouvement de me retourner je suis conseillée par la sensation je voudrais que le vent prenne mon corps mais qu'il ne m'emporte pas je voudrais que le vent fasse partir mon corps mais qu'il ne m'enlève pas

si tu jettes le miroir par la fenêtre tu ne seras pas jeté par la fenêtre
un virus n'est pas visible dans un miroir
on place deux miroirs face à face ils ne vont pas se regarder
les virus se déplacent passent devant les miroirs est-ce qu'ils se voient ?

mettre un virus sur le dos d'un cheval ou dans une main dans une casserole pour le faire brûler
le reflet ne retient rien il n'a rien à donner le reflet n'accorde rien tous les reflets sont secs

je n'aimerais pas mourir pendant qu'on me regarde
les reflets se glissent sous les objets on perd notre reflet quand on meurt le sommeil nous regarde le sommeil pèse est-ce qu'on pourrait plonger le sommeil dans de l'eau ?
le sommeil recouvre les êtres il couvre leur visage il gonfle la figure les lèvres
le corps est une nappe entre les morts et les vivants il y a les gens qui dorment

dormir les yeux ouverts je n'ai qu'un visage sur des milliards un corps sur des milliards un seul prénom sur des millions je n'ai qu'un endroit je n'ai qu'une tête une bouche sur des milliards qu'un lit une vie sur des milliards

la douceur est proche du liquide
millions de virus volent se raccrochent ou se posent sur un front ou sur les lèvres des bébés sur le museau d'un animal millions de virus travaillent on ne sait pas

comme une flèche qui va du monde vers le monde sans s'éloigner sans même changer de place
quelqu'un dit : j'ai l'impression d'être une trace sur moi
une lumière fine et chaude sur les cils une vitre si la vitre se brise si je passe ma main sur le bord je l'ouvre elle glisse la terre accouche tes yeux ne verront que tes yeux usés comme un vêtement

la cicatrisation comme un point d'eau
je suis penchée de tous les côtés
quelque chose de transparent
toucher un milligramme d'air quand la lumière disparaît
je ne crois pas aux miroirs
coincée dans le miroir comme s'il existait plusieurs zéros

— 5 —
COMMENT LA MORT FABRIQUE UN MORT ET SON IMAGE
POÈME EN 30 LIGNES

un nombre de morts est un nombre
rempli de créatures un matin à l'annonce du nombre on pense aux cimetières
sous le soleil aux personnes qui versent de petites gouttes sur des lèvres
craquelées aux nettoyeurs des morts la terre respire entre les morts la terre est
longue un mort salue la terre avec son épaule morte des larves des vers comme un bon vêtement
tasser la terre rentrer dans l'obscurité comme une fine poudre sur le corps des vivants
est-ce que les oreilles des sourds s'ouvrent dans le cercueil ?
la lumière est transférée la lumière est invisible on ne voit jamais la lumière on voit ce qu'elle éclaire on ne voit pas ce qui nous fait voir
la lumière a peut-être compris le sang n'est qu'une flaque à l'intérieur des morts
les cadavres s'évaporent dans la lenteur le calme puis les fantômes vont se cacher dans les briques dans le ciment dans les esprits de ceux qui vivent
je voulais tenir ton visage sur un seul doigt
l'étage des morts par-dessus nos pensées chaque fois qu'une personne meurt
une autre ne meurt pas voir les estomacs des morts comme des bourses qui blanchissent je ne pense à rien dans un espace entre les secondes
une salive une dent un croc je ramasse les os des petites créatures je distribue
des molécules au hasard par ma bouche j'imagine des asticots plus longs que moi
la main ne possède rien

une famille d'insectes
on enterre le mort avec trois mille deux cents pelles
les insectes adultes montrent aux jeunes comment manger le mort
un morceau de gravier coincé dans l'ongle d'un mort
l'aile d'insecte
au froid
entourée d'un gel
les morts n'ont plus de mémoire chaque cadavre ressemble à un cadavre chaque
cadavre imite un autre cadavre ●

LV

LES AUTEURS

Michel Agier est anthropologue, directeur de recherches à l'IRD et à l'EHESS, fondateur de la revue *Monde commun*. Ses recherches portent essentiellement sur les migrations, l'exil et l'hospitalité. Il a notamment publié *La Condition cosmopolite* (La Découverte, 2013) et plus récemment, au Seuil, *L'Étranger qui vient. Repenser l'hospitalité* (2018).

Margaret Atwood est l'une des romancières et poétesses les plus importantes du Canada. Parmi la quinzaine de romans qu'elle a signés, se détache la fiction dystopique *La Servante écarlate* (Robert Laffont, 1985) à laquelle elle a donné une suite, *Les Testaments* (Robert Laffont, 2019).

Geneviève Azam est économiste, enseignante-chercheuse honoraire à l'université de Toulouse. Elle a notamment écrit *Le Temps du monde fini* (LLL, 2010), *Osons rester humain. Les impasses de la toute-puissance* (LLL, 2015), *Simone Weil ou L'expérience de la nécessité* (avec Françoise Valon, Le Passager Clandestin, 2016) et *Lettre à la Terre* (Seuil, 2019).

Christophe Bonneuil est directeur de recherches au Centre de recherches historiques (CNRS-EHESS) et directeur de la collection « Anthropocène » au Seuil. Il s'intéresse aux transformations conjointes des savoirs environnementaux et des formes de gouvernement des sociétés. Il a notamment publié *L'Événement Anthropocène. La Terre, l'histoire et nous* (avec Jean-Baptiste Fressoz, Seuil, 2013).

Patrick Boucheron est professeur au Collège de France, titulaire de la chaire « Histoire des pouvoirs en Europe occidentale, XIIIe-XVIe siècles ». Il est notamment l'auteur de *La Trace et l'Aura. Vies posthumes d'Ambroise de Milan, IVe-XVIe siècle* (Seuil, 2019). Directeur de la collection « L'univers historique », au Seuil, il y a dirigé une *Histoire mondiale de la France* (2017) qui a rencontré un grand succès public.

Bruno Cabanes est spécialiste de la Première Guerre mondiale. Il occupe la chaire Donald G. et Mary A. Dunn d'histoire de la Guerre moderne à Ohio State University, aux États-Unis. Il a notamment dirigé au Seuil un ouvrage collectif de référence : *Une histoire de la guerre. Du XIXe siècle à nos jours* (2018) et y a publié *Un siècle de réfugiés. Photographier l'exil* (2019).

Guillaume Calafat est maître de conférences à l'université Paris 1 - Panthéon-Sorbonne. Ses recherches portent sur la Méditerranée de l'époque moderne. Il est l'auteur d'*Une mer jalousée. Contribution à l'histoire de la souveraineté. Méditerranée, XVIIe siècle* (Seuil, 2019).

Antonio A. Casilli est sociologue, enseignant-chercheur à Télécom-ParisTech et chercheur associé au LACI-IIAC de l'EHESS. Spécialiste des réseaux sociaux et des plateformes numériques, il a notamment publié *Les Liaisons numériques* (Seuil, 2010) et *En attendant les robots. Enquête sur le travail du clic* (Seuil, 2019).

Sylvia Chiffoleau est directrice de recherche en histoire contemporaine au CNRS, au Laboratoire de recherche historique Rhône-Alpes de Lyon. Elle est l'autrice de *Genèse de la santé publique internationale. De la peste d'Orient à l'OMS* (Ifpo-PUR, 2012).

Yves Citton est professeur de littérature et média à l'université Paris 8 et directeur exécutif de l'EUR ArTeC (Arts, Technologies, numérique, médiations humaines et Création). Il a notamment publié au Seuil *Médiarchie* (2017) et, récemment, avec Jacopo Rasmi, *Générations collapsonautes. Naviguer par temps d'effondrements* (Seuil, 2020).

Marie Cosnay est écrivaine, traductrice de textes antiques. Elle a signé récemment *If* (Éditions de l'Ogre, 2020). Sa traduction des *Métamorphoses* d'Ovide (Éditions de l'Ogre, 2017) a été très remarquée. Engagée pour l'accueil des migrants, elle a signé, avec Mathieu Potte-Bonneville, *Voir venir. Écrire l'hospitalité* (Stock, 2019).

Jézabel Couppey-Soubeyran est maîtresse de conférences en économie à l'université Paris I - Panthéon-Sorbonne et professeure associée à PSE-École d'économie de Paris. Elle a notamment publié *L'Économie pour toutes* (La Découverte, 2014) et *Blablabanque. Le discours de l'inaction* (Michalon, 2015).

Roberto Esposito est philosophe, professeur à l'Istituto Italiano di Scienze Umane de l'université de Naples. Plusieurs de ses livres sont traduits en français dont *Communitas* (PUF, 2000) et *Communauté, immunité, biopolitique* (Amsterdam, 2019). *Immunitas*, paru en Italie en 2002, est en cours de traduction au Seuil.

Didier Fassin est titulaire de la chaire de sciences sociales à l'Institute for Advanced Study de Princeton, et directeur d'études à l'EHESS. *La Vie. Mode d'emploi critique* (2018) et *Mort d'un voyageur. Une contre-enquête* (2020) sont ses derniers ouvrages, tous parus au Seuil. Il a été, en 2018, le premier chercheur en sciences sociales à recevoir le prix Nomis « Distinguished Scientist ».

Lydia Flem est psychanalyste, écrivaine et photographe. Membre de l'Académie de Belgique, elle a signé treize livres traduits en de nombreuses langues, parmi lesquels *Comment j'ai vidé la maison de mes parents. Une Trilogie familiale* vient de faire l'objet *Comment je me suis séparée de ma fille et de mon quasi-fils* et *Lettres d'amour en héritage*.

Michaël Fœssel est philosophe, professeur à l'École polytechnique. Membre de la revue *Esprit*, il codirige avec Jean-Claude Monod, au Seuil, la collection « L'ordre philosophique ». Il est l'auteur de plusieurs essais dont *Après la fin du monde. Critique de la raison apocalyptique* (Seuil, 2013) et *Le Temps de la consolation* (Seuil, 2015). Son dernier ouvrage s'intitule *Récidive. 1938* (PUF, 2019).

Geneviève Fraisse philosophe et historienne de la pensée féministe, est directrice de recherche émérite au CNRS. Députée européenne de 1999 à 2004, elle est l'autrice de nombreux ouvrages, dont *Service ou servitude. Essai sur les femmes toutes mains* (Seuil, 1979, nouvelle édition Le Bord de l'eau, 2009) et *La Suite de l'Histoire. Actrices, créatrices* (Seuil, 2019).

Gaël Giraud est directeur de recherches au CNRS. Il a notamment été chef économiste de l'Agence française de développement, de 2015 à 2019. Président d'honneur de l'Institut Rousseau, il a co-dirigé, avec Cécile Renouard, *Vingt propositions pour réformer le capitalisme* (Flammarion, 2009) et signé *Illusion financière* (Éditions de l'Atelier, 2013). Il est aussi prêtre jésuite.

Eva Illouz est directrice d'études à l'EHESS. Ses travaux, internationalement reconnus, portent sur la marchandisation des émotions. Elle a écrit de nombreux ouvrages dont *Happycratie* avec Edgar Cabanas (Premier parallèle, 2018) et *La Fin de l'amour. Enquête sur un désarroi contemporain* (Seuil, 2020).

Justine Lacroix est professeure de science politique à l'Université libre de Bruxelles. L'identité politique européenne et les droits de l'homme sont au cœur de son travail de recherche. Elle a notamment publié, avec Jean-Yves Pranchère, *Le Procès des droits de l'homme : généalogie du scepticisme démocratique* (Seuil, 2016) et *Les Droits de l'homme rendent-ils idiot ?* (Seuil, 2019).

Deborah Levy est dramaturge, poétesse et romancière anglaise. Son œuvre est marquée par un vaste projet de trilogie autobiographique qu'elle nomme « *living autobiography* » [« *autobiographie vivante* »] et dont *Ce que je ne veux pas savoir* constitue le premier volet, à paraître aux Éditions du sous-sol en août 2020.

Jean-Charles Massera est écrivain et plasticien. Il multiplie les supports comme autant de formes d'invasion artistiques. Aimant « opérer » dans la « langue et le format de l'ennemi », investir les représentations qui parlent à notre place, ses travaux ont été publiés chez P.O.L et Verticales, exposés dans différents musées et centres d'art ou diffusés dans de nombreux festivals de films, en France et à l'étranger.

Jean-Claude Monod est philosophe, directeur de recherche au CNRS. Spécialiste de philosophie politique, il est l'auteur de plusieurs ouvrages, dont *Qu'est-ce qu'un chef en démocratie ?* (Seuil, 2012) et *L'Art de ne pas être trop gouverné* (Seuil, 2019). Il codirige avec Michaël Fœssel la collection « L'ordre philosophique », au Seuil.

Corine Pelluchon est philosophe et professeur à l'université Gustave-Eiffel. Elle a publié de nombreux ouvrages, parmi lesquels *Éthique de* *la considération* (Seuil, 2018) et *Pour comprendre Levinas. Un philosophe de notre temps* (Seuil, 2020). Son œuvre a été récompensé en 2020 par le prix de la pensée critique Günther Anders.

Michelle Perrot est historienne, professeure émérite d'histoire contemporaine à l'université Paris-Diderot. Pionnière de l'histoire des femmes, elle a publié des ouvrages devenus classiques comme, avec Georges Duby, les cinq volumes de l'*Histoire des femmes en Occident* (Plon, 1991-1992). Plus récemment elle a signé *Histoire de chambres* (Seuil, 2009, prix Femina essai), ou *George Sand à Nohant* (Seuil, 2018).

Thomas Piketty est directeur d'études à l'EHESS et professeur à l'École d'économie de Paris. Économiste de réputation internationale, il est l'auteur du *Capital au xxie siècle* (Seuil, 2013), best-seller traduit en 40 langues, qui a suscité un très large débat mondial sur les inégalités. Il a publié en 2019 *Capital et Idéologie* (Seuil, 2019). Il co-dirige le Laboratoire sur les inégalités mondiales.

Jean-Yves Pranchère est professeur de théorie politique à l'Université libre de Bruxelles. Ses travaux portent sur la pensée contre-révolutionnaire et les critiques des droits de l'homme. Il a notamment publié, avec Justine Lacroix, *Le Procès des droits de l'homme : généalogie du scepticisme démocratique* (Seuil, 2016) et *Les Droits de l'homme rendent-ils idiot ?* (Seuil, 2019).

Xavier Ragot est économiste, président de l'Observatoire français des conjonctures économiques, directeur de recherches au CNRS et professeur en économie à Sciences Po. Il est également membre du Conseil d'analyse économique. Il a notamment publié *Civiliser le capitalisme* (Fayard, 2019).

Elisabeth Roudinesco est historienne de la psychanalyse. Elle a publié plusieurs livres qui ont fait date, notamment *Histoire de la psychanalyse en France* (Fayard, 2 tomes, 1982-1986, repris dans la collection « Pochothèque » en un seul volume, avec une biographie de Jacques Lacan, 2009) et *Sigmund Freud en son temps et dans le nôtre* (Seuil, 2014). Récemment, elle a signé un *Dictionnaire amoureux de la psychanalyse* (Plon-Seuil, 2017).

Pablo Servigne de (dé) formation scientifique, est devenu « chercheur in-Terre-dépendant ». Il a notamment publié *Comment tout peut s'effondrer. Petit Manuel de collapsologie à l'usage des générations présentes*, avec Raphaël Stevens (Seuil, 2015), *L'Entraide, l'autre loi de la jungle*, avec Gauthier Chapelle (LLL, 2017) et *Une autre fin du monde est possible*, avec Raphaël Stevens et Gauthier Chapelle (Seuil, 2018).

Céline Spector est philosophe, professeure à l'URF de Philosophie de Sorbonne Université. Ses travaux portent sur la philosophie française du XVIIIe siècle et sur la philosophie politique contemporaine. Elle a notamment signé, au Seuil, *Eloges de l'injustice. La Philosophie face à la déraison* (2016).

Emmanuel Todd est démographe et historien, chercheur à l'INED. Ses travaux portent sur les structures familiales, leurs origines et leurs liens avec l'idéologie. Il est aussi un fin observateur de la vie politique en France et ailleurs. Ses deux derniers essais sont *Où en sommes-nous ?* (Seuil, 2017) et *Les Luttes de classes en France au xxie siècle* (Seuil, 2020).

Laura Vazquez se consacre à l'écriture. Ses poèmes ont été traduits dans de nombreuses langues. Ses derniers recueils sont *La Main de la main* (Cheyne, 2014), *Oui* (Plaine page, 2016) et *Le Signe vertical* (Maison Dagoit, 2017).

Manuel Vilas est un écrivain poète, figure d'avant-garde de la littérature espagnole. Son récit *Ordesa*, qui l'a imposé sur la scène littéraire, est traduit aux Éditions du sous-sol et a obtenu le prix Femina étranger en 2019.